东海博弈

——明帝国与日本的三百年战史

（1369—1681）

赵 恺 | 著

团结出版社
UNITY PRESS

图书在版编目（ＣＩＰ）数据

东海博弈：明帝国与日本的三百年战史：1369-1681 /
赵恺著 . —北京：团结出版社，2016.9（2024.2 重印）

ISBN 978-7-5126-4427-4

Ⅰ．①东… Ⅱ．①赵… Ⅲ．①抗倭援朝战争 – 史料 –
中国 – 明代 – 1369 – 1681 Ⅳ．① E294.48

中国版本图书馆 CIP 数据核字 (2016) 第 204242 号

出　版：团结出版社

　　　　（北京市东城区东皇城根南街 84 号　邮编：100006）

电　话：（010）65228880　65244790（出版社）

　　　　（010）65238766　85113874　65133603（发行部）

　　　　（010）65133603（邮购）

网　址：http://www.tjpress.com

E-mail：zb65244790@vip.163.com

　　　　tjcbsfxb@163.com（发行部邮购）

经　销：全国新华书店

印　装：三河腾飞印务有限公司

开　本：170mm×240mm　16 开

印　张：19.5

字　数：307 千字

版　次：2016 年 10 月　第 1 版

印　次：2024 年 2 月　第 6 次印刷

书　号：978-7-5126-4427-4

定　价：36.00 元

谈及明帝国与日本的外交关系，倭寇之乱和万历援朝当是国人的第一印象。但各类史料纷繁复杂，普通历史爱好者对这两大历史事件本身往往不甚了了，对其前因后果更缺乏全面的了解。有鉴于此，本书将首次采用西方年鉴学派的理论，对明帝国与日本往来的三百年历史进行全面的梳理，全面展示中日两国在这一历史时期政治、经济、军事的全面对抗和博弈，为读者深入解读其间种种高层决策背后的考量。

一代雄主朱元璋是否如世人所想象的那般只重农桑，缺乏远图？面对盘踞九州的日本军阀怀良亲王斩使、绝交的傲慢行径，向来杀伐决断的朱元璋为何一再中止了麾下周德兴等骄兵悍将们跨海远征的勃勃雄心？在不断采取经济封锁、外交恐吓逼迫日本就范的同时，一起扑朔迷离的"如瑶藏主案"又如何成为了朱元璋一举铲除胡惟庸集团的罪证之一？最终将日本列为"不征之国"的同时，朱元璋又留下了怎样的后手来制约这个潜在对手？

通过"靖难之役"成功上位的永乐帝朱棣缘何轻易地给予了日本室町幕府将军足利义满"日本国王"的请封？这一完全有违日本政坛游戏规则的"认证"背后又隐藏着日本国内怎样一场波诡云谲的政治阴谋？继承己父足利义满之位的足利义持为何草率地与明朝断绝外交关系，而由朝鲜王国发动的一场声势浩大的"惩戒战争"背后又是否有着明帝国的推手？

自明宣宗朱瞻基时代步入正轨的中日贸易究竟是否如大众所想象的那般是一场天朝上国"赔本赚吆喝"的亏本生意？而贸易额不断攀升的中日双边贸易又给双方国内政局带来怎样深远的影响？一场看似无伤大雅的宴会座次排序为

何会演变成中日两国决裂的导火索？长达四十余年的"嘉靖大倭寇"缘何成为大明帝国难以治愈的顽疾，而纵横东海的中日海盗集团又是否在不经意间撬动了日本列岛的政治走向？

群雄并起的日本"战国时代"缘何终结在以"永乐通宝"为战旗图案的织田信长手中，而这位一心追求"天下布武"梦想的野心家倒在了胜利的黎明之前，究竟是一场意外还是必然？继承了织田信长政治遗产和野心的丰臣秀吉对中朝两国发动大规模入侵的底气何在，这位垂暮之年的老人在富丽堂皇的大阪城中是否真的怀有迁都北京鲸吞东亚的迷梦？

长达6年的"万历援朝战争"以朝鲜王国军队的土崩瓦解开场，前期驰援的明帝国前锋部队也屡遭挫折，是怎么样的力量最终令明帝国远征军很快便扭转了战局、收复平壤？一场双方都宣布胜利的碧蹄馆之战又究竟鹿死谁手？在双方地面战陷入僵局之时，被后世尊为朝鲜民族英雄的李舜臣所部水军是否成为了打开胜利之门的钥匙？健康状况日益恶化的丰臣秀吉为何频频在外交领域自打耳光、食言而肥？而重启朝鲜战端的背后又是否埋下了丰臣氏最终走向灭亡的种子？

一统日本、建立江户幕府的德川家康为了修复中日、朝日关系作出了哪些努力？在为了抵御西方殖民者渗透所颁布的"锁国令"背后，日本在东海之上又暗中展开了哪些颇为阴险的小动作？日后逐渐崛起的郑氏集团又是如何利用中日之间关系的回温捞取自己的第一桶金的？席卷东亚大陆的农民起义和满清的崛起是否也影响到了一衣带水的日本？德川幕府对于南明小朝廷的历次求援又做出了怎样的回应？三藩之乱中日本方面是否也曾有过伺机而动的冲动？本书都将一一为您解答。

目 录

序章　从白村江到博多湾

大和与百济

根据地质学的观点，最早生活于今天日本列岛之上的"人类"是来自东亚大陆的"中国猿人"和东南亚地区的"爪哇猿人"。在距今约50万年至15万年前的"洪积期"和"第三冰河期"，由于海平面的下降和地壳运动，日本列岛与东亚大陆之间曾存在着诸多可以徒步穿越的大陆桥，甚至有学者认为，当时的日本海不过是一个为陆地所包围的"内湖"。正是这些地理上的联系，东亚地区的人类远祖们在漫长的岁月里逐步迁徙到日本列岛之上，并在当地定居、繁衍和进化。

尽管长期以来日本考古界努力证明着其大和民族是自旧石器时代以来便自然孕育而成的本土文明。但出于各种政治目的，近代以来出现诸多有关日本文明外来的学说，其中比较常见的有日本文明来自中国南方的"渡来说"以及发轫于亚欧大陆游牧民族的"骑马民族征服说"，其他还有诸如日本民族来自印欧语系，甚至与希伯来-犹太文明一脉相承等观点。但总体来说，远古以来的日本本土文明基本是在自我演化的同时，不断地汲取着通过移民所带来的东亚文明的滋养，最终才逐渐发展成形的。

在经历了以渔猎为生的蛮荒"绳纹时代"之后，从东亚大陆传来的水稻和铁器，令日本进入了农耕文明的"弥生时代"。吃饱了米饭的日本先民开始相互攻伐，根据汉帝国乐浪郡的报告，仅在九州、本州岛北部一带便出现了"百余国"并立的局面。为了获得强大的外援，这些相当于"居委会主任"的"国王"争先恐后地向汉帝国乐浪郡的长官进贡。其中公元57年，汉光武帝刘秀"皇恩浩荡"地允许"倭奴"使团抵达了帝国的首都洛阳，并授予"汉倭奴国王"金印一枚，算是正式承认了其藩属的地位。

当然，汉帝国皇帝不会那么小气，在今天发现金印的福冈县境内，日本人还挖到了诸多用于陪葬的"奢侈品"，其中最多见的便是青铜镜、铁剑和琉璃制勾玉。由此可见日本人无限神化的"三神器"，不过是当年汉帝国赐予的"礼品套装"而已。正所谓"来而不往非礼也"，日本先民在感恩戴德之余，也在50年后（107）送来了"回礼"——160名奴隶。日本列岛的物产之贫瘠由此可见一斑。

现存于日本福冈市博物馆的
"汉倭奴国王印"

在此后的一个多世纪里，日本列岛进入了空前惨烈的大混战之中。世人对这场"百年战争"的内幕知之甚少，因为《后汉书》中只没心没肺地记录了"倭国大乱，更相攻伐，历年无主"这12个字而已。倒也不是说汉帝国不关心藩属的内政，而是此时正处于东汉中期，忙于在外戚和宦官势力中间搞平衡的中国各级行政机关，无暇去理会邻国的是非。

"倭奴"再次抵达洛阳，已经是公元239年的三国时期。通过带方郡太守刘夏的引见，邪马台国的特使难升米、都市牛利向魏明帝曹叡进献了"厚礼"——奴隶10人、斑纹麻布两匹。考虑到邪马台国自称是先后灭亡了28个政权的"大国"，这点礼物实在略显寒酸。不过秉承着"礼轻情意重"的善良，曹魏政府还是给予了对方优厚的回报。

"天照大神"原型卑弥呼女王雕像

也许是尝到了甜头，在此后的一段时间里，邪马台国频繁前来"朝贺"。礼物也不断推陈出新，除了保留节目奴隶和纺织品之外，还出现丹木、短弓以及不知名的犬类动物，是否就是著名的"日本草狗"——秋田犬？这便不得而知了。在频繁的外交往来中，曹魏帝国了解到邪马台内部有些奇异的权力架构。

据说邪马台国长期以男性为国王，但是在长期的战乱之后，却推举了"事鬼神道"的少女卑弥呼主持国政。这种各派势力相持不下，最终"神化君权"的模式，在深谙权谋的汉族知识分子眼中本没什么稀奇的。无论是《三国志》的作者陈寿还是《后汉书》的作者范晔都一针见血地指出：卑弥呼不过是"以妖惑众"而已。不过这并不影响日本的先民对"侍婢千人，少有见者"的卑弥呼的顶礼膜拜，甚至在其死后还非要拥立卑弥呼一脉的另一少女"壹与"为领导人。

在日本漫长的历史长河之中，卑弥呼或许只是一个名不见经传的小人物，但是其对日本列岛的影响却在此后不断发酵。在以部族为单位长期攻伐的情况下，掌握祭祀权威的女性往往有着超凡的政治影响力。这种本应被文明所淘汰的"神棍领导"却由于日本列岛相对封闭的自然环境，而被长期保留了下来，并最终进化成了"万世一系"的天皇制。而卑弥呼的形象更被异化成了日本历代天皇的始祖——天照大神。

根据中国史料的相关描述，邪马台应该是位于九州岛的地方政权。但是近代以来的日本学者不愿正视日本列岛长期陷于分裂的现实，非要认定其是一个定都奈良县，势力范围遍及九州、关东，近乎于统一日本的强大存在。事实上，即便采信日本主流的邪马台"近畿说"，这个日后以"大和"为国名的政权真正"统一"日本列岛也是在公元5世纪之后的事情了。

从邪马台到大和国之间的日本历史是一笔糊涂账，不过也正好给了日本学者"发明历史"的广阔空间。公元8世纪之后，经过"遣隋使""遣唐使"历练的御用文人陆续回国，随即以天皇口述的名义写下了以《古事记》与《日本书纪》为代表的多部架空小说，令这段历史更加云山雾罩。

事实上，撇去那些拗口的人名以及过于推前的纪年，《古事记》与《日本书纪》也并非全无营养。至少这两部小说都承认了建立于本州岛中部的"大和国"是由濑户内海东渡而来的征服者建立的，而指挥这次远征的则是传说中的初代"神武天皇"——倭伊波礼毗古命。

长期以来日本都坚称"神武东征"发生于公元前660年，即略相当于中国春秋齐桓公"葵丘之会"的同期。但这种天马行空的说法完全禁不起推敲（特别是在中国史料的映衬之下）。因此近代有良心的日本史

学家将这次改变日本的远征修正为公元3世纪左右，算是勉强自圆其说。

"神武东征"并非一蹴而就，相关记载虽然极尽神化和粉饰之能事，但其行军路线曲折飘忽、走走停停、屡战屡败却不像是故意的虚构。特别是《日本书纪》中关于神武天皇第一次东征失利之后，"居'吉备'数年以蓄兵食"的记载，近代也得到了考古挖掘的证实。但令日本人感到尴尬的是出土的青铜兵器竟然大多数与中国的刀剑制式相仿，考虑到"神武东征"之时，中国正处于"三国两晋"的内乱时期，神武天皇"华丽"的东征是否依赖于来自大陆的"军火走私"，答案显然不言自明。

如果说卑弥呼的邪马台国孕育了"君权神授"的天皇制度的话，那么"神武东征"便是这一畸形制度的血腥分娩。但日本列岛为海洋及群山分割的地形，催生了诸多自给自足的"土皇帝"。因此"倭国政权"无非是占据中央沃土的"天皇"家族与各地土豪的松散联盟而已。这种基于权力微妙平衡之下的政治格局，自然无法长治久安。从公元4世纪中叶开始，随着近邻朝鲜半岛纷争的加剧，日本列岛开始进入了新的躁动期。

公元346年，盘踞朝鲜半岛西南部地区的百济政权，在第13任君主"近肖古王"扶余句的领导之下进入了加速开疆扩土的快车道。而其第一

三韩时代的朝鲜半岛政治版图

今天位于平壤的高句丽开国君主高朱蒙的塑像

个目标便是奄奄一息的属国——马韩。马韩与辰韩、弁韩，合称"三韩"，是朝鲜半岛相对古老的部族联盟，其历史最早可以追溯到中国上古的商周时代。有学者认为"三韩"是中国殷商移民的后裔，认为其便是《商颂》中所谓"相土烈烈，海外有截"的商帝国海外属地。这一说法虽然没有达成史学界的共识，但商帝国灭亡后，大批殷商遗民远走朝鲜半岛却是不争的事实。

"三韩"在中国秦、汉帝国统治时期各自有所发展，定居于洛东江以东地区的辰韩率先从部落联盟进化为了城邦国家，并最终形成了取义"新者德业日新，罗者网罗四方之义"的中央集权国家——"新罗"。盘踞洛东江南部地区的弁韩则土地肥沃，与大海相连且富有铁矿，最终形成了以商贾立国的贸易同盟——伽倻联邦。但"三韩"之中曾经最为强大，坐拥整个汉江流域、54个城邦、十余万人的马韩，却被来自中国东北地区的扶余族打断了其正常政治演进。

扶余族虽以农耕、渔猎为生，但却擅长畜牧，因此也兼具游牧民族的特征。公元前37年，扶余王子高朱蒙因宫廷斗争失利而被迫南逃。此时辽东半岛南部、朝鲜半岛北部依旧隶属于汉武帝东征燕国后裔所建立的乐浪等四郡的统治之下，朱蒙抵达当地之后一度依附于汉帝国地方政权，收拢当地的扶余等族势力，逐渐形成了所谓"卒本扶余"的政治势力，并利用西汉末年外戚王莽篡权所引发的政治乱局，试图夺取乐浪郡的地方权力。高朱蒙本人虽没有亲眼见到"卒本扶余"由部族联盟进化为国家的华丽转身便为王莽手下的官员诱斩，但其子高类利、其孙高无恤还是成功地击败了周边的其他扶余部族，并于公元37年一度攻占了汉帝国的乐浪郡。正式以汉帝国对高朱蒙的封号"高句丽县王"的名义与东汉帝国分庭抗礼。

汉光武帝刘秀虽然一度出兵远征朝鲜，击退了高无恤的部队，收复了乐浪郡，但考虑到劳师远征成本过高，且汉帝国同时还要应对北方匈奴等游牧部落的袭扰，因此在高无恤之子高解忧执政时期，汉帝国正式承认了高句丽政权的合法性，并对其采取怀柔的政策。而高解忧尽管一度出兵侵扰汉帝国边境，此时却也不得不正视双方国力上的差距，选择与汉帝国通好。而与此同时，身为高句丽君主的高解忧也不得不关注自己的表亲——百济王室的发展。

百济王国的首任君主扶余温祚自称是高朱蒙之子，由于受到了同父异母的兄长高类利的排挤，而不得不逃往汉江流域。由于扶余温祚身边最初只有10位臣子辅佐，因此自称"十济"政权。此后队伍不断扩大，便改名为"百济"。百济立国之初虽然也试图向北发展，但很快便由于力量不足，而将矛头转向曾经接纳他们的马韩诸部。

扶余温祚建国之初虽然兵微将寡，但毕竟来自于相对发达的扶余——高句丽宫廷，眼界和政治手腕远非一盘散沙的马韩诸部可比。在他和他的子孙远交近攻的蚕食之下，至"近肖古王"扶余句执政时期，马韩诸部已经从54部被削减至20余部，再无力与百济相抗衡。百济之所以能够缓慢地灭亡马韩，除了自身政治、经济、军事等方面的优势之外，很大程度上还要归功于当时朝鲜半岛的外部局势。北方的高句丽始终试图利用汉帝国的内乱蚕食辽东，最终却在244年为曹魏帝国的名将毌丘俭所击败，险些亡国灭种，此后一度元气大伤。而马韩的近邻辰韩诸部则始终陷入了新罗政权所发动的一次次内战之中，在这样的情况之下百济利用自身的区位优势，又大力发展与中国、日本、弁韩所形成的"伽倻联邦"的多面贸易，逐渐成为了朝鲜半岛不可忽视的力量。

公元369年，百济彻底灭亡马韩并将伽倻联邦纳为属国。这一彻底改变地区政治版图的举措随即招徕了北方邻国高句丽的强势介入。仅从领土面积来看，高句丽虽然占据绝对的优势，但联系到此前高句丽与中国辽东地区的慕容鲜卑政权的交锋情况来看，却不得不说发动这场战争的高句丽国王高斯由多少有些色厉内荏。从公元293年开始，崛起于龙城辽阳的慕容鲜卑便频繁出兵袭扰高句丽的边境。高句丽方面起初还能够抵挡，甚至与慕容鲜卑的对手段氏鲜卑和宇文鲜卑结成同盟，一度形成对慕容鲜卑的围攻之势。但随着段氏鲜卑和宇文鲜卑的先后灭亡，高句丽与慕容鲜卑的战况呈现每况愈下的态势。

公元342年，慕容鲜卑重创高句丽军队，攻入高句丽的领土。不仅将高句丽历代积累下来的金银全部搜刮一空，虏走了百姓5万多口，还挖开高句丽前代君王高乙弗的墓穴，将这位国王的尸体以及其仍然在世的妻子周氏一同打包带走。面对被焚之一炬的首都，以及父母被掳走的屈辱，第16代高句丽国王高斯由虽然有心复仇，但无奈经此一役之后，高句丽元气大伤，只能遣使向慕容鲜卑输诚。慕容鲜卑此时虽已经调整

今天仍保存完好的日本大仙陵古坟

战略方向，准备大举入关，与后赵政权逐鹿中原，但仍不时出兵袭扰高句丽的国土。直到公元 355 年，慕容鲜卑于中原建立前燕帝国，才正式与高句丽和解，归还高斯由的生母周氏。

接受前燕册封的"征东大将军、营州刺史、乐浪公、高句丽王"的头衔，高斯由休养生息了一番之后选择向南发展。急于弥补与前燕战争消耗的高句丽迎头撞上了发展势头良好的百济，一场旷日持久的战争随即全面展开。仅从高句丽和百济的实力对比来看，双方可谓旗鼓相当，但高句丽此时已经臣服于前燕，并无后顾之忧。而百济身后却有伽倻联邦和新罗的牵制，为了避免陷入两线作战的尴尬，"近肖古王"扶余句执政之初便积极地寻求与日本的大和政权结盟，希望其能出兵助战。那么孤悬于海外的倭国政权又是否有必要来蹚这摊浑水呢？

从公元 300 年迄公元 600 年的日本列岛，当时统治者由于大量营建四周挖有深壕、前方后圆的巨大穴式坟墓，而被日本史学家称为"古坟时代"。由于这一时期日本尚无可信的文字史料传世，便给了后世的各种"发明"历史的空间。日本学者江上波夫便提出鉴于"古坟时代"的墓穴之中出现了大量的陪葬马匹和马型陶俑，提出"古坟时代"实为扶余族南下征服了"弥生时代"的日本先民所建立的。因此倭国与百济之间属于兄弟政权的关系，甚至有人借此提出倭国政权事实上是百济的殖民地。其间的历代天皇也大多由百济王室成员出任。

针对以江上波夫为代表的这种"骑马民族征服说"，日本国内出现了粉饰所谓"神功皇后三韩征讨"的反击浪潮。所谓"神功皇后"指的是日本第 14 代天皇足仲彦尊的妻子气长足姬尊（也称息长带姬命），由于著名的日本架空历史小说《日本书纪》之中明确记载神功皇后的生母是新罗王子"天日之矛"的后裔，足仲彦尊死后，"神功皇后"也以摄政的身份亲征新罗，并逼迫百济、高句丽进贡称臣。因此百济与大和应该是大和政权的殖民地和附庸才对。

无论是"骑马民族征服说"还是"神功皇后三韩征讨"，放在公元 4 世纪之前的东亚生产力水平和政治环境之下，均显得有些天马行空。百济王室自脱离高句丽政权依赖，便始终忙于与马韩、新罗、伽倻联邦等国交战，很难想象还能抽调出兵力远征日本，且在没有足够的后勤支持的情况下，百济军队即便拥有着骑兵方面的优势，也很难征服多山的日

日本古坟时代的马型陶俑

本列岛。而"神功皇后"按照《日本书纪》的相关记载大体上是公元3世纪末到4世纪中叶的人物，经过一系列的史料修正之后，勉强可以认定其于公元369年的确出兵袭扰了新罗沿海地区，但即便其海盗般的突袭行动攻下了新罗，百济和高句丽也没有理由跟着表示臣服。

正所谓"空穴来风，未必无因"，"骑马民族征服说"和"神功皇后三韩征讨"对于世人研究"古坟时代"的日本历史也并非全无帮助，事实上一衣带水的对马海峡从来都无法隔绝朝鲜半岛和日本列岛之间的联系，有诸多打着权贵之名的中、朝移民以"渡来人"的身份抵达日本列岛，如同所谓的新罗王子"天日之矛"。而日本列岛的大小豪强为了夺取相对富庶的邻国的财富，也可能如"神功皇后"般扬帆出海，袭扰朝鲜半岛的沿岸地区。而这些并不为史料所记载的孤立事件，共同构成了"古坟时代"日本与朝鲜半岛全方位的"民间交流"，而这种方式在未来还将长期延续下去。

日本画家笔下的神功皇后东征三韩

白村江口

公元371年，百济与高句丽之间长达两年的战争，最终以百济太子扶余须率军于平壤取得大捷而告一段落。此战之中百济军队不仅在战场上成建制地俘虏了数以千计的高句丽士兵，更一举射死了敌国君主高斯由，可谓是空前的胜利。而作为百济同盟国的日本大和政权在此战究竟有多少贡献，史料中虽然没有给出明确的答案，但从一些蛛丝马迹之中，世人仍不难"窥一斑而知全豹"。

百济与高句丽交战时期，倭国政权正处于"神功皇后"的儿子——应神天皇品陀别命的统治之下。应神天皇据说是"神功皇后"在远征朝鲜半岛的途中所生，联系到"神功皇后"此时的"正牌老公"已经作古，应神天皇的血统似乎颇有可疑之处。不过，"神功皇后"此时手握精锐的远征军指挥权，因此倭国政权内部一时无人敢质疑应神天皇的合法继承权。在百济与高句丽交战的同时，大和远征军扫荡了伽倻联邦以及被称为耽罗的济州岛地区，并多次袭扰了新罗沿海地区，可谓替百济解除了后顾之忧。

为了感谢倭国的"帮助"，百济王室与倭国的特使千熊长彦在朝鲜辟支山之巅，举行了正式的盟誓。而作为两国间友谊的"见证"，"近肖古王"扶余句还特意打造一柄富有百济特色的"七支刀"赠送给了应神天皇，并希望其能够"相传于后世"。当然这柄百炼而成的"七支刀"在当时虽然名贵，却并不足以维系两个国家之间的"友谊"，真正令百济和倭国在此后相当长一段时间里休戚与共的关键还在于共同的利益。百济虽然在平壤地区击败了高句丽，但战线并不稳固，在一时无力攻陷平壤的情况下，百济不得不迁都汉山（今首尔地区），以便就近监

鼎盛时期的百济版图

视对手。而对于伽倻联邦和新罗的威胁，百济则继续引入倭国的势力予以制衡，正是基于百济王国的这种态度，倭国在朝鲜半岛的南部顺利地建立起了名为任那的殖民地。

但好景不长，公元4世纪末倭国在朝鲜半岛的扩张热情遭遇了迎头一棒。与百济结盟的倭国军队，于公元399年在今天平壤附近被高句丽所败。军事上的失利，令倭国政府只能通过谋求东亚老大——中国的册封来自我安慰。从公元421年开始，天皇们孜孜不倦地派出使节，请求偏安东南的刘宋帝国在"安东大将军""倭王"之外，再给予自己"使持节都督倭、新罗、任那、加罗、秦韩、慕韩六国诸军事"的权力。

应该说"使持节都督某国军事"本身就是一个虚衔，但即便是这样的"口头胜利"，日本人也艰苦争取了三代人。有趣的是刘宋帝国因为长期和新罗对立，因此同样秉承"精神胜利法"将其划入日本的管辖之下，但却从未允许日本将自己的同盟百济列于其下。好不容易从中国借来的"虎皮大旗"，并无法改变倭国在朝鲜半岛的溃退。公元476年，高句丽攻占百济首都，新罗趁势侵入日本殖民地——任那。无奈之下，倭国政府只能选择将自己在朝鲜半岛一半以上的领土"任那四县"割让给百济。倭国对朝鲜半岛的染指就此走向没落。

倭国政府在经济上长期依赖于朝鲜半

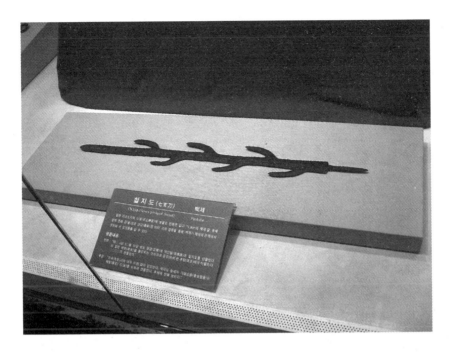

百济赠送给倭国的"七支刀"

高句丽的重装骑兵长期在与百济、倭国的战斗中占据上风

序章　从白村江到博多湾

隋炀帝远征高句丽前的朝鲜半岛政治版图

岛的输血，陡然被腰斩一半，难免肉痛心跳。为了挽回颜面和损失，在此后的一个世纪里倭国政府频繁对新罗用兵。但这些劳师糜饷的远征，不是被打得满地找牙，就是搞得民怨四起，内战连连。大和政府这种锲而不舍的精神，最终换来的是公元663年白村江口外，唐帝国海军的那一记响亮的耳光。

高句丽之所以能够长期对百济和倭国联军占据压倒性的优势，主要缘于当时东亚大陆正处于五胡十六国及南北朝的乱世之中。公元370年，氐族所建立的前秦政权虽然灭亡了慕容鲜卑的前燕，但其对辽东半岛的兴趣远不如南下攻略东晋帝国来得热切，高句丽趁势向北发展。以至于公元598年，面对篡位并完成了南北朝统一之后的隋帝国，高句丽国王高阳成竟然也敢主动寻衅，主动出兵突袭隋帝国的辽东重镇——营州。

盛怒之下的隋文帝杨坚，随即委派第五子杨谅率大将高颎、周罗睺及30万海陆大军攻打高句丽。但这次远征并不成功，泛海出击的隋帝国舰队在渤海湾饱受风浪的侵袭，登陆后又不断遭遇高句丽骑兵的袭扰，最终在付出重大伤亡后只能无功而返。而此时恰逢高句丽国王高阳成去世，在其继任者高元主动以"辽东粪土臣元"的名义上表请和的情况下，隋文帝杨坚暂时原谅了高句丽此前的无礼举动。但辽东边境的问题却就此成为了隋帝国统治者的一块心病。

公元607年，隋帝国第2任君主隋炀帝杨广北巡榆林时发现高句丽与突厥秘密联盟的情况后，随即展开了规模空前的战争准备。5年之后的公元612年农历正月初二，总计130余万人的隋帝国远征军正式开赴辽东战场，但面对高句丽方面坚壁清野的防御姿态，隋军最终因后勤不济和战线过长而被迫撤军。此后隋炀帝杨广又连续两次对高句丽发动百万级规模远征，但结果却是"再而衰、三而竭"。隋炀帝杨广对高句丽的征讨不仅未能一劳永逸地解决辽东地区的边患，反而令国内民变四起、群雄争立，令强盛一时的隋帝国迅速滑向崩溃的深渊。

前后长达14年的隋末乱世，虽然最终以关陇军事贵族李渊父子所建立的唐帝国统一中原而告终，但继承了表哥隋炀帝杨广雄心和抱负的唐太宗李世民，同样视高句丽为心腹大患，在"九瀛大定，唯此一隅"的口号引领之下，唐帝国开始了更为漫长的高句丽征讨作战。

唐与高句丽之间的战争前后延续了24年之久（644—668），在双方频繁的攻守拉锯之中，公元660年唐帝国与新罗联手灭亡百济之役可谓是战争的分水岭。此时的百济正处于第31代国君扶余义慈的统治之下，在扶余义慈的父亲扶余璋统治时期，百济改变了长期以来与高句丽对抗的政策，转而与之结盟进攻新罗。虽然历代百济国王仍对中原政权保持恭敬，但其与高句丽结盟的举措已经触及了唐帝国的底线。公元660年，唐高宗李治以新罗求援为名，命左武卫大将军苏定方率10万大军跨海讨伐百济。

在首都泗沘（今韩国扶余郡）城下，百济军队倾国迎战，但仍一败涂地。面对国力悬殊的现状，扶余义慈不得不率众向唐帝国投降。至此号称立国678年的百济宣告覆灭。但此时唐帝国对百济的占领仍不稳固，百济皇室的外围成员扶余福信以朝鲜半岛西南部、扼守锦江出海口的周留城为据点，积极与倭国联络，希望日本方面能送回此前以人质身份居留的王子扶余丰，并出兵帮助百济复国。

站在倭国的角度来看，当时的国际形势似乎对其颇为有利。唐帝国远征军主力已经撤回国内，百济境内仅有万余驻军。而朝鲜半岛的北方战线，高句丽正筹划着大规模的反攻。高句丽方面曾向倭国吹嘘说"高

白村江口之战时期的倭军甲胄及武装

丽士卒胆勇雄壮"，而唐帝国军队则"抱膝而泣，锐钝力竭"。在胜利似乎唾手可得的情况下，公元661年正月，日本历史上第2位女天皇"宝皇女"不顾65岁的高龄，亲自率军进抵九州筑紫地区，准备御驾亲征渡海参战。但在朝堂之上成功翦除权臣苏我氏的"宝皇女"，毕竟年事已高，还未来得及登上战船，便病逝于行宫之中。

"宝皇女"之死极大地延误了倭国加入朝鲜半岛战局的时间，更令稍纵即逝的战机一去不复返。公元661年农历四月，扶余福信一度率军围困驻守百济故都泗沘的唐帝国驻军刘仁原所部，但因后援不济而最终以失败告终。公元662年，高句丽军阀渊盖苏文在平壤地区大败唐帝国军队的情况下，"宝皇女"之子天智天皇才重新启动了援助百济复国运动的相关工程，当年五月在日本生活了多年的百济王子扶余丰终于在倭国军队护卫下回到自己的故乡。一个月后，2.7万人的倭国精锐远征军在前将军上毛野稚子的统率下，突袭新罗沿海，攻占沙鼻岐、奴江二城，在新罗与百济地区唐帝国驻军的结合部打入了一个楔子。

但就在战场态势对倭国方面颇为有利的情况下，一场突如其来的内斗却在百济流亡政府内悄然开锣。回到国内的百济王子扶余丰不满自己只是精神领袖的政治地位，很快便将矛头对准了拥立自己的堂叔扶余福信。公元663年，扶余福信以谋反之名被诛杀，其子扶余集斯逃亡日本，改姓鬼室。这场叔侄内斗极大地动摇了百济流亡政府本不稳固的统治基础。在唐帝国军队步步进逼的情况下，扶余丰不得不再次向倭国求援，这一次直接要求倭国军队进驻周留城。此时的倭国政府在维持新罗沿海据点的同时，还必须不断运送大批物资向百济流亡政府输血，经济压力可想而知，但面对扶余丰岌岌可危的统治，倭国方面只能再度派出数万远征军越海驰援。

公元663年8月初，在得到倭国援军将至的消息后，扶余丰亲自率军从周留城赴锦江入海处形成的一条支流白村江迎接。而与此同时唐右威卫将军孙仁师率7千援军与刘仁轨会师后，分兵两路进攻周留城。唐－新罗联军的计划是刘仁愿、孙仁师以及新罗王金法敏统帅陆军，从陆路进攻周留城。刘仁轨、杜爽率领唐水军和新罗海军从熊津进入白村江口，溯江而上夹击周留城。8月13日，刘仁愿所部进逼周留城周边。而百济军队则因扶余福信之死，士气极其低落，难以抵抗唐军的进攻。周留城周围的据点，逐一被唐军攻克，百济守军相继投降。但周留城外的任存城地势险要，唐军围攻一个月依旧不曾攻克，周留城因此得以保全。

白村江口战役形势图

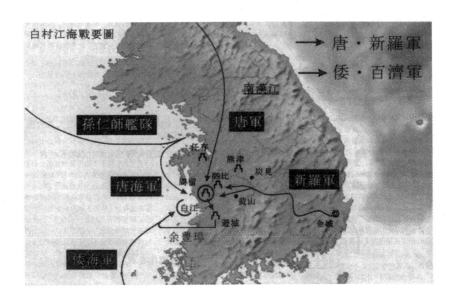

在刘仁原率军向周留城进军的同时，刘仁轨率唐和新罗海军驶向白村江口。但当刘仁轨所率海军驶抵白江口时，却与先期前来的倭国海军相遇。一时间"倭船千艘，停在白沙，百济精骑，岸上守船"，兵力上处于劣势的刘仁轨只能立刻下令布阵，170艘战船按命令列出战斗队形，严阵以待。

公元663年8月27日上午，倭军战船首先开战，冲向唐军水阵。由于唐军船高舰坚利于防守，日军船小不利于攻坚，双方战船一接触，日军立刻处于劣势。倭军的将帅虽然初战失利，但仍认为"我等争先，彼当后退。"遂各领一队战船，争先恐后毫无次序地冲向早已列成阵势的唐海军。刘仁轨见倭军军旅不整，蜂拥而至，便指挥船队变换阵形，分为左右两队，将倭军围在阵中。在狭小的包围圈内倭军舰只能相互碰撞无法回旋，士兵大乱。日军指挥朴市田来津虽然"仰天而誓，切齿而衅"，奋勇击杀数十唐军，直至战死，但亦无力挽回战局。不过片刻之间，日军战败，落水而死者不计其数。《新唐书》记载：唐军与日军海战，"四

白村江口战役中的倭军主力舰——独木舟

战皆克，焚四百船，海水为丹"。在岸上守卫的扶余丰，见日军失利，乘乱军之际，遂逃亡高句丽。

　　唐海军白村江口大捷的消息传到周留城，9月7日守城的百济王子扶余忠率守军投降。倭军陆军忙从周留城及其他地区撤离，百济境内倭军集结于以礼城，于9月19日撤回本国。唐日海军白江口之战，结束了新罗与百济间的长期纠纷，同时使日本受到严重打击。日本失败的直接后果是停止了对朝鲜的扩张，大约在900余年之内未曾向朝鲜半岛用兵；另一方面，唐灭百济，5年之后灭亡高句丽，与唐友好的新罗强大起来，终于统一朝鲜半岛。

平氏崛起

白村江口之战不仅彻底令日本放弃了在朝鲜半岛努力维持的"立锥之地"（此处绝非比喻），更令日本从与隋帝国外交往来中"东天皇敬白西皇帝"的狂妄中彻底醒来。综合国力上的巨大差距，令日本在积极派出"遣唐使"团，引进东亚大陆先进政治、文化和经济模式的同时，将扩张的矛头转向本州东北部和九州南部的原住民。

倭国政权毕竟接受华夏文明几个世纪的抚育，收拾起九州岛南部还处于原始状态的"隼人诸部"来自然得心应手。但与被称为北方"虾夷人"的战争却旷日持久。经过近200年的努力，直到公元811年大和政府方始将"虾夷人"赶出本州岛，宣告"内地平静"。倭国政权在本州

日本派往中国的遣唐使船

东北的扩张之所以举步维艰，并非是因为"虾夷人"为人勇悍、擅长射箭，且箭头涂有毒剂。大和政府真正的敌人是本州岛东部的蛮荒状态，在日本方面的有关史料中，最多见的名词便是"筑栅"、"移民"、"造城"、"置国"。而也正是在这一过程中，一股新的力量逐渐崛起，并成为了此后日本列岛一千年的主宰。它们便是以"幕府将军"为首的武士阶层。

"幕府"本身是一个如假包换的汉语词汇，最早见于司马迁的《史记·李牧列传》，北魏名臣崔浩的注解中还特别提到了"幕府（莫府）"一词的来历，即"古者出征为将帅，军还则罢，理无常处，以幕帘为府署，故曰'莫府'"。由此可见，"幕府"在先秦时代便已存在，但并非常设机构，一般"军还则罢"。"幕府"真正进化为军政合一的常设机构，大体是由汉代开始。在"鹰派领导人"汉武帝刘彻统治时期，为了应对日益频繁的对外战事，大将军卫青、骠骑将军霍去病等人均"内秉国政，外则仗钺专征，其权远出丞相之右"。此前战时才招募组建的"幕府"，至此成为了聚集诸多名士"与参政事"的独立军政机关。

尽管在中国历代封建五朝之中，名将权臣的幕府几乎贯彻始终，在盛唐时期甚至出现了"公主开府"的特例，但是随着君权的日益强化，得到皇帝特批"开府"，也逐渐由大权独揽转化为一种荣誉和虚衔。而在日本，"幕府"这一词汇作为"舶来品"真正流行，始于"平安时代"。公元784年，桓武天皇山部由于自己出身卑微（其母是来自朝鲜半岛的百济王室后裔），做出了迁都的决定。经过10年的营造，"山寨"自长安的"平安京"最终于琵琶湖畔落成。

此时在盛唐文化的辐射之下，日本列岛已逐步完成了所谓"律令改革"。所谓"律"也就是刑法。对日本后世影响极大的"大宝律令"基本照抄了"唐律"。而"令"则是国家组织形式和官吏权职的设置，在这一点上日本虽然竭力仿效大唐，但却不可避免地带有了浓郁的"日本特色"——层叠和世袭。

在仅相当于今天日本领土二分之一的区域内，设置了60多个"国"级行政区，而每一个"国"级行政区之下，则设置数目不等的"郡"，"郡"内居民每50户编为"里"。如此叠床架屋的行政区划设置，原因无他，就是为了"摆平"各地亘古相传的豪族势力。中央政府通过任期四年的"国守"和"国司"行使权力，而各地豪族则长期把持"郡司"之职。

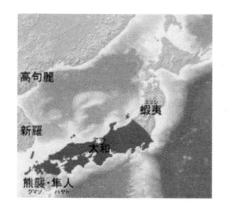

公元 8 世纪的日本列岛势力分布图

而横行一方的大户，则以"里长"的身份鱼肉一方，担负征税、警备和编造户籍等工作。

在盛唐所有的政治体制中，唯一被日本长期拒之门外的便是科举制度。因此在日本大多数官吏都成为世袭罔替的"贵族"，而比起繁复的位阶和官位之外，代代相传的田地和封户更令各地豪族心满意足。庞大的官僚系统所产生的巨大开支，必然通过沉重的税赋和徭役转嫁到普通百姓身上。在此基础之上，日本民众在长达40年的时间里还要面对每三年或四年一次的兵役。相对野战军60天的服役期而言，被派往九州充当"防人"（边防军）则要苦熬3年。也难怪当时日本民间流传着"一人当兵，全家灭亡"的说法。

平安京复原图

22

由于除了可以主动免除其他徭役之外别无福利，因此民众对从军长期缺乏热情。而在征讨"虾夷人"的战争之中，逃兵现象更出现了井喷。为了缓和严峻的社会矛盾，桓武天皇废除了大而无当的义务军制，代之以出身公卿、郡司、里长家庭"精于弓马者"的"健儿"。作为准职业军人的"健儿"，战斗力自然要比"自带干粮"从军的民兵高出一大截。而为了统一指挥这支开疆扩土的生力军，大和政府还特意设立了位高权重的"征夷大将军"一职。不过此时的"征夷大将军"名副其实，虽然亦有权"开府"，但只负责"（东）征（虾）夷"，一旦军事行动宣告结束，便随即卸任。

"幕府将军"的开创者——坂上田村麻吕

最初三代的"幕府将军"对日本皇室忠心耿耿，特别是被日本人追认为"武尊"（战神）的第二代"征夷大将军"——坂上田村麻吕更曾以自己在军中的威望，在卸任之后还协助嵯峨天皇神野扑灭了自己嫂子——藤原药子所发动的政变，堪称功高至伟。有趣的是，坂上田村麻吕从某种意义上来说还是一个中国人，因为他的先祖是汉献帝的玄孙刘阿知。在三代"征夷大将军"将"虾夷人"赶到了苦寒的北海道之后，如何开垦增了一倍的新疆土，便成为了大和政权新的难题。最初这些土地被大量划归皇室，被称为"敕旨田"。"敕旨田"由皇室动用民众的徭役进行耕种，既然是皇室的财产，自然不需要向政府缴纳地租、税赋。不过令日本天皇没有想到的是，此例一开随即上行下效，各地豪族、寺院纷纷效法。

历任天皇虽对这等"僭越"行径颇有不满，但却也无可奈何。毕竟这些土地本来就是豪族子弟打下来的，开垦和经营更少不了各地新任郡司和豪族的协助。于是乎，大和政府长期奉行的土地国有的"班田制"轰然解体，由豪族主导的庄园经济如火如荼地在日本列岛遍地开花。面对蔓延全国的土地兼并浪潮，大和政府竟然无力阻挡，便只能因势利导。从公元10世纪开始，大和政府逐步改变过去按户籍征税的模式，代之以全国范围的土地实名制登记工作。凡是榜上有"名"者，都是征税对象，这一过程催生出了私有化的土地——"名田"，以及一大批私营业主——"名主"，而根据所占有的土地多寡，"名主"们又分为"大名"和"小名"。从某种意义上来说，日后在战国时代大行其道的"某某大名"之类的称呼，略相当于我们今天所常用的"某董"或"某总"。

随着大批郡司、豪族成为了"大名"，原有的"国守"和"国司"们的地位不免就尴尬了起来。名义上他们还是掌握一方的封疆大吏，但事实上四年轮换的任职模式却令他们在地方缺乏根基，难免遭遇地方豪族的架空和排挤。以公元987年尾张国郡司和名主们对"国守"藤原元命长达三年的围攻和弹劾为标志，来自中央的公卿势力与地方豪族长期保持的暧昧关系荡然无存。

面对旷日持久、上达天听的诉讼和辩论，利益诉求的纠葛使"国守"和"郡司"们几乎同时选择了自我武装。各自"大名"在庄园内组建了以治下自耕农为主体的"郎党"。而为了保证自己征税的权力，原先只负责行政事务的"国衙"也随即进化出了军事职能。日后对日本列岛影响深远的平、源二氏便是"国守"出身，平氏先祖平高望是"上总国介"，介是国司的副职，而上总国则位于今天日本东部的千叶县，因此平氏一族最终成为了关东武士阶层的代表。而源氏先祖源仲满则是"摄津国守"。摄津国是大和政府中央直属的"五畿"之一。因此在日后的发展中源氏一度成为了近畿武士的代言人。

日本地理上的所谓"关东"和"关西"的划分，大体以本州岛东西部之间对来往行人进行检查的三处关卡为准。但这一称谓并非亘古相

传，其真正盛行始于公元12世纪末期，源氏一族击败平氏，主导大和政权之后。而在此之前，日本国内通行的叫法，是以平安京周围的关西地区为"近畿"，而三关之外的"关东"地区则长期被视为荒蛮之地的"关外"。而自以源、平二氏为代表的武士阶层的崛起，日本的历史便可以简单地概括为"关东"对"近畿"的侵攻。

关东地区对今天的日本而言是首都东京的所在地，堪称是政治、经济和文化的中心。但是在公元12世纪之前，这里却是从"虾夷人"手中夺来的不毛之地。面对着群山环抱之下的有限耕地，以及不适宜水稻种植的水温条件，关东地区的"名主"抱着何等"羡慕妒忌恨"的心态注视着"近畿"的公卿和豪族自然可想而知。

公元939年，平氏一族的平将门率先动员关东八国发动叛乱，"平将门之乱"虽然仅仅持续了3个月便被扑灭，但却揭开了关东武士以武力实现利益诉求的序幕。"平将门之乱"后源氏一族的势力重心转向关东地区，而以伊贺、伊势为中心的平氏则逐渐成为了"近畿"势力的代表。此后尽管平氏曾一度打垮了所有政敌，掌握大和政府的实权，令天皇彻底沦为"橡皮图章"。但是关东武士的不满情绪却始终无法消弭，被流放后世以温泉和歌女闻名的伊豆半岛之上的13岁少年源赖朝随即便成为了他们的旗帜。

由平清盛当权的伊势平氏得以在朝廷内获得日益增加的影响力的原因之一，是12世纪以来日趋繁盛的日宋贸易。平清盛当权时的日本，正处于由贵族向武家转变的时刻，使得贸易得以迅速发展。而这同中国的局势变化也有一定的关系。平安中前期，大陆还处于盛唐的稳定统治之中，但公元875年黄巢起义之后，东亚大陆再次陷入混乱之中。公元894年，日本方面废止了遣唐使。13年后，唐帝国灭亡。取而代之的是五代十国的割据时期。

同时，朝鲜的新罗王朝分裂，高句丽系的高丽王朝代替了它。而在中国的北方，与日本有着友好关系的渤海国则被东北地区新兴的游牧帝国——辽所灭亡。公元960年，五代最后一个朝代后周帝国的将领赵匡胤通过兵变建立宋帝国并统一了全国，新建立的宋朝的农业、手工业都极为发达，商业活动和国际贸易也开展得十分频繁。

日本国内庄园的市场化也有利于贸易的发展，宋朝商人在开展对日贸易前多先与各大寺社、贵族们交好，而贸易带来的巨额利润也是这些人所期待的。于是在筥崎宫、香椎宫的神域、仁和寺下辖庄园怡土庄的今津港、肥前的平户、法皇院领之一的神崎莊，以及九州各地沿海庄园都开始了与宋商的贸易，这些庄园中贸易发展迅速者，还成为了聚集着东亚各国商人的贸易大都会，繁荣之景非笔墨可形容。

在此前的11世纪时，藤原明衡曾在其所著的《新猿乐记》中按"本朝"与"唐货"两大类别介绍了当时平安京出售的商品。其中"唐货"有麝香、丁子等香料；白坛、紫坛等建材；苏芳、丹等染料；虎、豹皮、犀牛角、玛瑙等奢侈品及绫罗绸缎等高级织物，而江南的瓷器更是备受尊崇。《中日交通史》中所载："宋商来日，仍依前代成例，安置于鸿胪馆，供给衣粮。然来者太多，则费用浩繁，不胜应付；故一条天皇时，限定年岁，给以定期来日之护照。"宋商来日之频繁竟致日方"不胜应付"，可见宋商们对日贸易的重视。而高丽也因将辽国掳去的日人送归日本而加深了双方的友好关系，贸易也得以进一步展开。

但此时战乱却又一次降临在大陆之上：公元1115年，臣服于辽国的女真族向辽国宣战，大败辽军后建立了金国。为了彻底消灭辽国，金国与宋建立了盟约，共同消灭了辽国。但在辽国灭亡后，金国又开始打起了宋的主意，于公元1127年攻破宋都东京，掳走徽、钦二帝，宋朝灭亡。但宋帝国残余的皇族成员逃至南方，再次建国，史称南宋。

大陆形势的这种变化，直接造成了日宋贸易的兴起。由于南宋不堪金国的进攻，每年都要支付大笔战争赔款，宋朝所需要的正是日本丰富的黄金、珍珠等贵重物品，而南宋又是日本为数不多的中立贸易国之一。并且由于日本上层贵族长期受到盛唐时期奢华风气的影响，对"唐货"的需求也日益增加，双方贸易的兴起可以说是必然的。

在日宋贸易兴起的浪潮下，一个新势力正在一步步攀上政权的顶峰，它就是桓武平氏的支系——伊势平氏。而伊势平氏的兴起，是自平正盛时开始的。平正盛所处的时期，正是源氏赖义、义家父子经前9年、后3年之役后的得势之时。深感势微的平正盛便投身于源义家处，并娶了源义家的孙女。源义家虽为俊杰，但其子源义亲却是骄奢嗜杀之徒，在封地对马无故杀害领民，百姓怨声载道。源义亲的暴行为朝廷所知，被流放至隐岐。但在源义家故去后逃至出云，并杀死了当地目代，朝廷大惊之下视源义亲为朝敌，并派身为出云邻国因幡国守的平正盛前往讨伐。

平正盛出色地完成了讨伐令，很快便将源义亲的首级送到了京都，从此平正盛博得了白河上皇的器重，很快擢升备前守、赞岐守。平正盛在本州岛西部地区期间，一方面通过取悦皇室提高平家的声望，另一方面还构建了与当地武士的主从关系。尤其是通过追剿海贼使其臣服于平氏，为其后平氏的兴隆铺下了奠基石。

伴随着宋日贸易而崛起的平清盛

平正盛之后，嫡子平忠盛在其基础上开始扩大对海权的控制力度。公元1129年，时任备前守的平忠盛被任命为山阳、南海两道"海贼追捕使"，在征剿海贼的过程中，平忠盛对濑户内海的控制也逐渐加强，随着"海贼集团"对平忠盛的臣服，整个濑户内海，包括九州及本领伊势湾的制海权全部落入平家的掌握之中，说此时的平家为日本的"海上领主"，亦不为过。

平忠盛在征剿海贼后成为了鸟羽上皇的近臣，受封为院司，负责法皇在九州的直辖庄园神崎庄的管理。神崎庄临近博多，时常有宋船来往交易，当时博多一带的贸易商品均由太宰府长官负责统一管理，初设此制度时长官还可忠于职守，而在平忠盛前来时，太宰府的长官们已将管理各地的贸易货物的权力当作了获利的大好时机。据《长秋记》记载，忠盛为了不让太宰府的官员们在贸易中分羹，便假传上皇"宋船至院领的贸易与太宰府无关"的旨意将来查看交易货物的太宰府官员赶了回去。当时平忠盛尚在京都，仍如此关心九州的宋船，其对贸易的热忱可见一斑。而对贸易货物的独占也使法皇获利不小，加上忠盛又为上皇修建了得长寿寺，于是上皇破例给予武士出身的平忠盛"殿上人"身份，平氏一族踏上政治舞台的历程从此开始。

公元1153年，平忠盛去世，嫡子平清盛继承其官位，也继承了自平正盛开始的对本州西部的经营。在通过保元、平治两次动乱后，平清盛将源氏族人大多排挤出朝廷，掌握了国家的军政大权，并与法皇建立了姻亲关系。在与朝廷建立良好关系后，平清盛便可以放手开展对宋贸易了。平清盛为了尽可能大地扩大贸易交往，废除了此前日方规定的禁止日商出海至外国贸易的规定，且对出海贸易的日商给予奖励，这样的做法激起了日商的积极性，贸易度更为扩大，此时已作为国际通货标准的宋钱也大量流入日本，每次往返的宋船均能带回数百万枚宋钱。出海的日商大多前往明、泉二州进行交易，亦极受欢迎。日商所携交易之物，据《宝庆四明志》所载有以下数种——细色：金子、沙金、珠子、药珠、水银、鹿茸、茯苓；粗色：硫磺、螺头、合蕈（即香菇）、杉板、罗板。其中光黄金每年最多输出量便有四五千两。

虽然日宋贸易的规模进一步扩大，但平清盛远不满足于此。为了使宋商深入自己的根据地濑户内海进行交易，平清盛在公元1167年出家并辞去太政大臣之职，前往福原建立别庄，并修筑了适合宋朝大型船只停泊的大轮田泊，如此一来宋商便可经博多入濑户内海再直抵福原进行贸易。这对于平氏来说是极大的财富来源，在其建立的很短时间内平家就积累了大量财富。平清盛不光是要通过福原来增加平氏一族的财力，他还要将福原变成世界级的贸易大港，进而将整个日本变为以海为中心、通过海洋与世界交流的贸易帝国。为了保护过往船只安全和平家的万事荣华，清盛还组织修建了严岛神社（供奉平家氏神的神社）与经岛（福原的防护堤）。

为了实现其梦想，平清盛还将首都迁至福原，强行将安德天皇及皇族公卿们带至新都。但在守旧派的极力反对下，不到半年又重新将都城迁回平安京。而平氏一族对财富的过量敛取也使贵族和地方武士们感到不满，平氏政权的根基开始有了不稳定因素的存在。随后由于关东源赖朝的起兵和平清盛本人的死去，平氏一族迅速失势，源氏再度返回政治舞台，并建立了镰仓幕府。但幕府对于对外贸易的态度同平清盛相似，使得日宋贸易得以进一步的繁荣。

元寇神风

公元1180年8月，利用平氏与公卿势力内讧的机会，源赖朝在岳父北条时政的支持下举兵西进。尽管源赖朝一路走得磕磕绊绊，但是在关东大小武士集团的热情支持下，公元1192年源赖朝还是最终一统全国，如愿以偿地出任已经异化为全国武士领袖的"征夷大将军"。而其位于今神奈川县镰仓的"幕府"也随即取代了"平安京"成为了主导日本列岛的政治中枢。

被称为"镰仓时代"的幕府统治最大的特点，便是武士阶层对国家经济无可置疑的支配权。忠于幕府将军的武士以"御家人"的身份出任"守护"和"地头"，开始接受各"国"的军事、警备、征税和土地管理权。但必须指出的是，镰仓幕府无非是关东武士阶层的代表而已，因此不仅在法统上"幕府将军"依旧是天皇的臣僚，甚至在各地任命"守护"和"地头"的问题上也必须权衡当地豪族的权益，向与镰仓幕府貌合神离的豪族——"非御家人"让渡部分权力。

原有关东武士之间的利益分配不均以及各地豪族此起彼伏的挑战，最终令"镰仓时代"自公元1199年其创始人源赖朝死后，便陷入了持久的动荡和战乱之中。尽管其遗孀北条政子以高超的政治手腕和六亲不认的精神，杀亲子，逐老父，流放了后鸟羽天皇尊成，算是勉强维持了镰仓幕府对日本的统治。但北条氏族终究没有源、平二氏那样高贵的血统和辉煌的家谱，与关东豪族的对立，令北条氏不敢染指"征夷大将军"一职，只能退而求其次，以镰仓幕府"六波罗探提"的身份掌握全局。

六波罗位于平安京的东郊，北条氏常驻京都一方面固然是为了就近监视历任天皇，另一方面也有重新倚重关西武士对抗关东的意味。最终来自关东更为偏僻的下野国（今栃木县）的源氏后裔足利尊氏趁北条氏和天皇势力的内斗之际，于关东起兵。在"关东"艳羡"近畿"的不满中，源、平两族对立、交锋的历史就这样周而复始地在日本列岛上演着。

据说第2代"征夷大将军"坂上田村麻吕死后葬于山城国宇治郡（今京都府宇治市）的栗栖寺内，这座名为"将军冢"的坟墓，有一个令人畏惧的传说：每当日本国内有大变故时，"将军冢"便发出异响。在向来迷信的日本人眼中，日本中世纪连年的内战和杀戮，就如同天皇家族的诸多不幸一样，背后似乎充斥着鬼神作祟。但从唯物主义的角度出发，利益分配的不均、世袭政治的泛滥才是最终令地狭民稠的日本只能在内战中陷入纷争轮回的因果。

日本武士并非天性黩武好斗，而是残酷现实逼迫着他们从关东谷底杀入富饶的近畿京都。大和民族也绝无所谓"好学"的基因，而是在这片土地之上，早已固化的阶层，令普通民众对任何外来事物都充满着功利的好奇。声名和荣誉在列岛之上确有着非同一般的意义，因为那不仅是一个家族唯一无法剥夺的财富，更是胜利后参与分红的"股权证明"。而在各地土豪与幕府力量对比悬殊的情况，难免会有人将希望寄托于外部势力的干涉之上。但不得不承认，在东亚大陆经历盛唐到明、清的频繁政权兴替的同时，真正看得上日本列岛的外来政权并不多。

究其原因，除了当时的航海技术尚不能支持大规模的跨海远征外，用曾出使日本并滞留"岁余"的蒙元帝国外交官赵良弼的话或可作为参考——"睹其民俗，狠勇嗜杀，不知有父子之亲、上下之礼。其地多山水，无耕桑之利，得其人不可役，得其地不加富……是谓以有用之民力，填无穷之巨壑也。"

赵良弼的这番话是说给雄心勃勃想要远征日本的元世祖忽必烈听的，作为少数几个敢于吃螃蟹的马上皇帝，忽必烈对日本还是饶有兴趣的。但硬要说忽必烈一开始便打算征服日本列岛，但却也未必属实。在征服东亚大陆和朝鲜半岛的过程中，忽必烈长期对马蹄所不及的海国日本并未多加留意。只是在征服高丽的过程中从当地人赵彝的口中得知："日本与本国邻近，汉唐以来都通使中国，可令高丽向导与之通使。"才出于企慕中原盛世君主那种天下一统、万国来朝功业的心理，从而屡次遣使日本，以投递国书。对于雄踞东亚的强大邻国，日本列岛的各路势

日本武家政治的始祖——源赖朝

被美化的北条时宗

力不免都有"挟洋自重"的冲动。而把持镰仓幕府的北条家族深知自己的得位不正，因此在外交事务中格外保守。得知蒙古帝国发来国书，北条家族的第七代执政北条政村吓得连忙将执权之位让给后进晚辈北条时宗。

被日本史学家粉饰为"抗元英雄"的北条时宗时年不过18岁，这个年纪的愣头青大多不知轻重。加上宗室内管理日本列岛西部地区的北条时辅等人也对北条时宗有所不满。因此北条时宗难免动了借刀杀人的想法。在忽必烈递交国书之后，日本天皇系统的公卿虽然写好回书，但却被镰仓幕府否决。公元1270年末，针对日本多次不予答复的"傲慢"行径，忽必烈下令高丽王国境内的驻军进入战备"以为进取之计"。同时派出职业外交官——女真人赵良弼前往日本进行最后的外交努力。

赵良弼出使日本的过程从中国的史料上看似乎颇为凶险。北九州当地豪强少贰资能先是"以兵环之，灭烛大噪"。第二天又"陈兵四山"。在问清楚赵良弼的来意之后，少贰资能表示"愧服"之余，随即就要求赵良弼将蒙古帝国的国书交给他。这种不合外交常理的做法自然不能为赵良弼所接受。于是以"必见汝国王，始授之"的名义拒绝了。

少贰资能倒也没有为难他，只是

将蒙古帝国的代表团继续滞留在太宰府地区。过了几天再度前来求要国书，理由是"我国自太宰府以东，上古使臣，未有至者，今大朝遣使至此，而不以国书见授，何以示信！"少贰资能的说法，并非全无法律依据，自被盛唐帝国在白村江口击败之后，日本政府的确有相关的规定。但赵良弼倒也老实，随即回答道："隋文帝遣裴清来，王郊迎成礼；唐太宗、高宗时，遣使皆得见王，王何独不见大朝使臣乎？"

在赵良弼和少贰资能的讨价还价之中，少贰资能无意间说出了一句话"大将军以兵10万来求书"，从中文的史料中看这自然是赤裸裸的武力威胁。但结合日本当时国内的政治局势，却也可以说是少贰资能的感叹。少贰氏本是镰仓幕府的政敌平氏一族的同盟。虽然在镰仓幕府建立之初便卖身投靠，但却始终得不到信任。只是由于镰仓幕府长期的内斗才捞到了镇西奉行的官职，随后在压制众多地头蛇之后才将九州岛北部地区包括对马、壹岐两岛划为了自己的势力范围。

到少贰景资的时代借由太宰府拥有的对外权限，少贰氏大力推行贸易通商，并展开和中国、朝鲜的局部外交，攫取丰厚的利益。俨然一副"九州岛霸主"的气势。不过树大招风，被镰仓幕府盯上后少贰氏的日子也并不好过，上有镰仓幕府和管理日本关西地区的六波罗探提，下有贼心不死的菊池氏等地方土豪，因此少贰资能难免有直接与蒙古帝国建立外交联系，挟洋自重的打算。从最低层面考量也必须将蒙古使节团留

蒙元帝国两次征日地图

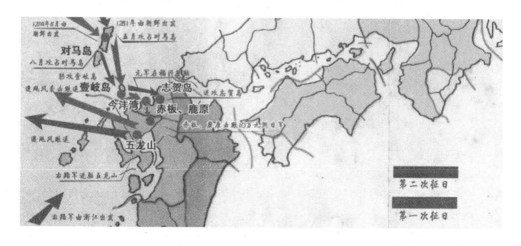

在自己的势力范围内，以获得与镰仓幕府讨价还价的资本。从这个角度来看少贰景资对赵良弼代表团的种种安排，与其说是武力威胁还不如说是保护。赵良弼和少贰资能最终交涉的结果是代表团不能前往京都。但是少贰景资派弥四郎等12名使节跟随赵良弼前往大都。不过此时被激怒了的忽必烈在与朝臣商议后决定不予接见。少贰资能恐怕只能感叹"卖国无门"了。

多次外交接触均被对方莫名其妙地拒绝了之后，忽必烈决定以武力打开日本的国门。公元1274年，由高丽王国建造的三百艘"可载四千石者"的大型战舰基本完工。而蒙古帝国的高丽籍将领洪茶丘又接受了限期完成"拔都鲁"轻疾舟（快速舰）三百艘，汲水小船三百艘的任务。当年农历十月，由蒙古将领忻都、高丽籍将领洪茶丘和汉族将领刘复亨指挥的三万"蒙古—高丽"联合远征军从合浦（今韩国镇海湾马山浦附近）出发，首先进攻对马、壹岐二岛。

而也就在蒙古大军兵临城下之际，镰仓幕府内部的纷争也进入了白热化，北条时宗先于公元1272年处决了自己家族内部政见不和的日本西部地区负责人——六波罗探提"南方别当"北条时辅以及家族议会成员——北条时章、北条教时。就在蒙古大军出发前后，北条时宗又将长期批评镰仓幕府的日莲和尚予以流放。在这样的情况之下，年轻的北条时宗迫切需要一场对外战争以转移国内矛盾，巩固自身政权。因此，北条时宗不仅没有缓和局势的打算，相反任命亲信藤原经资为"镇西奉行"，统率九州、关西地区的地方土豪全力备战。

在镰仓幕府的强力威压之下，日本九州地区的当地土豪家族不得不纷纷出兵。其中少贰氏、大友氏和岛津氏是九州地区的既得利益集团，自然是为巩固自身的地盘而战，而处于第2梯队的菊池氏和秋月氏则希望利用对抗蒙古入侵的机会提升自己在镰仓幕府中的地位，因此也全力出兵。而早在战前北条时宗便以"异国警备番役"的名义将大批镰仓幕府骨干力量——"御家人"派往九州地区。一时之间聚集在北九州地区的日本军队据说竟达10万之众。不过这支"土豪联军"在蒙古大军正式登陆之前始终处于观望状态，以至于对马、壹岐二岛的土豪家族——宗助国和平景高只能带着自己手下的一百人左右的部队发动自杀式的冲锋。此后九州西北部地区的"海盗世

家"——松浦氏也遭到了蒙古远征军毁灭性的
打击。

根据被北条时宗流放的日莲和尚的记述：
"（对马、壹岐）二岛百姓之中，男丁或被杀，或
被掳，女子则被集于一处，用绳索穿手掌而过，
锁于船舷之上。肥前国松浦一党，遭遇与此二岛
百姓相同。"不过日莲和尚之所以大肆宣扬蒙古
远征的屠杀，并不是出于悲天悯人或者杀身报国
的思想，而是为他本人的宗教势力张目："敌国
贼寇之所以会入侵日本，是因国人信奉异端所招
致的业报。"不过这种宣传无形之中倒也提升了
九州岛"土豪联军"保家卫国的士气。

被北条氏流放的异见人士日莲和尚

公元1274年农历十月十九日，蒙古远征军
在博多湾展开登陆。不过最有利于"击敌于半
渡"的海滩防线却只有海盗松浦氏的余党以及当
地土豪原田氏的部队。好在蒙古远征军发现地形
不利于大部队展开之后便退回了海上。给了九州
岛"土豪联军"一天的准备时间，"镇西奉行"
藤原经资匆忙调集了数万大军赶到博多湾展开布
防。虽然是有备而战，但是在名为"百道原"的
正面战场之上，九州岛"土豪联军"却依旧是一
盘散沙的状态，毕竟藤原经资虽然是镰仓幕府的
特派员，但是当地的土豪少贰氏、大友氏官职也
是"镇西奉行"。无奈之下藤原经资只能将"给
我冲"改为了"跟我上"，带着五百名精锐骑兵
带头冲锋。

日本虽然国内颇多战事，在其史料之中也不
乏动辄"十万大军"的集团会战，但是从战场的
表现来看其军队组织、武器装备都与亚洲大陆存
在着代差。日本后世虽然以名刀著称于世，但两
军对阵首先发挥作用的还是投射武器，而日本军

以家族为单位发起冲锋的日本武士

队大量准备的缠藤弓虽然体积巨大但是射程却很近，过长的箭支也使射击周期延长，因此无论是射程还是射速都完全被蒙古军队短弓和更为先进的火药武器所压制。为了挽回颜面，日本方面只能在史料中鼓吹"蒙古矢短，但矢根涂有毒液，射上即中毒。"指责对手不厚道地使用"大规模杀伤性武器"。更为悲剧的是日本骑兵的战马连"击鼓鸣锣，杀声震天"的场面都没见过，随即"惊恐不安，跳跃打转"。

公元1274年的蒙日战争，在日本史料之中又被称为"文永之役"，日本方面关于这次战役的记述颇多。其中除了抱怨兵器不如人之外，更多的则是吹嘘日本军队奉行"武士道"采取"一骑讨"的小集团冲锋，才被"不讲道义"的蒙古野蛮人所击败的。这种现象当然不是说没有，但究其根源还是因为日本方面各自都怀着保存实力的想法。即便在藤原经资带头突击的情况下，土豪们也只是以家族为单位发动进攻，其结果自然只能艳羡对方"大将据高处指挥，进退击鼓，按鼓声行动。元军排列成队，有逼近者，中间分开，两端合围，予以消灭"的高明战术，以及前所未见的火药武器"四面烈火，烟气弥漫；其声凄厉，心碎肝裂，

蒙古军先进的火药武器

目眩耳聋，不辨东西"。在战术指挥下，蒙古帝国远征军也表现出日本土豪们所不具备的大局观，在第一天尝试登陆发现百道原当地的地形不利于大兵团展开之后，第二天的战斗之中蒙古军队事实上是兵分两路，除了正面进攻之外还分兵于博多箱崎成功登陆，击败守军，占领岸边松林，从背后突袭在百道原同元军作战的日军。

日军腹背受敌，死伤惨重，余部向太宰府水城（名为防御工事的巨大水坝）方向撤退。不过在败退的过程中，日本"土豪联军"中长期受少贰氏压制的菊池氏却主动承担断后的任务。这倒不是菊池氏高风亮节，而是长期在镰仓幕府中坐冷板凳的他们比任何人都需要战功。眼前政敌如此卖力，身为前线指挥官的少贰氏少主——少贰景资也只能硬着头皮顶了上去，在侥幸俘虏的几个蒙古士兵口中得知蒙古远征军的汉族将领刘复亨中箭受伤，随即将这个功劳算在了自己头上。实在令好不容易从死人堆里砍了几个不明来路人头的菊池重基"泪流满面"。

以百里道为中心的蒙日双方会战中双方都没有留下具体的伤亡数字。但从战局发展来看，蒙古远征军虽然是胜利者，却也无法在缺乏后援的情况下继续这样消耗下去。因此自认兵力不占优势的主帅忻都以"孙子云，小敌之坚，大敌之擒——我军疲敝，而敌军日增。如今之计，莫如走为上"为名拒绝了同僚"我军已深入敌境，士气斗志高涨，应仿孟明焚船，韩信背水之故事，与敌再度决战"的请求，在成功登陆之后主动撤军，随后又将船队开回了朝鲜半岛。不过由于在途中遭遇暴雨暗礁，最终令蒙古军队在海上遭遇的损失远多于战场之上。

这次战争的结果，蒙古和日本方面都作出了有利己方的解释。镰仓幕府根据前方自吹法螺的战报认为蒙元帝国的大军是被"击退"了，于是朝野大喜若狂，而沦为政治傀儡的"龟山天皇"恒仁，虽然一度在蒙古袭来时传位给自己的儿子世仁（后宇多天皇）。此时却也以太上皇的身份巡回全国各大寺庙神社，到处做"异国降伏"的祈祷，争取"出镜率"。北条时宗则以蒙古军队可能的报复为由下达了所谓的"异国征伐令"，以"反攻大陆"为名继续强化自己的独裁统治。而忽必烈在得到了忻都"入其国败之"的报告之后，认为武力惩戒日本的目标已经达到，随即派出礼部侍郎杜世忠、兵部郎中何文著等，携带国书出使日本，以求正式建交。

作为外交大臣出使的杜世忠其景遇有些类似于被南宋方面囚禁的郝经，他自作聪明地吸取了赵良弼出使的经验绕过了大宰府，直抵日本本州岛的长门——室津港。但长门国守长期由镰仓幕府的亲信——"政所执事"二阶堂一系兼任，杜世忠选择在长门地区登陆，正可谓是"自寻死路"。

如果杜世忠抵达大宰府，那么在战争中吃尽了苦头的少贰氏和其他九州岛的土豪很可能在了解蒙古帝国的真实意图之后，改变与之对抗的政策。也正是担心出现这样的局面北条时宗在得到此消息后，急切地命令立刻将杜世忠一行送到镰仓。北条时宗与杜世忠之间有没有直接接触？后世没有留下一个标准的答案。但是对于蒙古帝国写给政治傀儡——天皇的国书自然是北条时宗没有资格也不愿意接受的。因为对于日本历代幕府而言，天皇直接与其他国家发生接触都是危险的信号。北条时宗最终的选择，是将杜世忠一行30余人处斩于镰仓龙口。后世日本认为这是为了显示武士的气概和不屈精神。但事实上北条时宗不仅违背了"两国相争，不斩来使"的外交惯例，更处死了所有蒙古使节，根本没有将自己拒绝与蒙古帝国建交的信号传递给对手，忽必烈在杜世忠被杀之后事实上长期没有得到任何消息。

杜世忠死时年仅34岁，作为一名蒙古族人他的汉学水平似乎不低，杜世忠临死前赋诗："出门妻子赠寒衣，问我西行几日归。来时倘佩黄金印，莫见苏秦不下机。"他的死与其说是北条时宗自信和豪迈的表现，不如说是镰仓幕府绑架整个日本的信号。

北条时宗虽然在蒙古军队撤退之后便以远征朝鲜半岛为由，命令各国守护回国征发全国65岁以下的男子加入预备役部队，甚至各寺院的僧兵也被动员起来，但事实上北条时宗根本无心远征，所谓"远征"无非是为了将所有这些人力和物力投入到在九州岛北部的博多湾沿岸构筑漫长的"元寇防垒"工作中去的借口而已。

这种大型国防工事耗资巨大但实际效果却未必理想。因为北条时宗本人也不敢肯定元帝国一定会继续在九州岛北部发动进攻。因此他随即下令四国、九州地方的武士在本地加强防御；中国地方的武士防守堪称西门锁钥的周防、长门，并随时准备支援四国、九州的抗战；京畿、关东地方的武士驰援京都；奥羽地方的武士也要随时做好战斗准备。而为了有效地控制全国，北条时宗还任命胞弟北条宗赖为长门守护，统率长门、安艺、周防、备后各国的"御家人"，防卫本州岛西部。与此同时，增派北条实政去主持九州方面的备战工作。

公元1279年，南宋流亡政府在广东崖山灭亡，这时的忽必烈才注意到杜世忠等人尚无消息。此时南宋降将范文虎奏请以个人名义写信给日本政府，请求通好。在征得忽必烈同意之后，范文虎派出自己的私人使节。不过忽必烈此时已经没有耐心继续等待了，他命令高丽王国再次造舰900艘，命范文虎去江南收集张世杰旧部及其他自愿从军者计10万人，战船3500艘，组成江南军。为了集中领导忽必烈特设征东行中书省，任命范文虎、忻都、洪茶丘为中书右丞，行中书省事。而为了准备这场

镰仓幕府耗尽国力修筑的"元寇防垒"其实不过是一道围墙

庞大的远征，元帝国不得不再度大量征召汉族士兵，忽必烈为此还下达了严格的征兵条令："汉军出征，逃者罪死，且没其家。"

公元1279年农历八月，范文虎派往日本的周福、栾忠使团被杀于大宰府。元帝国大军随即兵分两路征讨日本。江南军由范文虎统帅，东路军由忻都、洪茶丘和高丽将领金方庆指挥。公元1281年，忽必烈在大都召开军事会议，任命宿将阿剌罕为两路军总指挥。会议确定，两路军各自择日出发，于公元1280年农历六月十五日至隐岐岛会师。同时，忽必烈命令各船携带农具，以备占领九州后做囤垦之用。而对于参战诸将忽必烈指示"取人之国者，在于得到百姓土地，切勿多杀"。同时将帅要同心协力，切勿猜忌，以免招致失败。显然忽必烈此时已经看到了将帅间的不和，但却没有加以处置，这是第二次远征日本失败的重要原因。

无独有偶，北条时宗在公元1280年农历十二月也发出了要求各地土豪团结一致共赴国难的号召："镇西警固事，蒙古异贼等明年四月可袭来云，近年守护御家人多以不和之间，无同心仪之由不顾天下大难，甚不忠也，御家人已下军兵者，随守护之命，可致防战之相互以背仰者，永可被处不忠之重科。"不过此时西起今津，东至箱崎，高五六尺，厚约一丈，沿自然地形长达十余公里的"元寇防垒"终于建造完成了，处于守势的日本方面似乎又多了一成胜算。

首先抵达战场的是忻都统率的东路军。在再度顺利地夺取了对马岛之后。元帝国远征军东路军随即抵达了会师地点——隐岐岛。不过忻都自诩对九州岛北部的地形已经颇为熟悉了，又轻视日本"土豪联军"的战斗力，于是在没有等待江南军会师的情况之下，再度从博多湾强行登陆。

而为了阻止日本各地可能的增援，忻都还派出一支偏师，前往长门海域，以牵制当地的守军。忻都本人没有想到，他分兵长门的举动在日本国内随即引起了空前的恐慌。战争期间民心不稳，舆论惊慌本是常态。因此随着元帝国舰队出现在长门海域，"元军占领九州"、"元军已从东海、北海入侵"的谣言迅速传开。

在各种抢购风潮之下，日本本土很快出现了"市中无米，民有饥色"的情况。朝廷的公卿大臣尤为恐慌，在朝议中甚至有人主张迅速将朝廷迁往关东，招募武士浪人守卫京都等。"后宇多天皇"世仁亲临神宫祈祷七昼夜，他老爸"龟山上皇"恒仁更是除了在清水神社祈祷，还派人去伊势神宫祝辞：愿以身代国难。一向自诩镇定的北条时宗也不遑多让。在和尚祖元要求他"发挥勇武精神，血书大经"的情况下，当即"刺指血书经卷"。

元世祖忽必烈

元军在博多湾强行登陆中，北条时宗耗费国力建造的"元寇防垒"并没有发挥太大的作用，因为元帝国军队在经过侦察之后，随即发现志贺岛和能古岛防御薄弱，未筑石坝，遂命令舰队靠近志贺岛下锚。倒是九州当地的"土豪联军"吸取了上一次被动挨打的教训，首先对元帝国远征军的锚地采取了海盗式的夜袭。被日本史料描绘成孤胆英雄的草野经永本来就是海盗松浦家族的部下。他带回了21个所谓"元军"的首级，一

偷袭蒙古战舰的日本武士

时间其他人纷纷效仿。但随着元帝国远征军将大船调于外围，日本船小难以正面冲击。偷袭者至，元军以石、矢投射，日本武士的小船非碎即穿，反而伤亡巨大。日本"土豪联军"在博多湾前线的兵力有4万左右，基本与元帝国东路军相当。而其后方还有不下6万的增援部队随时可以参战。

元帝国军在志贺岛成功登陆，却受制于当地狭小的地形，始终只能以"添油"的模式投入小股部队，因此进展颇不顺利。而大部分部队长期滞留船上生活，蔬菜、饮水供应困难，使得疫病不断发生。病死者一度是战斗减员的3倍以上。东路军孤军深入的同时，元帝国的江南军却因为两路军统帅阿剌罕病故而衍期后至。直到公元1280年农历六月十八日，在候补司令阿塔海迟迟没有赶到的情况才从明州出发。直到农历七月二十七日才抵达会师地点。此时元帝国远征军才真正在兵力上占据了绝对优势。但就在元帝国大军准备进攻大宰府之时，海面上却出现了台风到来的种种前兆"见山影浮波，疑暗礁在海口，会青鼍见于水上，海水作硫磺气"。可惜元帝国的高层领导没有采取预防性措施，最终导致了无可挽回的后果。

一般认为，元帝国远征军在台风天灾中几乎全军覆没。不过事实上虽然台风过后出现"无数死尸随潮汐入海湾，拥塞成道，人马可践踏而

遭遇台风袭击的蒙元舰队

行"的惨状，但由于江南军的张僖所部和也速都儿所部，在觉察到台风抵达的先兆时，便下令夜里停泊时战舰各去50步下锚，因而避免了台风袭击时各舰船互相碰撞，所以损失极小。台风过后，张僖和也速都儿便即乘船各处搭救同僚将士。江南军总指挥范文虎旗舰破碎沉没，抱船板漂流海上，正是被张僖所救。张僖立即向范文虎建议：据他了解，江南士卒未溺死者尚有半数，且皆为青壮战士，可以重整旗鼓进行战斗，利用船坏后将士没有退路义无反顾的心理，强行登陆，因粮于敌，扩大战果。从当时形势来看，这个建议是可行的。

但刚刚脱险的范文虎已经被台风夺去了斗志，坚持要立刻回师。他对张僖说："还师之罪，我辈当之，公不与也。"张僖只得分船于范文虎，收集残卒共同班师。这时平户岛尚有被救起的4000军卒无船可乘，范文虎命弃之不顾。张僖不忍，将船上战马弃于岛上，载4000军卒回国。从结果来看，参战的东路军中高丽士卒和水手共2.7万余人，台风后归国者仍有1.9万余人，损失7000余人，不到总数的三分之一。如果减去战死和死于疫病者，则溺于台风的人数还要少。而江南军总兵力10万人，台风过后还有半数也仍有5万左右。由此可见，导致元帝国第2次东征日本失败的原因，与其说是天灾不如说是人祸。

一年之后，从日本逃回的士卒反映，被遗留在各岛的元军士卒约3万人。因将领皆走，众人推举张姓百户长为帅，组织伐

群龙无首被最终歼灭的蒙元残兵

木为舟，伺机回国。农历八月七日，日本方面在确认元帝国主力撤走之后，才出兵乘船搜捕。一般认为这3万元帝国远征全部成为了俘虏，但从日本方面的史料记载中仅俘虏几千人的情况来看，这批孤军应该是大部分在奋战中牺牲了，而被俘的人员中陆续逃回的如莫青、吴万五以及江南把总沈聪等人也不在少数。

范文虎等回到大都，向忽必烈汇报时，编造了一个弥天大谎："至日本，欲攻大宰府，暴风破舟，犹欲议战。万户厉德彪、招讨王国佐、水手总管陆文政等，不听节制逃去。本省载余军至合浦，散还乡里。"范文虎和忻都等联合欺骗忽必烈，把失败的罪过都推到部下厉德彪等人的身上，同时以在合浦把军队散还乡里为借口，掩盖了军队的真实损失。

这样的举措一度骗过了忽必烈，竟然还得到了赏赐。一年之后，莫青等人逃回，忽必烈始知范文虎等的欺骗行为，非常震怒，立即将征日大小将领，全部罢免。好在征东行省左丞——忽必烈的女婿高丽国王王椹站出来指出"罪在元帅"，主动承担责任。忽必烈似乎也意识到了自己的冲动，随即连元帅都不问罪了。范文虎以"立功自赎"，在一年之后"练兵治械于扬州"，准备第3次出征日本。

侥幸击败强大的元帝国远征军令日本朝野上下一片欢腾。近乎奇迹的"胜利"更令日本从此自信心空前膨胀，此后经常作出一些螳臂当车的举动。以至于第二次世界大战期间有人附会说："北条时宗可以击败北面来的元军，那么东条英机也能打败东面来的美军。"事实上在利用强邻来绑架自己祖国实现个人野心的问题上，北条时宗的镰仓幕府和东条英机时代的日本军部倒是别无二致。

第一章　不征之国

天皇倒幕
——后醍醐天皇的野心和镰仓幕府的终结

　　北条时宗虽然成功抵御了自己挑起的与元帝国之战，但是这场战争却也耗尽了镰仓幕府的财力和人品。所谓"大炮一响，黄金万两"，这句看似粗俗的话语实则道出了战争的真谛。一方面，不事生产的庞大军队无疑是拖累国家财政的"吞金兽"，另一方面，除了"当兵吃饷"之外，刀头舐血的军人们也难免会产生"大捞一把"的预期。但与这种强烈的心理预期产生鲜明对比的，是公元1281年"弘安之役"后的镰仓幕府的尴尬现状。日本武士尽管击败了强大的对手，但若渡海展开反攻却是万万不敢的。于是那些盼望着可以在战后获得赏赐甚至进入朝鲜半岛殖民的各地土豪，在只得到了镰仓幕府象征性的褒奖之后，就又被要求出钱、出粮准备应对元帝国的第3次入侵，其心中的不爽是可想而知的。

　　其中九州地区的少贰氏、大友氏、菊池氏三家在与元帝国作战中出力最多，但所获却寥寥。其中菊池氏也只得到幕府赏赐的一些甲胄。而恰逢此时，北条时宗于公元1284年便以34岁的壮年去世了。重臣平赖纲随即向北条时宗的岳父安达泰盛发难，史称"霜月骚动"。"霜月骚动"表面上看不过是又一场幕府内斗，但本质上却大有不同。北条氏长期越俎代庖掌控镰仓幕府，形成了有别于之前"幕府将军——御家人"的全新组织架构——即以北条氏为核心的"得宗"，以北条氏家臣"御内人"为爪牙的"执权政治"。

　　对于大权旁落的局面，跟随源氏一族鞍前马后的"御家人"自然不满。但在"蒙古袭来"之前，"御家人"的反乱虽然此起彼伏，但基本上北条氏还能勉强维持"御家人"和"御内人"两系间的微妙平衡。在北条时宗私邸——山内殿所展开的关门会议——"寄合"中，列席的除

《蒙古袭来绘词》中的安达泰盛

了北条时宗的亲信佐藤业连和书记太田康有之外，便是分别代表"御家人"势力的安达泰盛和代表"御内人"势力的平赖纲。

这种微弱的平衡最终还是被蒙元帝国远征军所带来的"神风"无情地吹垮了。而此时北条时宗的突然去世无疑是打响了双方全面武斗的"发令枪"。蒙元帝国随时可能再度来袭的巨大阴影，令北条氏对日本列岛西部地区的豪族充满了不信任。之前，北条时宗借口战备之名，将九州岛和本州西部的山阴、山阳各地守护替换成了出身北条氏的亲信。"御家人"和"御内人"不免要争个头破血流。

安达泰盛主张一系列改善和保障"御家人"生活的改革，史称"弘安德政"，而在蛋糕没有做大的情况下，这种只在如何分蛋糕问题上下功夫的改革，最终只能是牺牲另一阶层的利益。而首当其冲的自然是"御内人"和在战争期间向"御家人"提供信贷的大商贾们。以安达氏为首的"御家人"，以战功为资本在全国各地挤走"御内人"出任实职的同时，战时"御家人"典当和出卖给商人的土地也被要求"无偿回复"。

安达泰盛所推行的"弘安德政"，从大局上来看还是出于维护镰仓幕府统治的目的。但是他本人出任向来由北条一门世袭的陆奥国守一职，为自己的爱子安达盛宗、安达宗景谋求了肥后国守代和秋田城介的职位却不免引人非议。公元1285年农历十一月，平赖纲先发制人，他以北条时宗继承人北条贞时的名义调动武装部队，首先奇袭了身在镰仓的安达泰盛一族。在激烈的火并中，不仅安达氏一族被杀了个干净，平赖纲顺手还干掉了二阶堂行景、武藤景泰、大江泰广等其他一干幕府元老。随后又在全国范围内展开了对政敌的打压。而在平赖纲"政治清洗"中倒下的众多名门大姓之中，比较值得一提的是被勒令剖腹自尽的足利家时。

"足利"本是一处位于下野国（今栃木县）的庄园名。源氏在征讨虾夷的战争中，在关东获得了诸多封地，其子嗣遂以封地之名分化出新田、足利两个分支。而在追随本家源赖朝东征西讨的过程中，足利氏二代当家足利义兼不仅战功卓著。还颇有远见地迎娶了源赖朝的小姨子——北条时子，从而与源赖朝身后权势滔天的北条氏世代联姻，在镰仓幕府统治时期可谓是风生水起，仅其子嗣分封便演化出后世著名的吉良、今川等19个姓氏，其势力逐步遍及近畿和关东地区。

北条氏自然也注意到了足利家日益尾大不掉的态势，之前便借口其第四代当家足利泰氏的擅自出家对其处以没收部分封地的惩处。而在"霜月骚动"之后，大权在握的平赖纲更以有参与谋反之嫌，勒令兼任三河、上总两国守护的足利家第六代当家足利家时自尽。足利家毕竟与北条氏有着千丝万缕的联系，且势力盘根错节，"霜月骚动"之后的平赖纲尽管"诸人恐惧"、风头无两，却也不敢贸然去扳倒足利氏这棵大树。于是足利家时之子足利贞氏不仅没有受到株连，还得以继承了三河、上总两国地盘。但和诸多在"霜月骚动"倒霉的"御家人"一样，痛失亲长的足利贞氏不可能再对北条氏忠心耿耿，在表面的雌伏隐忍背后是一片磨刀霍霍。

作为幕府内斗的胜利者，平赖纲在横行了7年之后，最终被不满大权旁落的北条贞时借"关东大地震"之机起兵诛杀。发生在公元1293年的这次地震，不仅震级达到了7.1级，更由于震源为相模的陆地浅层，因此破坏力格外巨大。因此造成的伤亡和损失均可与1923年的"关东大

混乱而迷茫——镰仓幕府末期的武家写照

地震"相提并论。北条贞时何以选择地震次日发动政变，世人众说纷纭。仇恨平赖纲的"御家人"纷纷传说"大地震"是平赖纲的胡作非为所招来的"天罚"。而史学家则更倾向于北条贞时是看准了地震灾害所引发的社会动荡，在平赖纲焦头烂额之际将其"一刀拿下"。

在一举处决了平赖纲及其亲属92人的"平禅门之乱"之后，北条贞时也一度效仿安达泰盛，于公元1295年颁布所谓的"永仁德政"，要求全国各地商贾无偿归还御家人出卖或典当的土地。但"忠诚不是你想买就能买的"，经过了两次残酷的政治斗争之后，北条氏已经无力再赢回"御家人"的忠诚。越来越多武士阶层在对镰仓幕府的不满和反感中，开始积蓄力量准备"取而代之"。无论是盘踞北九州的少贰氏，还是在近畿和关东均有强大势力的足利氏均有推翻镰仓幕府的野心。但是面对出任日本列岛半数以上（38国）守护的北条氏，他们依旧不敢轻举妄动。因此打响"武装倒幕"第一枪的历史使命最终落在了长期处于社会底层

楠木正成像

的楠木正成头上。

楠木正成之所以获得如此殊荣，主要还是由于其对天皇家族的"忠心耿耿"。公元1331年，"后醍醐天皇"尊治中了东亚大陆传来的"宋学"之毒，竟然妄图改变天皇长期只是傀儡的现实，决定发动"倒幕"运动。"天皇造反"最大的问题在于没有可以依靠的核心力量，每每计划倒幕的集会最终都变成了"彻夜酒宴，狂欢作乐"的大派对，后世记录这段历史的《太平记》为之粉饰，说这种"无礼讲"是为了掩幕府耳目，但却无法解释参加这种集会的公卿往往主动向幕府告密的事实。连续两次被出卖之后，后醍醐天皇终于对那帮近臣失去了信心。男扮女装逃入京都附近的笠置山中，以弥勒寺为行宫，向天下豪族号召"起兵倒幕"。但是对于后醍醐天皇"正义"的召唤，长期与天皇一系共同进退的寺院力量表面上都装聋作哑，其他豪族的态度可想而知。倒是盘踞金刚山一带的"恶党"头目楠木正成主动跑来投效。

在日本这个讲究出身和血统的国度，楠木正成这种"军神"岂能不"根红苗正"。于是史家大笔一挥，把他写成了奈良时代的皇族公卿橘诸兄的后裔。由于这个说法实在太过失实，于是"有良心的"日本史学家又将楠木正成修正为出身关东武藏国的武家后裔。但不管怎么附会，楠木家族在正成出生之前默默无闻却是不争的事实。

两次"蒙元来袭"之后，许多正儿八经的"御家人"都面临破产的危机，在"你死我活"的阶级斗争之中，不堪忍受变本加厉压榨的自耕农们，从起初逃亡最终走向了联合反抗的道路。这些自发行为由于得到了"非御家人"的武士加入而形成了名为"恶党"的武装组织。看着"恶党"们逍遥自在的生活，许多"御家人"也纷纷效仿，最终甚至连各国的守护也选择默认其存在，甚

至招入自己的麾下。

楠木正成虽然以"恶党"之名流传后世，但细究之下却不难发现，楠木家族其实与寺院势力有着千丝万缕的联系。楠木家世代与河内国桧尾山的观心寺交好，楠木正成的曾祖父楠木成氏甚至是该寺重建的出资人之一。而楠木家的主要经济来源之一——水银，主要的消费客户也是寺院——用于佛像的镀金和描红。因此楠木正成8岁之后便得以进入观心寺寄居学习。封建时代的寺院向来是失意政客的避难所，因此在观心寺中楠木正成得到钻研"宋学"的泷觉和尚以及来自加贺的大江时传授儒学和兵法。

公元1331年农历九月三日，楠木正成抵达了后醍醐天皇的"倒幕司令部"——笠置山。对于他的出现，后世的小说中极尽铺垫之能事，说后醍醐天皇梦到自己南坐在一棵大树之下感叹"普天之下，无处容身。唯此座可以坐也！"而庙里的和尚随即将此梦解为"木傍南楠"，是对应在楠木正成的身上。留下了所谓"紫晨庭树南枝梦，占得中兴第一功"的佳话。撇去这些所谓的"天命祥瑞"之说，楠木正成出现在笠置山，其背后应该是长期与天皇系结盟的寺院力量的推手。碍于幕府的强大，近畿的各大寺院不敢公开支持后醍醐天皇的"倒幕"大计，于是以楠木正成为代表的"恶党"，由于其边缘性便成为了最佳的人选。

楠木正成是否是唯一接到"勤皇"指令的"恶党"，世人不得而知，但真正拿出实际行动的却显然不多。楠木正成也不是傻瓜，被忽悠上了笠置山之后，他随即发现后醍醐天皇根本不具备倒幕的实力，于是在面见后醍醐天皇时只说了几句"逆贼暴虐，自取祸谴。天讨所加，莫不胜也"的大话之后，便是安慰后醍醐天皇"或遇小衄，愿勿烦圣虑"。至于什么"有臣存焉，何思不济"，除了为自己脸上贴金之外，便是急于下山的托词。

楠木正成很清楚单凭笠置山上的那些公卿，以及后醍醐天皇第三子护良带来的那点军队是根本无力与幕府军抗衡的。而自己草率地上山之后，显然已经被镰仓方面列入了黑名单。因此楠木正成在朝见了后醍醐天皇之后，第二天便随即下山，跑回自己的老家——石川郡赤坂村开始着手全面的战备。

楠木正成选择的赤坂村附近的一处台地设立要塞，为了和公元1333年建立的另一座要塞相区别，日本史学家一般称其为"下赤坂城"。按照《大日本史》的描述，下赤坂城"城方可二町，三面平地，守者仅500人"。似乎无险可守，而在9月27日（一说28日）攻破了笠置山之后，前来讨伐楠木正成的幕府将领大佛贞直也对下赤坂城发出了"直用只手提去耳"的轻蔑评价。

今天的考古学证明下赤坂城面积虽小，但是却坐落于标高185.7米的台地之上，虽然仅有南部靠山，但东、南两侧都是比高60米以上的断崖，只有北面坡道可以上山。所谓"三面平地"的说法，显然是德川光圀有意在误导读者。幕府军对下赤坂城的围攻持续了近20多天，撇去同样不靠谱的伤亡数字，楠木正成能够坚持下来，并顺利逃脱也已经堪称是奇迹了。而支撑楠木正成苦战到底的不是所谓"忠君爱国"的高尚情操，而是人类求生的本能。毕竟笠置山被攻破后，后醍醐天皇和诸多公卿无非是被流放和出家而已，而等待楠木正成这样的"恶党"的惩罚则是身死族灭。

事实证明，历史的车轮往往就是像楠木正成这样的小人物在无形之中所推动的。在逃出下赤坂城之后的长达一年多的时间里，楠木正成流窜于近畿的河内、纪伊、和泉三国。楠木正成的游击战并未给镰仓幕府造成伤筋动骨的损失，却向日本列岛彰显出幕府军的无能，以及"倒幕"日益降低的风险，通过隐匿于自己军中的护良亲

今天的下赤坂城遗址

王，楠木正成甚至成功地将自己的官位从兵卫尉晋升任为左卫门尉。

公元1332年，楠木正成重新夺回幕府交给汤浅宗藤据守的下赤坂城，并不断以筑城的模式扩大自己的根据地，形成了以金刚山千早城为中心的要塞群与幕府大军对抗。在其表率作用之下，各地的"恶党"开始群起效仿。翌年一月，播磨国（今兵库县）的赤松则村、筑后国（今福冈县南部）的原田种昭、伊予国（爱媛县）的忽那重清和土居通增等人相继起兵。

对于在全国各地出现的叛乱，镰仓幕府无暇一一扑灭，只能全力讨伐楠木正成一党，以期在大堤崩溃前堵上这个该死的"蚁穴"。尽管幕府大军先后攻破了楠木军控制的赤坂城、吉野城等外围据点，但在这场赛跑之中，镰仓幕府早已失去了主动权。

公元1333年农历闰二月二十四日，长期被流放的后醍醐天皇成功地在近臣千种忠显的帮助下逃出了隐岐岛，后醍醐天皇原本的计划是逃往出云国的杵筑湾，但由于当天海上风浪太大，最终却在伯耆国的名和凑（今御来屋港）登陆，这一阴差阳错的选择在无意中却成就了当地的海

一身戎装的足利高氏

盗家族——名和氏的崛起。

在得知后醍醐天皇出现在自己的地盘上后，长期占据名和浦、从事"海上交通、商业活动"的名和长高，抱着奇货可居的心态，在邻近的船上山树立起了"倒幕"的大旗，在击退了幕府军的进攻之后，后醍醐天皇随即以"护驾有功"册封名和长高为伯耆国守护之职，不过出于"不能忘本"的心理，晋升为贵族的名和氏竟选择了以"帆挂船"为其家纹。

后醍醐天皇霸气侧漏的"王者归来"，随即掀起了"倒幕"运动的"新高潮"，除了各地的"恶党"之外，原先对镰仓幕府心怀不满的各路豪族也跟风而动，最先起兵的是九州土豪菊池家。菊池家不仅在抵御"蒙古袭来"的问题上血本无归，在"霜月骚动"中家督菊池武房更被逼"愤死"，可谓对镰仓幕府苦大仇深。接到后

在名和凑登陆的后醍醐天皇

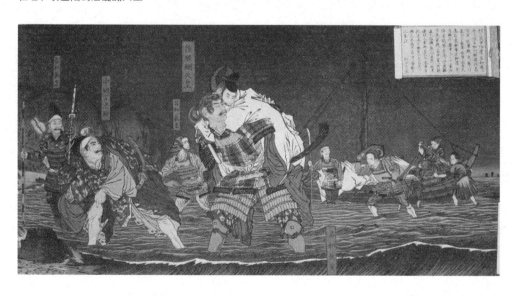

醍醐天皇发出的"倒幕"诏书之后，菊池武房的嫡孙武时随即串联了九州岛上的少贰、大友两家准备联手起兵。不过镰仓幕府逐渐熄灭的生命之火，还有能量烧死几只敢于出头的飞蛾。3月13日，在少贰、大友两家虚与委蛇的情况下，菊池武时草率地对坐镇博多的幕府"镇西探提"北条英时发动进攻，却不想正中了老奸巨猾的少贰氏"攻菊池以稳英时，再图后举"的圈套。

在幕府军和少贰、大友两家的前后夹击下，菊池军（仅150骑，比楠木正成这个"恶党"还有所不如）自第12代家督武时以下大部战死。菊池家的悲剧从另一个侧面说明了"倒幕有风险，出兵需谨慎"。但面对着千古难逢的"倒幕良机"，一个菊池倒下去，千百个豪强还是会选择站出来。就在菊池兵败博多的半个多月后，受封于陆奥国白河庄的结城宗广起兵倒幕。结成宗广的行动无疑说明从来支撑镰仓幕府的关东地区，此刻也走向了北条氏的对立面，楠木正成口中天下无敌的"武藏、相模之兵"即将冲向万夫所指的镰仓和京都。果然4月27日，奉命前往船上山讨伐后醍醐天皇的足利高氏于行军途中突然宣布倒戈。

足利高氏作为足利家的第八代家督，长期以来都与北条氏保持着良好的互动。他不仅迎娶了镰仓幕府执政北条守时的妹妹，更一度活跃于讨伐叛军的战场之上。就在奉命出征的前夜，足利高氏还将正妻、嫡子送往镰仓作为人质。但事实证明，足利高氏所谓的"忠诚"无非是背叛的时机尚未成熟而已。与各地的"恶党"相比，足利高氏只能算是"后进分子"。但这并不影响他以"倒幕军"领袖的身份自居，向全国广发《军势催促状》。在攻占京都之后，足利高氏更摆出一副"先入关中者为王"的架势，俨然已经成为了取代北条氏的新霸主。在足利高氏的表率之下，与之同宗的新田义贞于5月8日在上野起兵，会合了足利高氏的嫡子千寿王（足利义诠）后攻占镰仓。九州的少贰、大友两家也联合岛津氏围攻博多，最终逼死了"镇西探提"北条英时。显赫一时的镰仓幕府至此轰然崩塌。

二元政治
——足利尊氏的野心和日本南北朝对峙的开始

公元1333年农历六月，后醍醐天皇回到京都，逐步开启了以天皇政治为中心的"建武中兴"时代。不过所谓的"中兴"其实只是对后醍醐天皇一系的皇室成员及支持其的公卿、寺院而言的，被查没的北条氏资产大多优先转到了这些人的名下。当然对于那些立下汗马功劳的武士和"恶党"头目，后醍醐天皇自然也要论功行赏一番。

足利高氏虽然是长期保持观望态度的后进分子，但毕竟是源氏一脉的御家人代表，因此在被赐名"尊氏"的同时，还得以身兼武藏、上总两国守护。加上对足利尊氏之弟足利直义等亲贵、部下的封赏，表面上来看足利氏似乎应该心满意足、山呼万岁了。但放眼全局，却不得不说后醍醐天皇对足利氏的戒备多于恩赏。在足利氏的根据地——关东地区，后醍醐天皇任命16岁的少年——北畠显家为陆奥国的守护。陆奥国不仅幅员辽阔（相当于今天日本的福岛、宫城、岩手、青森5县及秋田县的东北地区），更兼与虾夷族盘踞的北海道比邻，因此长期以来都被认为是盛产强兵、良马的战略要地。

而在京都的政治中枢之内，后醍醐天皇正式赐予楠木正成、名和长年等"恶党"以武士的身份，更吸收其进入审议政务的"记录所"和负责封赏的"恩赏方"。而与足利尊氏同宗的新田义贞则掌管了负责军事和内卫工作的"武士所"。与之相比足利尊氏虽然顶着"正三位参议"的虚衔，却没有实际负责的工作，只有亲信高师直、上杉宪房在负责接待"上访"的"杂诉决断所"上班，后醍醐天皇排斥和分化足利氏势力的用心可谓昭然若揭。起兵倒幕时"取北条氏而代之"的勃勃野心，与现实中不得不"坐冷板凳"的尴尬无奈所形成的巨大反差，令足利尊氏对"建武中兴"深恶痛绝。而后醍醐天皇亲政之后对各地武士封赏的随意和偏颇，以及为营造宫廷而开设苛捐杂税以及不合时宜的纸币改革，更令日本列岛民怨沸腾。

面对有意推动和凝聚各地不满情绪的足利尊氏，后醍醐天皇一系人马自然有先发制人的心思。而其中最为激进的莫过于出任"征夷大将军"的"三阿哥"护良亲王。用他自己的话说："（足利尊氏）仅凭一战之资，却妄图凌驾于万人之上，视天下为己物。现在其势力尚微弱，如果不趁时讨伐他，总有一天养成比逆恶无道的北条高时更盛的威势。"后醍醐天皇是一个颇为多产的"光荣爸爸"，护良虽然在倒幕战争中曾"昼终日卧深山幽谷，石岩敷苔；夜通宵出荒村野里，跣足蹈霜"，没有功劳也有苦劳，但却并不受宠。特别是在后醍醐天皇册立"五阿哥"恒良亲王为太子之后，护良的"积极性"反被视为对皇室的威胁。在这样的情况之下，出现"护良试图暗杀足利尊氏的闹剧也就不足为奇了"。

公元1334年9月下旬，足利尊氏突然加强了自己居所周边的警戒级别，而每次随驾巡幸，也必以"保护天皇"为由出动大批卫队。10月，护良亲王的"亲密战友"楠木正成奉命讨伐纪伊国饭盛山一带的北条残党而离开京都。而恰在此时，护良亲王被后醍醐天皇以"谋反"的罪名逮捕。护良究竟有没有暗杀足利尊氏的计划，似

"建武中兴"时代的后醍醐天皇

效忠于后醍醐天皇的新田义贞

乎并无直接的证据。而即便护良真打算铤而走险，刺杀同僚顶多是"谋杀"，谈不上"谋反"。其实，护良亲王最终倒台的背后，是足利尊氏通过后醍醐天皇的宠妃阿野廉子，向后醍醐天皇展示了护良暗中发往各国的召兵令旨。

护良从被捕到最终幽禁于镰仓的过程之中，没有任何史料显示后醍醐亲王为挽救因自己儿子而人头落地的公卿们做过努力。尽管有史学家认为后醍醐天皇是预见到护良无力与足利尊氏抗衡，而不得不做出弃卒保车的决定。但决绝如此，也实在令人寒心，以至于有野史说护良亲王与自己父亲的宠妃阿野廉子有染，用"不伦之恋"和"由爱生恨"来解释护良最终由"皇室股肱"沦为"阶下楚囚"的离奇经历，而站在足利氏一方立场上记述这段历史的《梅松论》，更借护良之口表达了他的冤狱是"恨君上更甚于武家"。

护良亲王倒台之后，他原先所担任的"征夷大将军"一职自然空缺了出来。比起志在必得的足利尊氏来，后醍醐天皇更中意于自己未满10岁的儿子——成良亲王。而恰在此时，北条氏的残党在公卿西园寺公宗、日野资名的庇护和资助下公然发动叛乱。叛军以自称镰仓幕府末代执政——北条高时遗子的相模二郎时行为旗号，由于相模二郎时行尊称北条氏的统治时期为先代，公然要"中兴北条先代之荣"，这次叛乱又被称为"中先代之乱"。"中先代之乱"虽然得到了关东相模等地北条亲旧的鼎力支持，但是足利直义顺手干掉了囚禁中的护良，带着成良亲王逃回京都之后，足利尊氏随即率大军收复了镰仓。如此戏剧性的变化自然留给了世人诸多的想象空间，而后醍醐天皇本人也对足利尊氏的"功勋"表示怀疑，他依旧驳回了手握重兵的足利尊氏申请"征夷大将军"的讨要，固执地将这一桂冠加在了逃回京都的成良亲王头上。

事至于此，足利尊氏终于忍无可忍了。屯兵镰仓的足利尊氏拒绝了后醍醐天皇所谓"已拟纶旨，速回京都受赏"的召唤，公然发布全国武士总动员的命令，矛头直指在京都主持日常军事事务的新田义贞。应该说新田义贞和足利尊氏不仅是同宗血亲，更是当年一起"倒幕"的战友，关系一度还算融洽。但是权力从来不能分享，面对"武家领袖"这一巅峰，两人最终从合作走向了决裂。在先后收到足利尊氏和新田义贞讨伐对方的奏请之后，后醍醐天皇最终也选择站在了足利氏的对立面，授意新田义贞向镰仓进军。

后醍醐天皇的"建武中兴"尽管走得磕磕绊绊，但曾经推翻过不可一世的北条氏，以及镇压各地北条残党的成功经验，还是让后醍醐天皇依旧坚信，自己军旗所指之处，任何反对势力终将灰飞烟灭。也正是基于这份自信，后醍醐天皇在授权新田义贞从东山道进击的同时，派出"四阿哥"尊良亲王领军从东海道逼近镰仓。足利尊氏和新田义贞均为关东武家势力的代表人物，在他们的正面交锋之中，各地豪族难免有首鼠两端的想法。在足利军初战不利的情况，不少骑墙派顿时纷纷倒戈，新田义贞的大军随即兵临号称"天下险"的箱根峠。一旦新田义贞突破此地，那么地处关东平原的镰仓将无险可守，足利尊氏必将重蹈相模二郎时行的覆辙。但也就在此时，新田义贞突然停下了进攻的步伐。

新田义贞此举当然不是有意放足利尊氏一马，而是此时尊良亲王跑到了自己的军中。尽管尊良亲王出征镰仓之时已经是一个年逾24岁的"有为青年"了。但是在"倒幕"的过程中，他除了跟着老爹出逃、被俘、流放之外，几乎没有任何拿得出手的成绩。面对这位缺乏军事经验，却顶着全军主帅头衔的"贵二代"，新田义贞也只能派出自己的弟弟脇屋义助为贴身护卫，分兵由其进取位于箱根山西麓的"竹之下"（今静冈县小山町）。

新田义贞此举固然有迂回箱根峠侧翼的意图，但更多的是出于给后醍醐天皇一个面子及"眼不见为净"的考量。但足利尊氏恰恰抓住了这一稍纵即逝的战绩，亲率主力直扑尊良亲王的这支偏师。养尊处优的尊良亲王何曾见过足利尊氏这样不要命的打法，顿时要求脇屋义助保护自己先行撤退。可怜脇屋义助跑到一半才发现自己的儿子脇屋义治还在敌军的重围之中苦战，只能又返回战场。

脇屋义助虽然救出了自己的儿子，却无力挽回战局，而随着竹之下战败的消息传来，正在进军箱根的新田义贞军中豪族再度倒戈，无奈之下新田义贞只能选择回师京都。自感已经扭转乾坤的足利尊氏随即集结了关东八国的诸路军马向京都挺进。在轻松成功突破微不足道的阻击之后，足利尊氏对京都的围攻也进行得相当顺利。公元1335年正月，号称10万的足利军开始叩击京都西侧的宇治一线，而阻挡足利尊氏迈向胜利的正是昔日的"倒幕英雄"——楠木正成。面对楠木正成的阻击，足利

戰場利運感神助
百萬軍中意氣傷
偶謁祖翁排闥入
通身白汗任他流

寶政己未肯植
澄雪寺殿金岸遺閱公
四百五十年忌辰
金華方丈有斬艸
賜贊詞
住菴牟玉就賛知
天真作丹杜多

反复无常的军阀赤松则村

尊氏展开了军事、政治的双重攻势，据说足利尊氏曾以畿内、南海11国试图诱降对手，但楠木正成铁了心跟天皇走，并不为所动。

楠木正成坚贞不渝，并不代表日本列岛之上的其他野心家们不趁势而动。同样曾以"恶党"身份为后醍醐天皇奔走卖命的赤松则村此时便从播摩起兵抄袭"皇军"的侧翼。赤松则村在成功"倒幕"之后，尽管一度"论功行赏"被封为播摩国的守护。但由于赤松则村长期与护良亲王关系密切，在足利尊氏起兵之时，赤松家已经被后醍醐天皇打回了佐用庄地头的原形。强烈的落差和不满，令赤松则村自然渴望新一轮的权力重组。但出乎他意料之外的是，他的行动并没有给足利尊氏打开通往权力巅峰的大门，倒是却留下了一条逃出生天的活路。

公元1335年正月十日，赤松则村伙同足利尊氏派往四国、本州岛西部招募武士的细川定禅突袭"皇军"山崎一侧的防线，胁屋义助带着"为什么受伤的总是我"的无奈再度败走。面对全线崩溃的防线，还是新田义贞头脑冷静，第一时间跑回京都，保护着后醍醐天皇本人及皇室主要成员逃入比叡山中。

顺利地控制了京都之后，足利尊氏首先要做的自然是"宜将剩勇追穷寇"，积极准备向皇军退守的比叡山麓的"东坂本"进军。但恰在此时，一股强大的变量出现在了京都的战场之上，正月十五日，细川定禅突然向足利尊氏报告雾气氤氲的琵琶湖中出现大批身份不明的战舰，军旗上书写着中国兵家孙子的名言——"疾如风，徐如林，侵略如火，不动如山"。

足利尊氏当然不会误认为200年之后的武田信玄穿越而来。在日本历史上真正拥有这"风林火山"军旗专利的是后醍醐天皇布局于陆奥的美少年——北畠显家。北畠显家的陆奥军此时的出现，顿时打乱了足利尊氏的全盘部署。真正令足利尊氏感到担忧的并非是北畠显家此时的到来以及其麾下的关东雄兵，而是北畠显家既然尾随自己抵达了京都，那就意味着自己在关东的根据地——镰仓已经易手。

一日之内横渡琵琶湖的陆奥大军，不待休整便全力投入对足利军前沿据点——日本圆珍和尚仰慕浙江天台山三井潭而更名为三井寺的"圆城寺"。有趣的是在这场战斗之中，双方军中均有大批僧兵参战，三井寺的僧众站在足利氏一侧拼死抵抗，乱军中杀死了"皇军"悍将千叶高胤。而比叡山方面延历寺僧兵则冲入三井寺中到处放火。如此疯狂的举动源于三井寺"天台寺门宗"派与比叡山的"天台宗"长期对立所积淀的刻骨仇恨。由此可见，在中世纪日本残酷的竞争中连佛门圣地也难免于刀兵。

在三井寺僧侣"便到此为之罢"的哀嚎声中，足利军在对手优势兵力的不断冲击下不得不选择放弃京都。在自己曾经宣布起兵倒幕的"投机圣地"——丹波筱村，

被美化为翩翩公子的北畠显家

足利尊氏面临着自己人生的又一次艰难抉择。"生存还是毁灭？"之所以成为一个问题，其关键便在于怎样才能活下去，对于失去了关东根据地的足利尊氏而言，命运看似已经将他逼到了绝路。

2月3日，在听取了细川定禅的意见后，足利尊氏决定继续向西，退守背靠濑户内海的摄津国兵库郡一线。之所以选择摄津，是因为此地恰好位于海陆交通的枢纽位置。如果战局继续恶化，从陆路足利尊氏可以撤入赤松则村所控制的播摩，从海路则可利用平清盛当年修筑的大型港口——大轮田泊，退守此前基本驱逐了天皇势力的四国岛。尽管并非走投无路，但无论是去播摩还是四国都并非足利尊氏想要的选择。播摩与京都接壤，所谓"我可往、寇亦可往"，足利尊氏依旧无法摆脱"皇军"的追讨，而四国地贫民乏也绝非东山再起的最好选择。而就在足利尊氏依旧苦苦寻觅出路之际，一封来自九州的书信彻底改变了他的命运。

写信前来向足利尊氏输诚的是九州岛的"实力派"——少贰贞经。长期以九州霸主自居的少贰氏，尽管在"倒幕"中搭上"末班车"。但在后醍醐天皇的"建武新政"中并未捞到太多的实惠。因此足利尊氏在镰仓起兵之后，一心想要独霸九州的少贰贞经自然站在了武家势力这一边。联系当时落后的通信条件和京都攻防战瞬息万变的局势，少贰贞经的这封信实际的起草日期应该是足利尊氏攻占京都前后的鼎盛时期，因此少贰氏原本的意图只是想再锦上添花，并无雪中送炭的意思，但这封信为足利尊氏开拓了思路。在军事上不断失利的情况下，足利尊氏开始了为自己绝地反攻的布局。

在赤松则村的建议下，足利尊氏首先与"下岗天皇"——光严上皇量仁取得了联系。量仁对于赶自己下台的后醍醐天皇早已不爽，随手便写了一张"讨伐伪帝后醍醐"的院宣交给足利尊氏。至此足利尊氏与后醍醐天皇的对抗算是名正言顺。当然没有实力的支撑，所谓的"大义名分"根本分文不值。足利尊氏下一步要准备动身前往九州，建立"更为广泛的统一战线"。

很多文学作品都将足利尊氏前往九州的旅途描写成"惶惶如丧家之犬"，但平心而论足利尊氏虽然"丧家"但并非"惶惶"。途中他还在赤松则村的地盘上召开了为期两天的"高层峰会"，交代了自己走后四国、本州西部的相关部署。除了赤松则村在播摩阻击"皇军"的进攻，细川

僧兵长期都是日本封建时代的重要武装力量

定禅继续经营四国之外，足利尊氏还安排了自己的亲信驻守周防、长门两地，算是为自己一旦无法在九州立足安排了退路。当然完成如上布兵之后，足利尊氏手中可用的机动兵力已经不多了。但在足利尊氏看来自己前往九州，无非是会合少贰、大友、岛津等九州豪强而已，完全没必要多带人马。

公元1336年2月25日，抵达长门国赤间关的足利尊氏迎来了少贰氏嫡子少贰赖尚。尽管少贰赖尚带来的礼物和兵力均不多，但此时的足利尊氏也没有权力要求太多，盘桓了4天之后，足利尊氏匆匆渡海前往九州。公元1336年农历二月三十日，足利尊氏一行人抵达了北九州的筑前国芦屋津。而就在当天的黄昏，一个骇人的消息从少贰氏的主城——内山城传来：少贰氏遭遇以菊池家为首的九州"皇军"突袭，内山城陷落，少贰贞经已然率众自焚了。菊池氏是少贰氏在九州的死对头，少贰贞经在此前的"倒幕"中更首鼠两端的害死了菊池氏当家菊池武时。应该说无论是少贰赖尚还是足利尊氏都清楚菊池氏将会站在自己的对立面上，但谁也不曾预料到长期雄踞北九州的少贰氏会败得如此之快、如此之惨。

客观地说，少贰氏与其说是败给了菊池，不如说是败给了自己家族内部的动摇和分裂。镰仓幕府倒台之后，后醍醐天皇尽管在封赏功臣中有诸多偏颇和不公，但是对长期在九州默默无闻的菊池家还是颇为慷慨。在楠木正成等人的坚持下，不仅"倒幕身死"的菊池武时被赞誉为"第一忠臣"，菊池家还获得了对马、肥前两国守护的后赏。怀着感恩之心，菊池家第13代家督菊池武重前往京都，在新田义贞的军中奋勇拼杀。其弟菊池武敏则长期监视着宿敌少贰氏的一举一动。在得知少贰赖尚前往长门迎接足利尊氏后，菊池武敏随即率军对少贰氏展开了突袭。

此时的少贰氏内部已经由于足利尊氏的兵败而产生了动摇和分裂。面对"引火烧身"的风险，正是少壮派的代表少贰赖尚坚持认为足利尊氏有"赖朝之再世"的气度，才最终换来了父亲少贰贞经对足利家的支持。面对菊池家突如其来的进攻，少贰氏不仅猝不及防，更有不少家臣怀着观望的心态拒不出力，最终在关键的水木渡之战中，在北九州经营多年的少贰氏竟然只有150人出战。而在随后的内山城攻防战中，更有人"窝里反"占据了核心阵地——本丸。遭遇内外夹击的少贰贞经最终才无奈地选择自行了断。

面对自己主要政治盟友——少贰氏的突变，足利尊氏的九州之行可谓陷入了进退维谷的境地。而就在足利尊氏在是退回长门还是继续进军之间犹豫不决之际，菊池武敏的大军已经紧逼到了他的面前。命运看似

日本画家笔下的多多良之战

又一次将足利尊氏逼到绝境，其弟足利直义虽然以"中国的汉高祖刘邦从荥阳突围。其身边只有28骑，源赖朝在土肥的杉山兵败，随从也只剩7人"相勉励，但这样的豪言壮语却无法改变双方兵力对比悬殊的现实。公元1336年3月2日上午，北九州的多多良海滨终于迎来了足利尊氏一生最为凶险的决战。

　　关于多多良之战双方参战的兵力，足利尊氏方面比较清晰，足利尊氏本人带来的300多人加上少贰赖尚手下的500余人，全军总计不过1000人。但是以菊池武敏为首的九州皇军的兵力却众说纷纭，最为夸张的记录是"全军6万"，相对保守的估计则认为菊池武敏手中不会少于5000人。但考虑到菊池武敏攻占内山城时的总兵力是3000，在几乎马不停蹄地前来迎战足利尊氏的情况下，其兵力不可能陡然增加太多。但即便如此，足利尊氏方面兵力还是处于1：3的不利境地。但足利尊氏有着自己的优势，作为沙场宿将，在布阵方面他老道地选择了战场。背水列阵不仅可以激发部下困兽之斗的志气，更杜绝了对手包抄自己的可能。另一方面足利尊氏带来九州的人马虽然有限，但基本都是百战之余的老兵，少贰赖尚的部下则与菊池家有着血仇深仇，更是人人奋勇。在这样的情况之下，战幕一启，局面便呈现了一边倒的趋势。

　　在足利直义的带领下，足利军在对手的军中反复冲杀，轻松地将菊池军先锋部队击退，而菊池军300人的别动部队也在试图渡河攻击足利尊氏侧后的运动中被击败。恰在此时，海盗出身的松浦党于菊池军中倒戈，遭遇前后夹击的菊池武敏最终只能逃入肥后的深山之中，随着足利尊氏抵达少贰贞经自焚之所进行拜祭，足利氏最大的危机已经过去，展现在其面前的是整个北九州纷纷前来投效的土豪。足利尊氏平定九州仅用了不足一个月的时间，尽管南部的群山之中忠于菊池家的武士还在打游击，但是接到赤松则村自播摩白旗城发来求援书信之后，足利尊氏已经无心再去收拾他们。4月3日，带着以少贰赖尚为首的九州武士团，足利尊氏海陆并进再度向京都发动了进攻。

赤松则村死守白旗城，长期被日本小说家描述成了足利尊氏扭转乾坤的关键，而好事者杜撰出"新田义贞迷恋京都女官们的风情，迟迟没有进军才错失了战机"的野史。事实上重新攻占京都之后，效忠后醍醐天皇的新田义贞、楠木正成等人的日子并不好过。将足利尊氏赶出京都的皇军主力无疑是北畠显家的"陆奥方面军"，但无论是北畠显家还是陆奥军却无法在京都长期逗留，就在足利尊氏在九州苦战之际，后醍醐天皇连京都都来不及回，便急忙在自己的"行在"比叡山为"七阿哥"义良亲王完成了"元服"的成人礼，授予其"陆奥太守"之职。显然陆奥军充沛的兵员和强大的战斗力不仅震慑了足利尊氏，也吓坏了后醍醐天皇，他急于分化北畠显家的权力，避免在关东地区再出现一个尾大不掉的军阀。

而以"陆奥大介"的名义护送义良亲王返回陆奥的北畠显家，所要面对的也是一副烂摊子。在关东不仅有长期负隅顽抗的足利尊氏的同宗兄弟斯波高经，更有二阶堂、佐竹等一干旧幕府官僚趁势兴风作浪。在此后的大半年时间里，作为"皇军"骨干的"陆奥方面军"都被死死地钉在了关东，无力支援其他地区，京都方面的"皇军"兵力更显得捉襟见肘。尽管如此，新田义贞在收复京都之后，还是随即展开了对播摩的进攻。

但此时老练圆滑的赤松则村派出了自己的亲信小寺藤兵卫来到了新田的军前。在摆了一通当年"倒幕首义"的老资格之后，赤松则村提出自己是因为长期受到"不公正待遇"才投奔足利氏的，只要恢复他播摩守护的官爵，他愿意"弃暗投明"。新田义贞毕竟不是"大老板"，只能

请示后醍醐天皇定夺。而就在"皇军"公文往来的过程中，赤松则村趁势加固了要塞——白旗城的防御，在拿到天皇签署的委任状后，赤松则村才亮出自己的底牌——足利尊氏许给爷的好处比你多得多。

新田义贞对白旗城的围攻其实也并非向赤松则村在信中向足利尊氏吹嘘的那么坚决。在初次攻坚失利之后，新田义贞便接受了胁屋义助的意见，分兵备中、备前，环濑户内海构筑防线，全力准备迎战足利尊氏。但时隔两个月之后，足利尊氏已非败走京都时的穷酸样子，在濑户内海的严岛会合了从四国归来的细川定禅后，足利军中已经聚集了160家以上的"外样大名"，尽管总兵力20万里面注水不少，但也形成了对京都"皇军"的压倒性优势。5月15日夜，足利氏的陆军抵达备前、备中一线，首当其冲的胁屋义助再度兵败，"皇军"的濑户内海防御体系随即面临崩溃。有趣的是在天皇、公卿们打了鸡血似的高呼"决战到底"之时，倒是楠木正成这个前"恶党"对局势有着清醒的认识。

事实上，在足利尊氏撤出京都之时，楠木正成便提出政治解决双方分歧，毕竟"灭亡镰仓幕府是尊氏之功"，"天下武士不属义贞，而皆属尊氏"。但楠木正成的意见并未得到后醍醐天皇的重视。面对足利尊氏兵临城下的大军，楠木正成向后醍醐天皇呈上了著名的《楠木奏折》。其中提出与足利尊氏议和，拖延时间以待战机是为上策，而让出京都"以畿内之兵封锁淀川河口，使其军粮枯竭"则为中策，贸然与足利尊氏决战城下则是"有败无胜"的下下之选。

应该说比起留恋京都繁华的公卿来，楠木正成的确有着超越其时代的战略眼光。但楠木正成随后奉命赶赴前线，却未必如小说家们渲染的那么悲壮，毕竟此时新田义贞虽然兵败，但兵力依旧雄厚。如果能够扼守住兵库一线，那么将海、陆两线进击的足利军各个击破也并非全无可能。真正将楠木正成推向死亡的恰恰是手握重兵的新田义贞，面对泛海而来的足利氏舰队，新田义贞委任自己屡战屡败的弟弟胁屋义助等人率八千精锐守备海滨一线。而楠木正成仅率领自己的部属700人在凑川以西的西野宿布阵，独立面对足利氏方面庞大的地面部队。

如此众寡悬殊的布阵是否缘于"皇军"兵力的确有限，只能兼顾一方呢？答案显然是否定的。因为坐镇和田岬的新田义贞手中还握有2500人的预备队。新田义贞的战略从善意的方面解读，可能是误判了对手的进攻轴线。但联系到新田、楠木两人长期以来恶劣的关系，依旧令人心生新田义贞"借刀杀人"的疑窦。应该说在被称为"凑川之役"的决战中，"皇军"初期还是颇具优势的。在地面战中，向来长于山地防御的楠木正成一度阻挡住了以少贰赖尚为先锋的足利氏大军。而在反登陆方面，胁屋义助也击溃细川定禅的四国敢死队。双方一度呈现战线交织缠斗的局面。但恰如孙子兵法所说"兵形象水，水之行避高而趋下，兵之形避实而击虚"。面对"皇军"严密的正面防线。细川定禅敏锐地捕捉到了新田义贞在绀部海滨（今神户市中央区）的防御漏洞，将登陆点转移到了对手的东侧。

新田义贞在这一关键性时刻再度应对失误，他草率地放弃了位于战场中央的和田岬，与胁屋义助合兵一处向绀部移动。但新田义贞的行动恰恰中了细川定禅的调虎离山之计，足利尊氏的大军随即在和田岬登陆，轻松合围了仍在苦战的楠木正成所部。

公元1336年5月25日下午，在明确知道自己已被友军抛弃、深陷重围之中的楠木正成放弃了被动的防御，频繁发动突袭。日本史料中对其的勇猛极尽褒美之词，但从人类的本能来考量，楠木正成的进攻与其说是怀着必死的决心，不如说是为了求生而作的突围。最终在6个小时中连续突击17次的楠木军终于冲出了重围，但此时其部下已"十存其一"，仅剩73人。深陷绝望之中的楠木正成对自己的弟弟楠木正季发愿"七生报国"后互刺而亡。

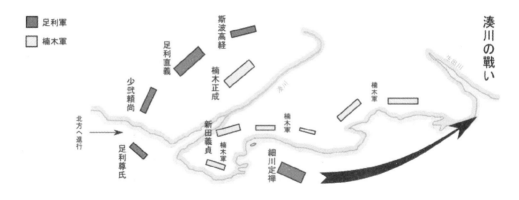

湊川之战

　　楠木正成死后，新田义贞率军在生田森（今神户市中央区生田神社）与足利大军展开最后决战。但此时足利氏海、陆两军已然顺利会师，在绝对兵力的优势之下，足利大军势如破竹。当天夜间，新田义贞带着残部数千人撤往京都。出于对楠木正成的尊敬，也为了收买人心，足利尊氏在战后将其首级送回了河内的楠木一族的手中，这位被后世尊为军神的"恶党"最终被安葬在见证了他学习和成长的观心寺中。

　　正如其他冠以"悲剧英雄"之名的历史人物一样，在楠木正成死后其形象不断被美化的光环之下，他们逐渐忽视了其悲剧命运背后的推手。客观地说，无论是后醍醐天皇还是新田义贞都很清楚在力量对比悬殊的情况下，湊川决战极难取胜，但为了赢得调整部署的时间，更为了向足利尊氏彰显其血战到底的决心，楠木正成都是最佳的棋子。从这一点上来说，楠木正成与6个世纪之后唱着以其事迹改编的《七身报国歌》向美英盟军发动自杀式袭击、以期"打疼"对手，谋求"一击媾和"的"神风敢死队"，在本质上的确并无异质。

　　公元1336年5月27日，后醍醐天皇在新田义贞的保护下再度撤离京都。不过这一次他也没有东山再起的机会了。在此后的一系列政治博弈中，后醍醐天皇尽管利用和谈赢得了陆奥的北畠显家率军驰援的时间，在大和国的吉野郡"另立中央"。足利尊氏则于京都拥立了光严天皇的弟弟丰仁亲王为光明天皇。日本列岛"南北朝"对峙的局面从此开启。

倭扇行歌

——朱元璋和日本的交往与大明帝国的外交观

　　日本历史上所谓"南北朝"，是指后醍醐天皇在大和国的吉野郡建都，足利尊氏于京都拥立光明天皇的对峙和内战。由于广大以战争为生的武士阶层以家族为单位的朝秦暮楚，在南北朝局面形成之初，交战双方都无力一举击垮对手。公元1352年到1355年的短短4年时间里，作为日本政治中心的京都竟然反复易手了3次之多。为了筹措军费，足利尊氏以修建天龙寺为名，向昔日的仇敌——元帝国派去了名为"天龙寺船"的官方商队，而大面积的无政府状态更令九州岛和环濑户内海沿岸的豪族纷纷扬帆出海，或商或盗地滋扰元末纷乱的东南沿海。

　　海盗，在人类历史的长河之中堪称颇具"生命力"的古老营生。最早出现在西方史料之中的海盗集团，是盘踞于地中海东南部的腓力斯丁人。他们对古埃及王国、两河流域的赫梯王国都造成了不小的困扰。甚至有证据显示，正是由于这些"海上民族"的入侵，直接覆灭了雄踞爱琴海的迈锡尼文明。而今日英国人的祖先盎格鲁——撒克逊人最初也是以海盗的身份侵入不列颠群岛。讽刺的是，一番斗转星移之后，在英格兰站稳了脚跟，他们又不得不面对维京海盗的骚扰，被迫以"丹麦金"的形式向后来者缴纳"保护费"。

　　与西方的同行相比，中国本土海盗集团则明显要"低调"得多。这倒不是因为我们的祖先畏惧大海，缺乏所谓的"开拓精神"。而是面对兴盛一时的"海上丝绸之路"，汉唐以来中国沿海居民更多地致力于商贸，对杀人越货兴趣不大。即便有少数热衷于"常劫波斯舶二三艘，取物为己货，掠人为奴婢"的海中大豪，虽然有地方官员充当"保护伞"，最终仍难逃脱中央政府的制裁。

元末，中国大陆东南虽然纷乱，但强横众多，江苏有富甲一方的张士诚，浙江有海盗出身的方国珍，福建泉州有组建"亦思巴奚"民兵自保（波斯语，意为刀盾的骑兵）的色目大贾蒲寿庚，因此这批早期倭寇并未讨到什么便宜。倒是明太祖朱元璋问鼎中原之后，由于海防废弛，加上张士诚、方国珍大批的残党与倭寇合流，来自海上的袭扰反而成为了令大明帝国头疼的边患。

向以铁腕著称的朱元璋，自然首先想到的是以武力解决倭寇问题。驻防福建的战将周德兴也表示"集水师于澎湖，乘北风而进，旦夕可灭倭奴也"。但此时的大明帝国，北有残元未灭，南有五溪蛮乱。考虑到忽必烈折戟沉沙的前车之鉴，朱元璋最终选择了以外交途径解决中日争夺。公元1369年，大明外交使团抵达九州岛，传达朱元璋"如必为寇盗，朕当命舟师，扬帆诸岛，捕绝其徒，直抵其国，缚其王"的战争威胁。可惜的是大明帝国的国书没有抵达京都，就被盘踞九州的南朝怀良亲王所截留了。怀良亲王是后醍醐天皇的"八阿哥"，为人刚愎自用。他对

南北朝时期的日本武士还原图

元代末期泉州的穆斯林雇佣军长期称雄于海上

于明朝国书中"四夷之君长"、"酋帅"等轻蔑言辞颇为不爽，随即处决了使团中主使吴用等5人，还拘禁了副使——杨载和吴文华3个月之久。

不过面对第二年抵达九州的莱州府同知赵秩传达的"蠢尔倭夷"的说法，怀良的火爆脾气却似乎好了不少，联系到此时朱元璋已经将太仓卫指挥监事翁德等人晋升为指挥使，在沿海建立卫所，以武力对抗倭寇的武装袭扰。怀良此时不仅遣使与明朝修好，更主动送还了倭寇劫掠的人口，这不能不说是对明帝国"方将整饬巨舟，致罪于尔邦"的真实畏惧。

在此后的十余年里，明朝政府始终以为怀良就是"日本国王"，为此朱元璋还拒绝了日本北朝足利氏从公元1374年开始连续6年诚意十足的朝贡。在明帝国看来，足利氏不过是区区一个军阀，泱泱大国岂能与乱臣贼子建交。所以终朱元璋一生，明朝政府都始终以怀良亲王为谈判对手，要求日本政府制约袭扰无度的倭寇，不过怀良亲王所代表的南朝在日本国内的内战中始终处于弱势的地位，巨额的军费开支和控制地域贫瘠的物产，因而倭寇对大明帝国的滋扰始终没有中断过。

公元1381年，朱元璋再次遣使送国书给"日本国王"，依然以开战相威胁"王若不审巨微，效井底蛙，仰观镜天，自以为大，无乃构隙之源乎？若叛服不常，构隙中国，则必受祸"。不过此时长期主政九州岛的怀良亲王已经于公元1372年战败而退隐，面对朱元璋的国书，日本九州岛的军阀和豪商巨贾，只能拿出"瞒天过海"的家传手艺，以"怀良"的名义给朱元璋写一封很有意思的回信，在信中"怀良"虽然底气十足地表示"臣闻天朝有兴战之策，小邦亦有御敌之图"。但纵观其行文却是处处透露着卑躬屈膝。无非是以"远弱之倭，褊小之国，城池不满六十，封疆不足三千"的名义讨饶而已，所谓"倘君胜臣负，且满上国之意。设臣胜君负，反作小邦之差"，则只是虚壮胆色而已。

此时的朱元璋已经对日本国内的政局有了一定的认识，这位粗通文墨的"马上天子"，甚至填了一首乐府诗——《倭扇行》，以表达对这个流氓政权的鄙视。诗中朱元璋不仅指责日本政府"国王无道民为贼，扰害生灵神鬼怨"。更嘲笑怀良亲王"君臣跣足语蛙鸣，肆志跳梁于天宪"。不过朱元璋并没有兴趣去改造日本，因此他虽然感叹"今知一挥掌握中，异日倭奴必此变"。但最终还是接受了"怀良"国书中"自古讲和为上，罢战为强，免生灵之涂炭，拯黎庶之艰辛"的建议，将日本划归大明帝国"十五不征之国"之列。

所谓"十五不征之国"指的是公元1369年，朱元璋在下令编纂《皇明祖训》时，宣布将朝鲜、日本、大琉球、小琉球、安南、真腊、暹罗、占城、苏门答腊、西洋、爪哇、湓亨、白花、三佛齐、渤泥这15个海外国家列为"不征之国"，告诫后世子孙不得恣意征讨。表面上看"十五不征之国"的确立标志着明帝国"和平外交"政策的确立，承认了上述国家的主权独立。在此后给各国的诏谕中，明朝也一再表明"共享太平之福"的立场。但仔细分析这"十五不征之国"却不能简单"一视同仁"。

所谓"渤泥"国即今天的文莱王国的前身，当时控制着加里曼丹岛大部及菲律宾南部的一些岛屿。所谓的"三佛齐"则是控制着今印度尼西亚巽他群岛的大部的佛教王国。湓亨、白花则为马来半岛的割据政权，苏门答腊、西洋、爪哇三国则是今天印度尼西亚地区的封建王国。安南所控制的地域大体涵盖了今天越南社会主义共和国的北部，今越南社会主义共和国的南部地区当时是占城的疆土。真腊是今天柬埔寨王国的古

壮年时期的朱元璋

现存于南京的渤泥国王墓

称，暹罗则是泰王国的旧名。大、小琉球则为今天的日本冲绳群岛。

这些国家长期以来均为中国历代封建王朝的藩属，如真腊、暹罗、占城等国均早在隋唐时期便建立起了与中国朝贡体系，而盘踞于马来半岛、印度尼西亚地区及菲律宾的南中国海沿岸国家则从宋、元时期与中国交往密切。特别是公元1292年，元世祖忽必烈命福建行省平章史弼等人率军远征爪哇的军事行动，极大地震慑了当地诸国。使其纷纷主动向元帝国输诚。因此基本上朱元璋所划定的"十五不征之国"中除了朝鲜与日本之外，基本均为宋元以来中国的传统藩属，既然是附属国，那么自然没有必要征讨。

朝鲜的情况之所以在"十五不征之国"中显得比较特殊，是因为这个是一个相对比较"年轻"的国家。明帝国成立之初，朝鲜半岛仍处于高丽王国的统治之下，国王为王颛。洪武元年（1368）朱元璋即位之时，曾即遣使持书前往高丽谕告。次年，高丽国王颛也遣使上表庆贺明朝开国，并请封号。朱元璋应其之请，于洪武三年遣使持金印文诰，封王颛为高丽国王，从而确立了两国的宗藩关系，"自是贡献数至，元旦及圣节皆遣使朝贺，岁以为常"。但高丽王国与昔日的元帝国有着悠久的姻亲关系，当时的辽东地区也仍盘踞着北元帝国的残余势力，因此高丽王国一度在明帝国与北元王庭之间首鼠两端，摇摆不定。

洪武七年（1374），高丽国王颛为权

相李仁人所弑，李仁人拥立权臣辛旽之子辛禑为王，遣使来明入贡，但朱元璋认定其得位不正对其的朝贡却不受。直到洪武十八年（1385），朱元璋见辛禑地位日益稳固，才不得不正视既成事实，加给辛禑高丽国王封号，并追谥王颛为"恭愍王"。

虽然得到了明帝国的正式册封，但此时的高丽王国却已是风雨飘摇。北方残元的势力虽然在明帝国的打压之下逐渐衰弱，但南方的"倭寇"却呈现愈演愈烈的态势。"倭寇"侵扰朝鲜古已有之，事实上，"倭寇"一词不是中国创造的，其最早见于文献，是公元404年朝鲜半岛上高句丽好太王碑文，这块今天被发现于吉林省集安县的石碑，记载了高句丽第19代君王高谈德于当年击败进犯平壤地区的百济——倭国联军的事迹，其中记载的"倭寇溃败，斩杀无数"的字句。从此开启了东亚大陆对日本入侵者的统一称谓。

镰仓幕府统治时期，虽然也不时有日本海盗袭扰朝鲜半岛。据《高丽史》记载，公元1223年，倭寇侵扰金州。不过当时的日本政府对这种跨境劫掠的行动并不支持。公元1227年，90名涉嫌从事海盗行动的日本人便于九州岛被当着高丽使节的面斩首示众。但随着镰仓幕府的崩溃和日本国内政局的动荡，日本国内破产武士及普通民众加入海盗集团，泛舟出海"捞生活"的热情逐渐走高，朝鲜半岛也随之成为了"倭寇"劫掠的重灾区。

公元1323年至公元1422年的百年间，

被称为好太王的高谈德

寇掠朝鲜382次。而在倭寇最猖獗的公元1350年至公元1390年之间，未记载倭寇出没的年份仅有公元1356年和公元1386年两年而已。据《高丽史》所说，倭寇入侵朝鲜之时，所至"妇女婴孩，屠杀无遗"，"掳我人民，焚荡我府库，千里肃然"。而由于高丽王国的反击不力，倭寇不仅蹂躏了半岛南部沿海各地，甚至开始深入内地，成为了高丽王朝的心腹大患。

在"恭愍王"王颛时期，三南（忠清道、全罗道和庆尚道）等沿海地区已经成了倭寇的自留地，几乎一日一警。高丽王朝因为倭寇潮水般无穷无尽的侵袭，财政极度困难，以至于不能支付官员的薪水，士兵也是军心全无。"诸岛荒芜，王京震动"，无奈之下，高丽政府只好把全罗道等沿海地方的仓库迁移到内陆，海边几十里之内几乎没有人烟。辛禑执政之后，得陇望蜀的倭寇更在朝鲜沿海占据岛屿常住。面对这样的局面，辛禑曾经对大臣发火："（你们）只是占田土，占奴婢，享富贵快活，也合寻思教百姓安宁，至至诚诚地做些好勾当，密匝匝的似兀那罗州一带筑起城子，多造些军船，教倭子害不得便好。你却沿海每三五十里家无人烟耕种。又说倭子在恁那一个甚么海岛子里经年家住，也不回去，恁却近不得他。这的有甚难处？着军船围了，困也困杀那厮！"对倭寇的恼怒和恨自己属下不力之情，可谓跃然纸上。

平心而论，此时的高丽王国并非没有精兵强将。在南方各地饱受倭寇袭扰的同时，高丽王国北方边防部队却利用元末辽东地区群雄并起的态势，在不断击败来犯红巾军、元帝国政府军的同时，成功地跨过鸭绿江，一度杀到了辽阳城下。而这支北境雄师的统帅正是出身元帝国辽阳行省双城总管府的元帝国千户之子李成桂。李成桂得势之后曾自称是新罗名臣李翰之后，但在其有史可查的家谱中，从其曾祖父李行里开始，李氏一族便长期依附于蒙元帝国，世袭元帝国斡东千户所千户，直到公元1356年，高丽王国利用元帝国内乱北拓领土，李成桂的父亲李子春才"毅然反正"，协助高丽军队攻占元帝国双城总管府，从此开启了李氏一族在高丽王国的从政生涯。

对于自幼从军的李成桂，"恭愍王"王颛颇为宠幸，一度任命其为相当于国防部的密直司副使，与老牌政客崔莹、曹敏修分庭抗礼。但新科国君辛禑对其却并不信任。公元1377年，李成桂率军前往智异山和西海道击破倭寇，才第一次确立了其在高丽王国新一届政府内的位置。公元1380年，一支由500艘战船组成的倭寇舰队侵入云峰（今韩国全罗北道南原郡），占领引月驿。在前往当地清剿的高丽驻军大败而回的情况下，李成桂再度出马。成功射杀了"乘白马舞槊驰突，所向披靡莫敢当，我（高丽）军争避之"的倭寇首领"阿只拔都"。

"阿只"是朝鲜语，意为"年轻人"，"拔都"是蒙古语，意为"勇士"。显然朝鲜官方并不清楚这位年轻的倭寇首领的名字。只是根据其年龄和战场表现随意给他起了一个"代号"。而从日本方面的史料来看，此时的倭寇集团主要在盘踞壹岐岛的松浦氏领导之下，壹岐岛位于九州岛北部。北面通过对马海峡与对马隔海相望，南方通过壹岐水道与肥前国相离，这里不仅是由日本九州岛至中国大陆和朝鲜的一个中转站，也是防御外界入侵的一个重要前哨。因此蒙古袭来时遭到了很大破坏。

壹岐作为一个岛国，渔业很是发达；同时岛内也有平原，有大米、麦和大豆等农作物。虽然面积不如对马，但其耕地及人口都比对马岛要多。而更为关键的是在镰仓幕府统治期间，壹岐地区长期集结了大批戍守前线的武士。日本国内南北朝拉锯战所产生的许多溃兵败将也流亡至此，令倭寇势力大增，倍加凶猛。因而才会出现"阿只拔都"这样策

李成桂曾多次击败倭寇

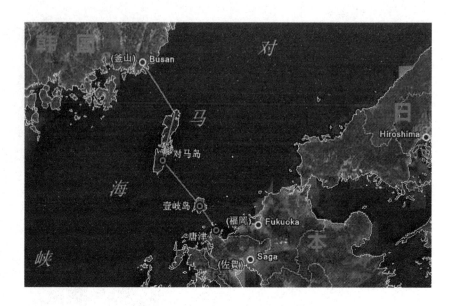

壹岐和对马群岛长期以来都是日本前往朝鲜半岛的绝佳跳板

马舞槊的职业军官统率流民跨国劫掠的现象。

　　李成桂麾下部将李之兰成功射杀"阿只拔都"的举动，极大地挫伤了倭寇的斗志，高丽军队趁势取得大胜，俘获倭寇600多人，杀敌无数，史称"荒山大捷"。据说当地的河流都被倭寇鲜血染红了，过了六七天后颜色都没有褪干净。此战之后，壹岐岛方向的"松浦党"倭寇元气大伤，相当长一段时间无力骚扰高丽边境。而高丽国王辛禑也随即又将矛头对准与明元交战的辽东方向。

　　公元1388年，明帝国在原双城总管府之地设置铁岭卫，移文告知高丽。高丽国王辛禑、门下侍中崔莹密议进攻辽东，守门下侍中李成桂反对无效。是年4月，辛禑派左军都统使曹敏修、右军都统使李成桂出兵辽东。5月，李成桂渡过鸭绿江后，发觉行军困难、粮饷不济，上书要求班师，辛禑不听。于是李成桂劝服曹敏修，果断在威化岛回军，返回开京（今朝鲜开城），流放崔莹，此后掌握高丽政权。6月，辛禑退位，其子辛昌即位，以李成桂为东北面朔方、江陵道都统使，赐忠勤亮节宣威同德安社功臣之号，都总中外诸军事；10月，兼判尚瑞司事。公元1388年11月，辛禑意图复辟，事败，李成桂以明帝国称王昌非"恭愍王"之后而不许入朝为借口，废辛昌为庶人，改立高丽宗室王瑶，是为"恭让王"。辛祸流放江陵，辛昌流放江华，12月被杀。恭让王只是李成桂的一个傀儡，他以李成桂为奋忠定难匡复燮理佐命功臣，封爵和宁君、开国忠义伯，食邑一千户，食实封三百户，田二百结、奴婢二十口，称中兴功臣，父母妻封爵，子孙荫职。

登基为王的李成桂

以威化岛回军为契机，掌握实权的李成桂与新兴士大夫势力开始进行私田改革，主要以限制权门世族和佛教势力为目的，这种对经济基础的重新洗牌成为新王朝建立的前奏。首先李成桂下令调查全国土地，公元1390年，将所有现存的公私田册档都予以焚毁。次年，颁布了土地制度的新法令——科田法。规定科田只能取自京畿地区，按每人已有的官阶对官僚集团成员实行分配，其他郡县土地属于公田。这样，高丽权门世族和佛教势力的经济基础遭到彻底破坏，从而敲响了他们的丧钟。另一方面，私田改革也象征着高丽王朝本身的没落，公田的增长使政府收入相应增加，为朝鲜王朝开国奠定了经济基础。

公元1392年4月，效忠高丽王朝的大臣郑梦周被李成桂之子李芳远刺杀，自此，李成桂篡国的最后一道障碍被铲除。公元1392年7月12日，右侍中裴克廉等胁迫恭愍王妃废黜"恭让王"。7月17日丙申，在右侍中裴克廉、判三司事赵浚、奉化郡忠义君郑道传、同知密直司事南訚等亲信的劝进下，李成桂在开京寿昌宫即位，开创了朝鲜王朝500年的基业。时年58岁。

李成桂建国以后，就确立了对明事大的基本国策。公元1392年7月，李成桂遣知密直司事赵胖至中国明朝礼部上表称："洪武二十五年七月十二日，以恭愍王妃安氏之命，退居私第。窃念军国之务不可一日无统，择于宗亲，无有可当舆望者，惟门下侍中李成桂泽被生灵，功在社稷，中外之心凤皆归附。于是一国大小臣僚、闲良、耆老、军民臣等咸愿推戴，令知密直司事赵胖，前赴朝廷奏达，伏启照验，烦为闻奏，俯从舆意，以安一国之民。"明帝国方面则以朱元璋圣旨答复："二韩臣民既尊李氏，民无兵祸，人各乐天之乐，乃帝命也。虽然，自今以后慎守封疆，毋生谲诈，福愈增焉。尔礼部以示朕意。"李成桂遣门下侍郎赞成事郑道传赴南京谢恩，并献马60匹。

当年8月，李成桂又遣前密直使赵琳赴京进表继续讨封："臣素无才德，辞至再三，而迫于众情，未获逃避，惊惶战栗，不知所措。伏望皇帝陛下以乾坤之量、日月之明，察众志之不可违、微臣之不获已，裁自圣心，以定民志。"朱元璋则答复说："高丽限山隔海，天造东夷，非我中国所治。尔礼部回文书，声教自由，果能顺天意合人心，以妥东夷之民，不生边衅，则使命往来，实彼国之福也。文书到日，国更何号，星驰来报。"

当年11月，李成桂再遣艺文馆学士韩尚质至明朝上表："惊惶战栗，措躬无地间，钦蒙圣慈许臣权知国事，仍问国号，臣与国人感喜尤切。臣窃思惟，有国立号诚非小臣所敢擅便。谨将'朝鲜'（箕子所建古国名）、'和宁'（李成桂诞生之地）等号闻达天聪，伏望取自圣裁。"礼部复以朱元璋旨意答复："东夷之号，惟朝鲜之称美，且其来远，可以本其名而祖之。体天牧民，永昌后嗣。"于是"朝鲜"这一名称经过宗主国明朝批准，正式成为新王朝的国号。不过，虽然国号被批准，但朱元璋一直没有认可李成桂的王位。李成桂由于一直没有得到明太祖的册封，在上书明朝时仍然使用"权知高丽国事"，国号更改后则使用"权知朝鲜国事"。朝鲜史官对李成桂屡上书明帝国"跑官"一事，丝毫没有羞耻之感，反而谓之"我太祖有百折不挠之毅"。

李成桂即位后，认为开京王气已尽，开始积极谋划迁都。即位后一个月就下旨由开京迁都汉阳（今韩国首尔，1395年改称汉城），建宗庙社稷、宫室城池，并在公元1394年开始营建景福宫。其间，一个传说相当传神地刻画了当年围绕新都争论的激烈情形——李成桂的挚友、高僧无学大师曾对汉阳的城池布局提出意见"以仁王山作镇，白岳南山为龙虎"。首席谋臣郑道传则以儒家立场反对怪力乱神之说："自古帝王皆南面而治，未闻东向也。"二人互不相让，场面剑拔弩张。最后，李成桂采纳了郑道传的意见，无学挖苦郑道传："不从吾言，垂二百年当思吾言。新罗义湘大师云：择都汉阳，郑姓人是非之，不过五世，篡夺之祸生；岁才二百，板荡之难至。"

公元1396年，在宗社宫阙营建完成以后，朝鲜正式定都汉城。李成桂即位后，对内继续依靠郑道传等人实行改革，规划新王朝的蓝图，对外则通过招抚、武力征服朝鲜半岛东北地区的女真部落，李成桂进一步加强了对该地区的管辖，使其疆域达到图们江。

从朱元璋对朝鲜的态度不难看出，所谓"十五不征之国"中的朝鲜和日本，对于明帝国而言不仅是藩属，而且存在着内部统治阶级合法性的质疑，甚至不能算做"一国"。因此所谓"不征"，无非是给出足够的外交空间，等待其内部争斗完成之后，再进一步考虑对其外交政策的一种策略而已。

半济之法
——室町幕府终结日本南北朝的艰难进程和朱元璋宏大帝国规划

朱元璋对日本国内局势暂时采取放任自流态度的同时，日本国内南北朝拉锯的局面却大有愈演愈烈的态势。对于足利尊氏一手创立的京都幕府而言，最大的隐患并不在于苟延残喘的南朝，而是在于连年的征战之中，各地豪强在漫长的征战杀伐中形成了一个个尾大难掉的地域集团，早已将各地的领地瓜分干净。在这一轮洗牌中，不仅各地原有武士阶层积极参与，连原先处于社会底层的农民也闻风而动。在站在南朝立场撰写的历史演义《太平记》中便有以"野伏"、"甲乙人"、"溢者"身份登场的人物，他们的身份分别是乡间的野武士、庶民和农兵。

对于这些既得利益集团，忙于与南朝对抗的京都幕府无心也无力一一镇压。只能委任细川、斯波等同族及少贰、赤松等政治盟友为各国守护。而这些国守护们则通过名为"半济法"的税收制度掌握其所在地的经济命脉。所谓"半济法"，顾名思义就是把该地一年年贡中的一半以军粮的名义交给这些国守护们支配。至此"国守护"们已不再是镰仓幕府时代的行政官职，摇身一变成为了以"国"为单位的超级大地主。一个全新的阶层随即在日本历史的舞台上粉墨登场，他们就是"守护大名"。

"守护大名"们的出现，可以说是足利尊氏饮鸩止渴的不得已行为。毕竟南朝的"皇军"虽然在战场上屡战屡败，但背后却是公卿、寺社以及商贾势力。令足利尊氏没有想到的是，"守护大名"的隐患还未爆发，室町幕府内部便由于"蛋糕"的分配问题而陷入了名为"观应扰乱"的内讧之中。

所谓"观应扰乱"，指的是北朝观应元年（1350），由足利尊氏之弟——足利直义和足利氏的亲信武将高师直、高师泰之间的龃龉所引发的一系列政治纷争。足利直义在京都幕府之中是处理日常事务的"政所"和"问注所"的负责人，而高师兄弟则掌管负责军事事务的"侍所"，他们之间的冲突某种意义上与镰仓幕府末期"御内人"和"御家人"矛盾激化所导致的"霜月骚动"可谓是异曲同工。

"观应扰乱"的直接后果是足利直义出奔南朝。但足利直义的养子足利直冬在九州的叛乱等一系列连锁反应却令足利尊氏颇有些吃不消。而有趣的是，足利直冬虽然名义上是足利直义的养子，但实际上却是尊氏的孩子。足利尊氏早年在迎娶了北条氏之女赤桥登子之外，还纳了包括同族武士加古基氏的女儿等人为妾。在尊卑有别的时代，即便是加古基氏之女为足利尊氏产下的长子竹若丸都没有继承权，更何况是另一位身份不详的侧室——"越前殿"所生下足利直冬了。

足利直冬从小就被寄养在武藏国东胜寺中，如果不是被和尚玄惠法印介绍给叔叔足利直义收养，其一生很可能便要与青灯黄卷为伴了。因此在政治上，足利直冬更倾向于自己的叔叔。早在足利直义出奔之时，足利直冬正在赴任长门探提的路上，面对高师兄弟派来的追兵，足利直冬效仿他的生父，渡过濑户内海抵达了北九州的肥后国。

战功卓著的足利直义

此时的九州岛表面上维持着以少贰、大友为首的北朝方和以菊池为代表的南朝势力的对峙，但水下却是暗潮汹涌。曾为足利氏负弩前驱的少贰赖尚在京都幕府建立后，竟发现自己非但没有获得九州的霸权，反而还要接受足利尊氏的"特派员"——"九州探提"一色范尚的指挥，内心的不满自然可想而知。

不过少贰赖尚并没有用"出工不出力"来表达自己的委屈，他直接连"工"都不出。没有了少贰氏的支持，一色范尚不仅在公元1338年的"犬塚原会战"中被菊池武重打得溃不成军，更在此后的10年里始终在九州没有取得任何进展。但一色家族无能的表现却依旧得到了足利尊氏的支持，面对这样"说你行你就行，不行也行"的领导，少贰氏的忍耐终于到了极限，而此时足利直冬的到来，更给了少贰赖尚一个揭竿而起的天赐良机。

足利直冬和少贰赖尚的叛乱、足利直义一系的倒戈严重地分化了原本胜券在握的幕府势力。但焦头烂额的足利尊氏毕竟是政坛老手，面对与足利直义合流的南朝兵锋，他理性地选择了"弃卒保车"，不仅果断牺牲了高师兄弟，更主动与南朝议和，把自己一手册立的崇光天皇兴仁赶进了佛门。由于此时正值南朝正平年间，因此日本历史称此次议和为"正平一统"。

"正平一统"的名字虽然霸气，但并非是日本列岛南北朝的终结。随着足利尊氏最终逼死了被南朝抛弃的足利直义，由于"观应扰乱"而陷入分裂的京都幕府各派终于为了共同的利益而重新汇聚到了一起。而本就虚与委蛇的南北朝两方也几乎同时撕毁了和约，双方围绕着京都重又展开了疯狂的拉锯。从公元1352年到1355年的短短4年时间里，作为日本政治中心的京都反复易手了3次。

虚弱的室町幕府之所以屡屡令南朝纠集的大军铩羽而归，除了足利尊氏的威望和政治手腕之外，很大一部分原因是足利尊氏采用了当年后醍醐天皇拒绝的"楠木战略"，利用播磨的赤松氏、四国的细川氏等人占据的外围据点，在对手占据京都后，随即展开合围，逼迫补给不畅的南朝军主动撤退。但此消彼长之间，足利尊氏的生命也逐渐走到了尽头，公元1358年4月15日亲手埋葬了无数强敌的足利尊氏最终败给了死神，于京都因背部肿瘤病变辞世。而在幕府长达百日的纪念活动刚刚结束不久，京都幕府第2代将军足利义诠的嫡子春王丸终于诞生了。而他正是未来最终结束日本列岛南北朝分裂的室町幕府第3代"领导核心"——足利义满。

足利义满的形象其实在中国早已脍炙人口，因为他便是动画片《聪明的一休》中足利将军的原型。不过足利义满尽管在动漫作品中形象不佳，在正史中却是一个少年老成的天才政客。足利义满登上政治舞台之时年仅10岁，在他父亲足利义诠的手中，京都幕府尽管数度调集重兵南征，但始终无法在战场上取得决定性的胜利。相反却令细川、斯波、今川、上杉、赤松等"守护大名"趁势而起，足利义诠虽然也作出了一些努力，但终究收效甚微。在巨大的压力和极度苦闷之中，足利义诠选择了以借酒色来缓解自己那经常濒临崩溃的神经，最终在透支生命的过程中英年早逝。

幼年丧父，不得不独立面对一干元老、悍将，固然是足利义满的不幸，但幸运的是在足利义满接掌幕府之时，日本列岛已经在长年的征战杀伐中形成了一种微妙的平衡。南北朝鏖战已近40个年头，彼此均已精疲力竭，而在京都幕府内部，跋扈一时的元勋们或死或老，唯有执掌四国的细川赖之风头正劲。

足利义诠利用细川赖之嫡子早夭的机会，以细川赖之的妻子为足利义满的乳母，俨然已将足利义满寄养于同宗的细川氏，而足利义诠辞世之际，更指着细川赖之对

英年早逝的室町幕府"二代目"——足利义诠

足利义满说："为汝与一父，莫违其教。"可谓是做足了托孤的戏码。细川赖之虽然年轻有为，但却也没有独立摆平其他派系、取足利而代之的能力。而恰在细川赖之和足利义满这对有实无名的"义父子"手中，京都幕府进入了全盛时期。

细川赖之很清楚在日本这样地狭人稠的国土，利益分配才是决定人心向背的关键。因此其在辅佐足利义满接任"征夷大将军"伊始的应安元年（1368），便颁布了被称为《应安半济令》的新法令。细川赖之很清楚对于那些由"半济令"而壮大的既得利益集团而言，要终止这一战时法令无异于自寻死路。因此在"应安半济令"中，细川赖之首先肯定了"半济之法不可改动"，甚至还要推而广之，全国范围内符合条件的"皆可称半济之地"。当然细川赖之真正的目的还在于规范"半济"的收取标准。有几类土地不纳入"半济"的范畴，即"禁里、仙洞、御料所、寺社、一元佛神领，殿下渡领等"。所谓"禁里、仙洞、御料所"，指的是皇室的领地，"寺社、一元佛神领"则是寺庙的土地，至于"殿下渡领"指的则是足利将军的领地。

"应安半济令"表面上看起来平常无奇，但在当时的日本列岛无疑是一颗重磅炸弹。南北朝的武士们苦苦缠斗无非就为了抢下一块可以合法收取"保护费"的地盘，高僧拼死支持南朝目的也不过是想将武士挡在自己的封地之外。因此"应安半济令"颁布的第二年，南朝的武士首领楠木正仪便怀着艳羡之情"弃暗投明"了。讽刺的是这位楠木正仪恰是为南朝先后肝脑涂地的楠木正成之子，楠木正行之弟。由此可见"七身报国"的忠义最终也难敌"半济之法"的实惠。

在成功策反了楠木正仪之后，细川赖之又将目光转向了南朝势力最为雄厚的九州。由于京都事务的羁绊，细川赖之无法亲自领军出征，于是他任命了远江国守护今川贞世为镇西探提。今川氏虽然与细川氏一样是足利将军的同宗，但长期以来在京都幕府的治下都表现得安分守己。正是这份低调令细川赖之放心地让今川贞世领军西去。而今川贞世也不负众望，不仅成功地击败了南朝在九州的支柱——菊池武光，更顺手在庆功酒宴上干掉了反复无常的少贰氏新任家督——少贰冬资。尽管负责邀请少贰冬资的岛津氏久事后愤而离席，但毫无疑问，在少贰氏和菊池氏走向衰弱的同时，属于岛津、大友的"新九州时代"即将到来。

由于京都幕府的一系列内讧，南朝随后又苟延残喘了二十余年，但足利氏已经走出了往昔的阴霾。公元1378年，亲政的足利义满搬迁到了位于北小路室町（今京都市上京区）的新御所居住，由于此后的历任将军都以"室町殿"相称，因此足利义满之后的"京都幕府"也被称为"室町幕府"。尽管这所号称"花之御所"的新宅费尽了细川赖之的心力，但功高震主的他在其中却早已没有了位置。

　　一年之后，足利义满借口细川赖之政敌的叛乱，逼迫细川赖之辞职回家。心灰意冷的细川赖之在写下了"人生五十愧无功，花木春过夏已中，满室苍蝇扫离去，起寻禅塌卧清风"的《海南行》之后愤而落发出家。这种鸟尽弓藏的结局果然是权臣的不幸，但遇到足利义满这样的领导却又是细川赖之的幸运。在此后的10年里，细川赖之目睹了足利义满逐一将逼走自己的政敌一一铲除。但细川赖之最终没有等到自己的学生足利义满结束日本"一天两帝南北京"的分裂局面，于公元1392年3月2日离开了人世，8个月之后南朝的后龟山天皇熙成接受了足利义满的条件，带着象征日本皇权的"三神器"离开了吉野行宫北上京都。至此，日本列岛延续了57年的南北朝局面才最终告一段落。

日本画家笔下的花之御所

日本南北朝对峙局面宣告终结的同时，朱元璋也基本上完成了其对大明帝国的内部整肃。朱元璋首先对国家官僚机构进行改革。洪武初年，官僚机构基本上沿袭元代旧制。洪武九年（1376），朱元璋首先宣布，在地方上废除元旧制——行中书省的制度，代之以承宣布政使司、都指挥使司和提刑按察使司三司，分别行使行中书省之职责，三司既相对独立，又相互牵制，以防止地方势力过大而闹独立性的可能。是年，除南京直辖区外，全国共设立了浙江、江西、福建、北平、广西、四川、山东、广东、河南、陕西、湖广、山西12个布政使司。洪武十五年平定云南后，又增设云南布政使司。布政使司下属二级：府（州）、县。

与政治改革相应，朱元璋在军事制度方面进行了较大的改革。洪武初年，朱元璋便与刘基研究创立了明代特有的卫所制度：军籍世代沿袭，实行耕战结合，平时屯耕，战时出征；自京师至郡县，皆立卫所，在军事重地设卫，次要地方设所。洪武十三年（1380），朱元璋在废除丞相制的同时，也废除了统管全国军事的大都督府，代之以中、左、右、前、后五军都督府，每府各设左右都督。都督府负责军队的管理和训练，但无权调动军队。逢有战事，由皇帝亲自任命军事统帅，兵部发布调令，都督府长官奉命出征。经此改革，朱元璋把军权牢牢抓在自己手里。

洪武年间，还建立了严格的户籍制度。洪武三年（1370），明皇朝开始推行户帖制度，规定：户帖"各书户之乡贯、丁口、名、岁，以字号编为勘合，用半印铃记"；"男女田宅牛畜备载"；"籍藏于部，帖给之民。仍令有司岁计其登耗以闻"。户帖制度的实行，改革了元末户籍散失、赋役征发无据的状况，为明皇朝的赋役征收提供了依据。

洪武十四年，明皇朝又建立了黄册制度，它比户帖制度更为详细，管理也更为严密。洪武二十年，又在全国范围内丈量土地，制成《鱼鳞图册》，用以核实田亩赋税，以防隐漏。朱元璋十分注重法律的制定，洪武年间，曾颁行了《大明律》《大诰》等一系列法典。《大明律》规定，官吏贪污钱财60两以上，枭首示众，甚至有对贪赃者施以剥皮实草之刑。朱元璋执法相当坚决，即使是皇亲国戚也绝不姑息，驸马欧阳伦因贩运私茶触犯刑律，即被赐死；开国功臣汤和的姑父因隐田漏税而被治罪。朱元璋致力于明朝法律的制定，欲给子孙留下一部"一字不可改易"

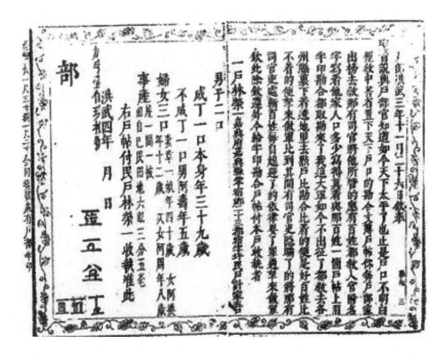

的法典，用以维护明皇朝的长治久安。

朱元璋在政治、经济、军事、法律等方面的一系列改革，无疑对巩固明皇朝的统治有着重要的作用。然而，朱元璋在这些改革中旨在加强皇权、加强专制统治的做法，也给明皇朝的统治埋下了危机。在加强皇权、加强专制统治的同时，朱元璋又实行了分封制，除长子朱标被册立为太子外，他的23个儿子和一个从孙都被封为藩王，分驻于全国各个军事要地，以"藩屏帝室"。这些藩王各置官属。护卫甲士，少者千人，多者至万人。如宁王朱权，就藩喜峰口外的大宁，"带甲八万，革车六千"，俨然是一支不小的武装力量。分封制无疑与朱元璋力图加强皇权、加强专制统治的目的是背道而驰的。大臣叶伯巨当时就上书指出"裂土分封"，会造成许多国中之国，恐怕数世之后，会形成"尾大不掉"的割据势力，并以汉初吴王濞七国之乱和西晋末年"八王之乱"为鉴，告诫朱元璋"分封逾制"，祸患马上就会降临。忠言逆耳，朱元璋非但不听叶伯巨之劝，反而骂他是离间骨肉，立即派人把他抓来关入牢狱。

叶伯巨所预见的分封之祸，并未等到数世之后，仅在朱元璋死后的第二年就应验了。

朱元璋为了子孙能坐稳皇帝的宝座，处心积虑，不惜大肆屠戮为他南征北战、出生入死的功臣大将。洪武十三年（1380），朱元璋以"擅权植党"的罪名处死胡惟庸，事隔10年，又以胡案株连李善长、陆仲亨、唐胜宗、费聚、赵庸、常遇春、黄彬、陆聚、金朝兴、叶昇、毛麒、李伯昇等一大批大臣，并宣布他们为奸党，此案连坐受诛者达3万余人。三年以后，又发生了蓝党大狱。身经百战、屡立战功的功臣蓝玉，为锦衣卫指挥蒋告发谋反，于是，不仅蓝玉一族被诛，还牵连到武臣曹震、张翼、朱寿，吏部尚书詹徽等，被诛者达1.5万余人。朱元璋利用胡、蓝之狱，杀了4.5万人之多，"元功宿将相继尽矣！"此外，屡建大功的朱元璋的亲侄朱之正，亲外甥李文忠，开国功臣徐达，大将冯胜、傅友德等都无一幸免。朱元璋大肆杀戮功臣，原本是为子孙计，以防止功臣宿将居功自傲，不利于子孙的统治，不料在他去世的第二年，其孙建文帝朱允炆却因他杀戮过甚，而找不到可领兵御敌的大将，最后为燕王朱棣所打败。

而在朱元璋屠戮功臣的过程中，日本还无意之间扮演了推波助澜的角色。这便是朱元璋诛杀丞相胡惟庸过程中持续发酵的"如瑶藏主"案。如瑶藏主是一个日本僧人，曾经作为日本政府的使者向明帝国朝贡，根据《明实录》记载，如瑶藏主访问明朝的时间是在洪武十四年（1381）七月。按照《明实录》的记载，如瑶藏主是受"日本国王怀良"的指派。不过洪武五年（1372）的时候，怀良亲王已经被北朝方的九州探提今川贞世（了俊）击败，失去了博多地区的控制权。与此同时，朱元璋派遣的使者僧仲猷祖阐和无逸克勤恰好在日本进行访问，并成功见到北朝的幕府将军足利义满。自此，日本北朝政权开始同明朝政府开展外交接触活动。洪武七年（1374）明太祖接见了日本北朝的使者之后，已经明白怀良亲王不是日本的国王（天皇）。他开始将北朝持明院统的天皇看作日本正统的国王。

不过此时朱元璋对于日本政府依旧没有好感，如瑶藏主访问明朝的时候，朱元璋命令礼部起草了两份文书，一份名为《设礼部问日本国王》，另一份名为《设礼部问日本国将军》。日本国将军显然是指幕府将军（征夷大将军）足利义满，由此可见，朱元璋对如瑶藏主之行是非常怀疑的。而恰恰就在如瑶藏主结束外交活动归国后不久，明帝国内部曝出了前明州卫指挥使林贤曾误击日本使船的丑闻。

元末时，林贤曾是江浙一带农民起义军领袖张士诚的部下，张士诚败亡前后才归附朱元璋。不过此人似乎在海战方面有些造诣。所以朱元璋一度命其出任明州卫指挥使，希望其能够"帅兵守御，以备东海，所任之职务，在精操士卒，仿古名将，务要军民安妥，使境内外无虞"。但林贤却在洪武九年（1376）利用护送日本使者廷用文珪回国的机会，串通"遣宣使"陈得中将日本使者廷用文珪的座舰洗劫一空后击沉，谎报是消灭了一小股倭寇。这件事情并没有瞒过时任左丞相的胡惟庸。不过胡惟庸不敢正面上报朱元璋这起严重的"外交事件"，而是找了一个别的理由把林贤赶到日本去居住了3年。从后续的事态发展来看，胡惟庸此举应该是让林贤去日本善后，以保护自己的心腹陈得中。但公元1380年，胡惟庸本人被以谋反之名处决后，林贤昔日的所作所为也就随即浮出了水面。

由于此时的明帝国有关机构仍在罗织胡惟庸谋反的罪名，因此"林贤事件"很快便与日本联系在了一起。

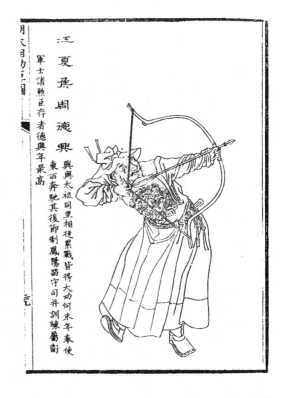

明初对日主战派周德兴绣像

距离事件最近的"如瑶藏主"的使团被指"包藏祸心",不仅在诈献的巨烛中暗藏火药兵器,潜伏精兵四百(一说千人)于贡舫之中。胡惟庸将林贤派往日本,更有"请(日本)兵为外应"的计划,端的是好大的阴谋。可怜的如瑶藏主本人还不知情。洪武十七年(1384)如瑶藏主再度来到明帝国朝贡,随即遭到逮捕,如瑶藏主本人被判死刑,随行人员充军云南。两年之后林贤案审结,林贤本人被凌迟处死,家中男性悉数被诛,女眷则沦为奴婢。

朱元璋之所以突然改变对日本的态度,一方面固然是受到了胡惟庸案的刺激,认定日本参与了明帝国皇权与相权的争斗,而另一方面却也不无趁势改变对日外交策略的动机。在如瑶藏主第二次抵达大明帝国的洪武十七年(1384)正月,朱元璋命令信国公汤和巡视浙江、福建沿海城池,筑登、莱至浙沿海59城,以防御倭寇骚扰。洪武二十年(1387)三月,朱元璋又命令江夏侯周德兴往福建,以福、兴、漳、泉四府民户三丁取一,为沿海卫所戍兵,其原置军卫非要害之所即移置之。周德兴至福建后,则按籍抽兵。相视要害可为城守之处,具图以进。另选丁壮1.5万余人,筑城16,增置巡检司45,分隶诸卫,以防御倭寇。这些姿态不仅是防御,更有可能是朱元璋启动对日远征的准备工作。可惜的是朱元璋并没有机会将自己的计划落实,便提前败给了时间。洪武三十一年(1398),71岁的朱元璋于5月病倒,然而他仍坚持处理政事,勉强支持了30天以后,平静地死去。

猿犬英雄
——足利义满篡夺天皇权柄的野心和努力

公元1394年，终结了南北朝分裂局面的足利义满早早地便将"幕府将军"之位传给了自己9岁的儿子足利义持，以公卿领袖"太政大臣"的身份当起了室町幕府的"太上皇"。据说足利义满这种"半退休"的生活过得很惬意，他在带领着斯波义将等一千元老出家之后，将原属于公卿西园寺家族的京都"北山第"占为己有，过起了坐而论道、品鉴书画的风雅生活。不过足利义满此举并非是功成身退的自得其乐，而是为自己更上一层楼所作的重要铺垫。

足利义满很清楚，随着各地守护大名的壮大，幕府将军不过是其公推的天下"共主"而已，因此前半生作出了诸多努力以期强化幕府的实力，他充实了被称为"御马回"的将军卫队，招揽了诸如二阶堂等昔日镰仓幕府官吏世家，强化了室町幕府日常政务的处理能力，甚至频繁劳师动众地展开"诸国巡视之旅"。但以足利义满的政治眼光，这些举措无非是暂时压制住了各地豪强的政治野心而已，真正要保障室町幕府长久的统治，唯有取代"万世一系"的天皇这一条道路，毕竟在日本这座小庙，不可能容下天皇和将军两座真佛。

长期以来支持天皇的核心力量无非是附庸风雅的公卿和假神之名的寺院而已，因此足利义满出家之后随即将"北山第"的别墅改造成了融合公、武、禅三家文化风格的"鹿苑寺"。其由于装修风格极尽奢华之能事，因此又被称为"金阁寺"。就在金碧辉煌的舍利殿中，足利义满开始拉拢公卿和寺院的力量，开始为自己的家族最终登上权力巅峰而冲刺。

足利义满的计划很简单，他打算首先利用后小松天皇干仁的生母三条严子去世的机会，让自己的正室日野康子成为天皇的养母，再让后小松天皇收养自己的次子足利义嗣。如此一来，足利家便成功融入了天皇谱系之中，只要让后小松天皇在合适的时间死去，并传位给足利义嗣，那么幕府将军便与天皇家族正式合体，实现真正的"公武合体"。

在野史之中，足利义满为了保证自己的计划能够顺利实施，因此视与足利义嗣同年出生的后小松天皇庶长子"千菊丸"为眼中钉，将其逐出皇宫，安置在京都安国寺。而这个"千菊丸"长大之后也选择了遁入空门，成为了日本历史上争议颇多的奇僧——"一休宗纯"，也就是国人耳熟能详的"聪明的一休"。

当然，这一说法无非是坊间传闻，后小松天皇尽管不算"多产"，但到足利义满逝世之前也有两位嫡王子诞生。如果足利义满对一休的"流放"单纯是出于为足利义嗣扫清障碍，那么足利义满更没有理由会放过后来登基、被称为"称光天皇"的嫡长子躬仁了。事实上促成一休宗纯的坎坷命运的，恰恰是其在银幕上温柔贤淑的母亲——藤原照子。

被称为"金阁"的鹿苑寺遗址

藤原照子尽管为后小松天皇所宠幸，但却站在自己家族的立场之上，怀有复兴南朝的野心，据说甚至有刺杀后小松天皇的计划。对于这样的一个女人，无论是后小松天皇还是足利义满都没有理由将她长期留在身边。而正是担心"千菊丸"日后成为野心家的旗帜，足利义满才最终选择将其送入空门。应该说仅就政治家的角度而言，足利义满的这种处理方式亦不失为仁慈。

晚年的足利义满

历史上真正阻挡足利义满取天皇而代之的，并非是血嗣的延续，而是政治力量的对比。足利义满很清楚，天皇世代的传承早已在日本列岛深入人心。要扭转这一局面必须要有周全的部署和准备。于是一个神秘的预言在日本悄然流传，这首名为《野马台》的预言诗据说出自中国南梁高僧宝志之手，其中最为重要的两句便是"百王流毕竭，猿犬称英雄"。

朱允炆画像

足利义满自己的解释是，"百王"说的是天皇世系只能相传一百代，而后小松天皇恰好是第一百任天皇。而更为巧合的是建立武家政权的源赖朝属猴，而足利义满恰好是属狗的。拿着这首预言诗，足利义满随即找到了日本神道教的头目——吉田兼敦和公卿首领坊城俊任，不过这两位都毫不客气地告诉他："'百'应该只是泛指很多吧。"至于还有半句，这两位没好气地说："预言只说'称英雄'，又没说你们这两位'猿、犬'可以称王道孤！"

既然含糊不清的预言没能达到自己的

预期目的，足利义满也就只能请求《野马台》诗名义上的产地——中国给出"最终解释"了。公元1401年，足利义满通过九州博多豪商肥富，向雄霸东亚的明帝国递交了讨封的国书。日本南北朝的乱世固然是公卿、武家逐鹿的猎场，同时也是日本工商业迅速发展的盛世。在战火中倾覆的庄园，令众多自耕农走入工坊，而失意的豪族也纷纷转战商海。到室町幕府统一全国之日，日本国内已经形成了以城下町（集市）为主要单位，遍布全国的商业网络。在这样的情况之下，中国大陆对日本的贸易封锁，令商贾们和室町幕府都感觉如芒刺在背。

公元1401年，足利义满严令今川贞世的继承者——九州探提涉川满赖禁捕倭寇，同时以"日本国准三后源道义"的名义再度向明帝国派出了朝贡的使团。此时的明帝国正处于名为"靖难之役"的内战之中。正被自己的叔叔朱棣搞得焦头烂额的明惠帝朱允炆自然乐见其成，随即接受了对方的纳贡。有趣的是，由于在朱允炆的任内与室町幕府有这一外交往来，日后也有传说这位下落不明的"建文帝"终老于日本，更有人以为其后嗣自居。

由于朱元璋去世之时，其早年钦定的太子朱标早于洪武二十五年病殁，因此皇位由16岁的皇太孙朱允炆继承，年号"建文"。朱允炆即位后，以兵部侍郎齐泰辅政，任之为尚书；以东宫伴读、翰林撰修黄子澄为太常卿，同参军国事。朱允炆"仁柔少断"，登上皇位后，更感到诸王以叔父之尊，"各拥重兵"，虎视眈眈，对自己形成很大威胁。在与尚书齐泰、太常卿黄子澄密议后，决定削藩以根除祸患。

此时，诸藩王中数燕王朱棣最年长、权势最大、军功最高，就连精明过人的朱元璋在临死前也虑及燕王权势过大，一再告诫："燕王不可不虑。"为了对付燕王，黄子澄建议先剪断燕王的手足。于是，洪武三十一年八月，惠帝朱允炆先从燕王的同母弟封藩开封的周王朱橚开刀，将其废为庶人，革去王封，迁徙到云南。翌年四月，封藩大同的代王朱桂以罪被废为庶人，幽禁大同；封藩青州的齐王朱榑因罪被废为庶人，囚于京师；封藩荆州的湘王朱柏闻变，在王府自焚而死；六月，岷王朱楩亦被废为庶人，徙置漳州。

诸王被削藩后，燕王开始称病家居，暗中则加紧练兵，收罗异人术士，赶制军器。六月，惠帝朱允炆得到密报，燕王府旗校于谅等图谋不轨，暗结死士，便下诏切责燕王，并将于谅、周铎逮捕处死。燕王朱棣即佯装疯癫，走呼市中，抢夺酒食，甚至卧在土中竟日不起。然而，暗中，他却与谋士僧道衍加紧策划，令护卫指挥张玉、朱能率勇士八百潜入府中守卫。此时，北平都指挥使谢贵、布政使张昺已接到朝廷之命，率兵包围了燕王府。七月，燕王朱棣在端礼门埋伏了甲士，设计诱杀了谢贵、张昺，"遂夺九门"，迅速控制了北平。

燕王朱棣正式起兵，上书天子，指斥齐泰、黄子澄为奸臣，打着"清君侧"的旗帜，号称"靖难"之师，开始了长达四年的夺位之战，史称"靖难之役"。大战四年，朱棣即位。朱棣起兵后，"拔居庸关，破怀来，执宋忠，取密云，克遵化，降永平。二旬众至数万"。朱允炆急忙调兵遣将，以长兴侯耿炳文为大将军，率军1.3万，驻兵真定，前锋9000人抵雄县。朱棣率师夜渡河，袭雄县，城破，"九千人人皆死"。此时，耿炳文部将张保降燕，备告耿军虚实，燕王纵张保复归，诱使耿军移师渡河。耿军刚移动，燕兵骤至，燕王与部将张玉前后夹击，"炳文军不得成列，败入城"。燕王朱棣大胜，俘副将李坚等，斩首3万。

耿炳文退回真定，众尚10万，坚守不出，朱棣围城二日不下，引兵往援永平。惠帝朱允炆听闻耿炳文兵败，遂遣曹国公李景隆代领其军。李景隆合兵50万，进驻河间。李景隆是个膏粱子弟，未尝习兵见阵，燕王朱棣深知其底里，根本就不把他放在眼里。燕王以世子留守北平，诫其坚守勿战，以牵制李景隆大军。自己则率军打败永平守军后北趋大宁，挟制宁王权，吞并了其属下8万骁勇善战的蒙古兵，因而实力大增。李景隆久攻北平不克，后又遭燕王朱棣回军杀来，大败逃归德州。建文二年（1400）夏，双方再战于白沟河（在今保定与涿州之间），李景隆合兵60万，双方激战两日，最后又以官军大败告终。李景隆逃回德州，燕军追至，李景隆再逃至济南，燕军又围济南。都督盛庸和参政铁铉坚守济南城，朱棣攻城3月不克，退师北归。

朱允炆又命盛庸代李景隆为大将军，统帅诸军北伐。铁铉进为兵部尚书，参赞军务。建文二年十二月，盛庸、铁铉屯兵东昌（路府名，治所在聊城），"背城而阵"。朱棣率军攻破沧州后，在东昌与盛庸大军相遇。燕王率军直冲盛军左翼，冲不动，转而攻击其中坚，盛军故意放开防线，将燕军放入阵中，"围之数重"，燕军为火器所伤甚众，大将张玉

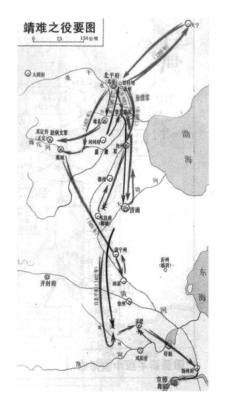

靖难之役要图

明成祖朱棣

也死于阵中。幸亏燕将朱能及时率骑救援，朱棣才得以突围，返回北平。这一仗，王师大胜，史称："自燕兵犯顺，南北日寻干戈，而王师克捷，未有如东昌者。自是燕兵南下由徐、沛，不敢复道山东。"

建文三年（1401）中，燕军与盛庸军多次激战，各有胜负。燕军所据，不过北平、保定、永平三府，双方处于僵持状态。建文四年，燕王得到南京空虚的情报，决心南下，"临江一决"。燕王麾师南下，绕过铁铉驻守的济南，攻破东阿、汶上、邹县、徐州，渡过淮河，攻克盱眙、扬州，驻军江北。盛庸率军沿江御战，几次皆失利溃败。燕军最终渡江攻进南京城。守卫金川门的李景隆和谷王朱穗开门迎降，宫中火起，皇后死于火中，惠帝朱允炆下落不明。建文四年（1402）六月，朱棣在南京奉天殿即位，改翌年为永乐元年。

足利义满还未来得及向朱允炆提出重开双边贸易的请求，朱棣的大军便开进了明帝国的首都金陵。足利义满本身就是"乱臣贼子"，自然不敢计较朱棣的"得位不正"。公元1403年（明永乐元年）日本的使节与琉球、暹罗等国的朝贺团一同抵达，在庆贺朱棣登基之余，自然要旧事重提。

以朱棣好大喜功的个性，自然不会拒绝日本的称藩入贡。但是在都御史王抒上报"倭寇未绝"的情况下，朱棣还是决定先遣使与室町幕府进行交涉。而委派去日本的正是日后纵横南洋的"三保太监"——郑和。郑和这次鲜为人知的"下东洋"，似乎并非是单纯的外交活动，明末学者顾炎武在其著作《天下郡国利书》中说其"统督楼船水军十万"或有所夸张。但郑和出身武臣，选择由其出使明帝国自然不免有武力威慑的意味。而足利义满表现得也颇为知趣，不仅主动献上了宝刀骏马，更将盘踞对马、壹岐等地的倭寇团伙一扫而空"执其渠魁以献"。

郑和虽然没有将这些"海盗头子"引渡回中国受审，却见证了这些恶贯满盈的"恐怖分子"被日本方面用酷刑"蒸杀"。应该说这种刑罚虽然颇不人道，但却也是日本列岛对付盗匪的一贯手法，日后号称"侠盗"的石川五右卫门，也是被丰臣秀吉以此种手法处死的。在听取了郑和相关汇报之后，向来心狠手辣的朱棣感觉很对胃口，随即以"嘉其勤诚，赐王九章"的方式，册封足利义满为日本国王。得到了"日本国王"的金印、冠服等物之后，足利义满颇为自觉地以"日本国王，臣源义满"的名义表达了感激之情。不过对于自己老爸这种"挟洋自重"，意图取天皇而代之的做派，新任幕府将军足利义持并不认同。

公元1408年，足利义满去世之后，足利义持随即改弦易张，他首先拒绝了后小松天皇给予足利义满"太上法皇"的封号，理由是日本坊间早有传闻说足利义满与后小松天皇之母三条严子通奸，后小松天皇实为足利义满的私生子。室町幕府如果接受了这一封号无疑是授人口实。

在拒绝了足利义满一生孜孜以求的天皇封号之后，足利义持又利用守护大名上

日本人眼中的郑和

个性执拗的足利义持

杉氏宪在关东的叛乱，将足利义满苦心培养的天皇"接班人"——足利义嗣赶进了相国寺幽禁，并最终将其处死。而对于足利义满与明帝国建立的"睦邻友好"关系，足利义持也采取了全盘否定的态度，尽管在足利义满死后，朱棣不仅派出使团前来吊唁，更允许足利义持继承"日本国王"的封号，但是足利义持还是在亲信斯波义将的鼓动下，悍然与明帝国断交。

足利义持在写给明成祖朱棣的国书中，不仅表示日明建交是"惑于左右，猥通外国船信之问"，更将自己父亲足利义满之死也归咎于"受历受印，而不却之，是乃所以招病也"。随即再度放纵起骚扰中、朝两国海岸线的倭寇来。以朱棣的个性，如果不是明帝国忙于追讨漠北的蒙元残部，很可能会再度委派郑和渡海远征。

第二章　勘合银符

龙兄虎弟

——朱棣与李芳远的"联合反恐"行动

从永乐八年（1410）开始，明成祖朱棣连续两次御驾亲征，深入大漠，打击分裂为鞑靼、瓦剌和兀良哈三部的北元势力。而这两次北伐，朱棣又选择自己燕王时代的"潜邸之臣"——刘荣作为前哨先锋。挑选一位已经62岁的迟暮老将为大军负弩前驱，朱棣显然有他自己的考量。刘荣起于行伍，很早便冒用其父刘江之名投身于徐达的麾下，参与过朱元璋时代明帝国对西北的多次远征。这样富有经验的职业军官"给事燕邸"，自然获得了朱棣的信任和倚重。在发动"靖难之役"，夺取政权的军事行动中，刘荣所统帅的数千精骑一度成为了战场上扭转乾坤的奇兵。

应该说作为朱棣大军的前锋部队，刘荣的工作可谓尽忠职守。不仅在进攻阶段"乘夜据清水源，败敌斡难河"，在大军回师过程中也充当着殿军的角色，掩护着由大量"武刚车"组成的辎重部队缓慢地撤回大明的疆土。对于这员已是"知命之年"仍"下马持短兵突阵"的老部下，朱棣自然是欣赏的。因此在两次北伐告一段落后，朱棣委任刘荣为都督总兵。镇守北邻蒙古、南有倭患的辽东地区。

如果仅从综合国力和舰队吨位来考量，此时的大明堪称世界第一海军强国。来自日本列岛的海盗舰队根本无力与明帝国海军正面冲突，永乐四年（1406），明帝国北上输送粮、饷的海运船只在山东烟台附近的沙门岛与倭寇舰队遭遇，戏剧性地出现了运输舰追赶海盗船的奇景，最终一群不以战争为生的大明漕卒将硬是将武装倭寇赶到了大连金州的白山岛上，"焚其舟殆尽，杀溺者不计其数"。

但受当时技术条件的限制，大明帝国空有强大海上力量，却无法在

依靠战舰的优势大明漕卒也能将武装倭寇击败

大洋上准确地发现并截获对手。因此千里海防线仍需大量的陆地工事来守护。刘荣出任辽东总兵之后，随即于旅顺口、望海埚、左眼、右眼、西沙洲、三手山、山头等地修建烽台7座，初步构筑起了辽东半岛的海防网络。

公元1419年5月，日本北九州和对马岛等地再度发生饥荒，在室町幕府的默许之下，对马岛豪强宗贞盛雄心勃勃地扬帆下海，再次劫掠了朝鲜半岛的忠清道与黄海道。此次行动宗贞盛胃口颇大，在骚扰完近邻朝鲜之后，一支由31艘战船组成的倭寇舰队继续西航，冲向更为富庶的中国辽东半岛。但无论是足利义持还是宗贞盛，或许都没有想到自己的流氓行径，早已引发了中朝两国的极度不满，一场"联合反恐"正悄然展开。

此时主政朝鲜的虽然是世宗李裪，但实际权力却握在"太上王"太宗李芳远的手中。李芳远的成长道路与明成祖朱棣颇为相似，作为朝鲜王国开国君王李成桂的第五子，李芳远虽然为自己的父亲篡夺高丽王室

与朱棣同样心狠手辣的李芳远

立下了汗马功劳，但却被长期排除在继承人的行列之外，心怀不满的李芳远发动了两次"世子之乱"才最终清除了幼弟李芳硕和二哥李芳果的势力，成功登顶。

朝鲜王朝开国君主李成桂有两个王妃。原配是承仁顺圣神懿王后安边韩氏，恭让王二年去世。继妃是顺元显敬神德王后谷山康氏。李成桂把神德王后所生的最小的儿子——八子李芳硕立为世子，把辅佐大任交给郑道传。郑道传当时掌握着军权和政权。创业中立下功劳的五子李芳远对此心怀不满，终于在太祖七年（1398）八月发动政变。

李芳远发动政变时，李成桂正在病中。李芳远的府邸在汉城俊秀坊，坐落在景福宫西门迎秋门附近。李芳远因势力弱小而采取了先发制人的手段，召集府中私兵和守卫景福宫的禁军，杀入宫中，冲入世子东宫——资善堂，乱刀砍死了李芳硕，然后从景福宫南门杀出，袭击大臣郑道传。郑道传的家宅号为叫百子千孙堂，在汉城寿进坊。那时郑道传正在家中同世子李芳硕的丈人沈孝生进行欢谈，乱兵杀进门来，遭受意外袭击一同身亡。掌握政权的李芳远对郑道传非常仇恨，将他的住所没收改成宫中饲养马匹的司仆寺。神德王后所生的另外一个儿子李芳蕃也同在此变中被杀。是为朝鲜的"第一次世子之乱"，又称"戊寅靖社"。

"世子之乱"发生后，整个汉城沉浸在不安和恐慌的氛围中。李芳远冲进宫中，宣布"李芳硕、郑道传谋反，图谋杀害王子"。在李芳远操纵下，李成桂被迫让位给二子李芳果。失去了王后康氏和儿子芳蕃、芳硕之后，李成桂患了一种像火一样堵塞喉咙说不出话的疾病。定宗不喜欢散发着血腥味的汉城，定宗元年，李芳果以参拜神懿王后韩氏的陵墓为由，前往开京，就在开城寿昌宫定居。当年三月，李成桂也被迫移宫。走过神德王后的贞陵前时怎么也迈不开脚步，慨叹："初次迁出汉阳不是我个人的意愿，是和国人们商议的。"回到开京后，又说："我迁都汉阳后失去王妃和儿子，现在重新迁都，对都邑人们实在惭愧。"

在"第一次世子之乱"后的李芳远虽然掌握了政权，但是也由此引起了其他王子的不满，李成桂的第四子李芳干也垂涎王位，于是和李芳远交兵。公元1400年，为了争夺王位继承权，李芳远和李芳干两人各自动员私兵，在开京街头展开了激烈的巷战。最终李芳远获胜。在这次战斗中取胜的李芳远已经不再甘心于幕后操纵，于是从李芳果手里接过了王位，就是李朝太宗。政变后，李成桂自开京出奔，直逃老家咸兴，皈依佛门，并居住在幼年的潜邸（咸兴本宫）中。李芳远为了探问，多次派出所谓"问安使"，朝鲜史书中对此有生动的记载："芳硕变后，太祖弃位，奔于咸兴。太宗屡遣中使问安，太祖辄弯弓而待之，前后相望之使未敢道达其情。时问安使无一得还者。太宗问君臣'谁可遣？'，莫有应之者。"

公元1402年，李成桂终于还是被儿子李芳远从咸兴挟持回京，据史料记载，李成桂回京时企图用弓箭射死太宗，可见父子感情之淡漠。此后李成桂被李芳远幽居在昌德宫内。公元1408年5月24日，李成桂薨于昌德宫广延楼下别殿。共计在王位7年，在太上王位10年，年74岁，庙号太祖，谥号康献至仁启运应天肇统广勋永命圣文神武正义光德大王。明朝赐谥康献。葬在汉城近郊杨州俭岩山下的健元陵。

雷同的人生境遇和相近的性格人品，使得李芳远和朱棣长期保持着惺惺相惜的良好关系。不仅李芳远当年出使明廷，曾与朱棣私下会晤，相谈甚欢。更在彼此的成功道路上"守望相助"。朱棣在南京登基之后，李芳远第一时间发来"贺电"。而朱棣则回赠金印、诰命、冕服等物。李成桂等人多次求而不得的明朝册封，终于在李芳远身上得偿所愿。除了大义名分之外，中朝贸易额也在永乐年间有了长足的发展。赚得盆满钵满的李芳远实在有些不好意思了，竟然在永乐六年（1408）提出恢复蒙元时代朝鲜向中国进贡侍女的旧例。

中朝两国配合默契的"己亥东征"

对于李芳远的"好意",刚刚丧妻的朱棣自然是"心领"的,不过他在颁给朝鲜的诏书却说"进封朝鲜贡女权氏等人为妃,完全是看你朝鲜国王的面子"。最后还嫌这些个朝鲜女孩长得实在"寒碜":胖的胖,麻的麻,矮的矮,要李芳远下次要多用心一点。事实上挑选朝鲜贡女的工作完全由朱棣的"特派员"内使黄俨等人负责,李芳远为了配合这次"海选"还下令禁止国内婚姻嫁娶。朱棣这些话只能说是揶揄这位"小兄弟"的玩笑而已。此时,这对同样依靠阴谋和武力上台的"龙兄虎弟"联手摆弄足利义持这个"愣头青"似乎也在情理之中。

在得到了朝鲜官方遭遇倭寇袭扰的通报之后,大明辽东地区随即进入了一级战备。由于手中兵力有限,因此老于军旅的刘荣并没有采取正面接敌的常规战法,而是令指挥使徐刚率领步兵埋伏于山下,指挥使钱真等率领马军绕到倭寇背后,截其归路,百户姜隆则率领壮士,绕道到海口,潜烧倭寇所乘寇船。

6月15日凌晨,倭寇1500余人,乘着倭船31艘,停泊马雄岛,登岸直奔望海埚而来。对马岛的海盗显然骄横已久,尽管遭遇了明军诱敌分队的抵抗,仍大张旗鼓地冲向望海埚城,直到明军"炮举伏起",倭寇才意识到堕入了刘荣的陷阱,只能向海边废弃的樱桃园空堡撤退。如果任这些海盗负隅顽抗，缺乏重型火器的明军可能要承受巨大的伤亡。刘荣果断采取围三阙一的战略，空出樱桃园西侧的壁垒，引诱倭寇突围。慌不择路的海盗们果然中计，再度一头撞入了明军的包围圈内。在这场短短12个小时（自辰至酉）的战斗之中，明军阵斩倭寇742人，生擒857人，一举全歼了对马岛海盗的主力。明成祖朱棣显然对这一战果颇为满意，随即给予"诏封广宁伯，禄千二百石，予世券"的封赏。

6月19日，正在对马岛等待部下满载而归的宗贞盛，突然接到浅茅湾的居民前来报告说海面上出现了重重帆影，对马岛全岛一时欣喜若狂，以为自此可以远离饥馑。等到对方登陆才发现竟是由朝鲜王族李从茂亲率的讨伐大军。精锐尽出的宗贞盛自然抵挡不住总数高达1.7万人的朝鲜军队。仓皇之中，对马岛当地的武士只能召集五十几个人进行抵抗，海岸防线顷刻崩溃。不过朝鲜军队此次出征并非为了攻城略地，因此李从茂仅派出小股精锐部队登陆，沿途烧毁1939户岛民的房屋，掠夺船只、烧毁庄稼，找到了131名被倭寇抢来的中国人。

朝鲜军队"入侵"对马岛的消息传入日军足利义持耳中，日本上下顿时人心惶惶。甚至坊间有传闻说明帝国的大军也将随后抵达。心惊胆战的足利义持连忙命令九州各地的豪族派兵前往对马岛，支援宗贞盛。面对日本政府的大举增兵，朝鲜远征军显然有所托大。6月26日，朝鲜军队再次在仁位郡附近登陆，于当地遭遇了日军的伏击。左军节制使朴实麾下的褊将朴弘信、朴茂阳、金该、金熹等战死。好在右军节制使李顺蒙、兵马使金孝诚的后续部队及时赶到，这场被日本方面称为"糠岳之战"的战斗才以平手告终。此后朝鲜远征军退守尾崎浦，战局陷入胶着状态。

尽管没有对马全境实施占领，但是朝鲜舰队沿着该岛的海岸线一路烧杀，还是令宗贞盛品尝到了"以彼之道，还施彼身"的痛苦。不仅诸多良田、房屋被烧成了白地，甚至连当地居民出海"讨生活"的船只都付之一炬。无奈之下，宗贞盛只能向朝鲜请求停战，甚至自说自话地开出了称藩的条件。好在日本政府及时派遣特使前往朝鲜王国首都王京（今韩国首尔），重申了对马岛是日本"自古以来不可分割的一部分"，从而杜绝了未来一场可能的领土纠纷。

中朝双方在清剿对马海盗集团中一守一攻可谓是配合默契，不禁给人以无限遐想的空间。而在结束了被朝鲜官方称为"己亥东征"的军事行动之后，朝鲜王国在处理善后的两个细节更是颇值得玩味。由于朝鲜军队在行动中表现拙劣，朝鲜国内有人提出要将被解救中国人质安置在朝鲜国内，以免丑事外传。不过身为"太上王"的李芳远还是坚持将他们礼送回国。而在与室町幕府的交涉中，朝鲜政府更"刻意辟谣"说朝鲜绝不是遵从明朝的命令进攻日本，可谓是不打自招。

"望海埚之战"及随后朝鲜远征对马的军事行动，一举震慑了妄自尊大的日本政府。为东亚地区换来一个世纪的安定和平，其意义不可谓不深远。但16世纪中叶，随着日本国内再度陷入动荡，沉寂一时的倭寇现象终再度抬头，而吏治腐败，文恬武嬉的明帝国此时海防松弛，大量的中国商贩、破产农民和失意知识分子也暗中勾结日本海盗"联夷肆劫"，最终酿成了更大规模的"嘉靖倭乱"。

艰难破冰
——明宣宗朱瞻基和足利义教恢复中日关系的努力

　　永乐十五年（1417）十月，倭寇侵扰劫掠浙江之松门、金乡、乎阳一带，明军剿捕捉获倭寇数十人，解送至京。明吏欲杀之，但明成祖朱棣却认为"成之以刑，不若怀之以德"，乃派使臣送还日本，并责问足利义持不通和好及纵民为盗之罪。

　　永乐十六年（1418）吕渊至日本兵库，不准进京，只得呈上国书和倭寇俘虏回国。但途经九州之时，萨摩大族岛津氏却遣使随吕渊赴明请求贸易。船至宁波，州官上报朱棣。按以往惯例，无国书一律不准贸易，但明成祖考虑倭寇为患，有意缓和矛盾，特破例准其贸易。可是，岛津氏只是一地方家族，只能约束九州南部自己所辖区域的倭寇活动，而无力制止其他地区的倭寇。在这种情况下，岛津氏也不愿限制自己辖区的倭寇，减少自己财富的增加。因此，倭寇活动有增无减。成祖于永乐十七年（1419）再派吕渊资国书赴日，谴责义持纵民为盗之罪。

　　吕渊第二次抵达日本之时，恰逢"望海埚之战"及随后朝鲜远征对马的军事行动全面展开之时。足利义持虽然只派一僧人去兵库见吕渊，并且不接受明帝国国书，只将抄本带回。但看到明成祖朱棣在国书中谴责足以义持"违背前王意愿，持险不通朝贡，且纵民为盗劫掠沿海边民。如不迅速俊改，当兴师问罪"之时，足利义持却有些不淡定起来。更有趣的是明成祖朱棣鉴于以前明使有被杀者，对于吕渊的凶吉亦难料知，故在国书中指出"安书使臣，或囚或杀，任其所为"。

　　足利义持当然没有囚禁甚至处决吕渊的勇气，更不愿把对明关系过分搞僵，随即只令近臣元容西堂带去一个不愿与明再通和好的谈话笔录，交与吕渊。足利义持实在找不到适当的理由，只好向神求援，因此

明代勘合章

在笔录中说，日本不通和好并非恃险不服，实顺神意。神不准和好，神意难违。至于小民犯边实属不知，岂有人主教民为盗者，如有当今沿海之吏制止之。对于倭寇之侵掠一笔推过。最后足利义持还不忘搬出历史来为自己壮胆，宣称"元军之来有神助而溺于海，明军如来结果可知"。

足利义持话说得虽然漂亮，但骨子里却不免外厉内荏。在吕渊回国后不久，日本国内便开始盛传明帝国与朝鲜将要联合进攻日本的谣言。足利义持恐惧元军侵日的重演，对明加强警惕。在第二年，日本应永二十七年（1420），朝鲜使臣至日，足利义持特命僧人惠洪讯问，明政府是否有伐日之举。室町幕府尽管"倒打一耙"地称朝鲜这次惩戒活动为"应永外寇"，但却也自知不是中朝两国的对手。公元1428年，足利义持因为在沐浴时挠伤了臀部感染而死之后，其弟足利义教不得不再度向明称臣，随即恢复了与中、朝的"勘合贸易"。所谓"勘合"，本指古时盖有骑缝章的契约文书。双方需同时出具所持的两符，比对一致后方可开展交易。

在足利义教看来，自己的哥哥将军中断对明外交和贸易关系，只对搞走私贸易和组织倭寇劫掠的各大武士集团有利，对幕府本身毫无益处。幕府本身的财政收入原本就很困难，需要从对外贸易和商人那里取得铜钱，中断对明贸易实际上等于捆住自己的手脚，切断财政来源。那些以武力雄踞一方，对幕府保有某种独立性的地方武士，反倒有赖于走私和倭寇劫掠日益壮大，其奢侈程度和对明商品的嗜爱并不亚于将军。在南北对峙中兴起的大内弘世初进京时带钱不多，被京都武士看作乡下佬，受到轻视。他愤而回国，携带数万贯铜钱和明代珍奇二次进京。广为结交奉行、头人、评定众、艺妓、田乐等各阶层人士，不久便誉满京都。大内氏雄踞长门、周防，便于通商，又便于组织倭寇。他进京所带的数万贯铜钱和明代奇珍，主要来自对明私商贸易和倭寇劫掠。西部的宗氏、涟川氏、松浦党各氏、少贰氏、秋月氏、菊池氏、岛津氏、伊集院氏、新纳氏等等，都是倭寇活动的直接受益者。

足利义满晚年，各地大武士的势力已经形成。其中一些大武士如上杉显定总收入为66万石，大内持世为61万石，细川胜元为59万石，斯波持种为57万石，而将军的收入不过100万石左右。这几家的收入不比将军少多少，只要有两个以上大武士的联合势力，就可动摇将军的统治。朝鲜使者去日本，目睹了当时幕府与各大武士势力间的关系，将军的命令只涉及于京城附近，土地皆为豪族所瓜分，国家无仓库，只由富者支持。

因此当正长元年（1428）正月，足利义持死后，永享元年（1429），非常了解情况的新任将军足利义教就职后，立即着手改变这种不利于幕府的政策。足利义教在永享元年（1429）六月，对赴日朝鲜使臣朴瑞生表示愿意恢复对明的外交、贸易关系，同时请其转告朝鲜国王从中斡旋。12月朴瑞生回国，立即向朝鲜世宗汇报。朝鲜君臣商议的结果，认为明日关系紧张不宜斡旋。因此，足利义教恢复明日外交关系的想法，没有及时地传至北京。

另一方面，公元1424年，明成祖朱棣死于北征蒙古回师途中的榆木川（今内蒙古乌珠穆沁）后，明帝国王位经过朱棣长子明仁宗朱高炽10个月短暂接力之后，传到了朱棣长孙朱瞻基的手中，是为明宣宗。朱瞻基因外形酷似其祖父，而从少年时起，便得到了朱棣特殊的宠爱和培养。

在巩固皇权领域，朱瞻基大有其祖之风。洪熙元年（1425）五月，明仁宗朱高炽突然病故之时，身为太子的朱瞻基还在南京，但得到父亲病故的消息，朱瞻基便火速赶回北京。途中还成功地摆脱了自己的叔叔——汉王朱高煦的设伏邀击，这对叔侄之间的斗争从此便真正拉开了序幕。历史有时往往就这样巧妙而奇特，这一切都仿佛在重现二十多年前的那一幕，那时候是朱棣依靠政变从侄儿朱允炆手中夺得皇位，此刻轮到了汉王朱高煦和侄儿朱瞻基。朱高煦终于决心仿效父亲来第二次

明宣宗朱瞻基

"靖难"。

但朱高煦的准备则极不顺利。八月初，他命亲信枚青秘密入京，约英国公张辅为内应，结果反被张辅执送朝廷。再约山东都指挥使靳荣于济南反叛相应，又被山东布、按二司官觉察预防，谋不得发。朝中旧功臣既无人内应，地方官员又不肯从乱，朱高煦陷于孤立之中。在乐安家中居丧的御史李浚，得知朱高煦相招，连忙换装改名，间道入京告变。倘若朱高煦稍有头脑，他应该明显感觉到形势对于自己的不利，但他却不顾一切地举起了反叛的旗帜。八月初一，朱高煦在封地乐安授官命将，建立五军。五天后，便遣百户陈刚入京进疏，并且致书诸公侯大臣，指斥仁宗违洪武、永乐旧制，给文臣诰敕封赠，并指夏原吉等为"奸臣"，终于重演"靖难"旧剧。

直到这时候朱瞻基才临朝宣布命将出征，他确实做到了仁至义尽。起初决定派阳武侯薛禄将兵征讨，但是第二天夜里召集群臣计议时，大学士杨荣却提出了反对意见。"皇上独不见李景隆事乎？"他一句话把人们引到了二十多年前那场夺位的灾难之中。"彼谓陛下新立，必不自行。今出不意，以天威临之，事无不济。"杨荣十分明确地提出要朱瞻基亲征。朱瞻基没有说话，沉默片刻后，他用征询的眼光看了看夏原吉。"往事可鉴，不可失也，"夏原吉猜到了皇帝的心思，"臣昨见所遣将，命下即色变，临事可知矣。且兵贵神速，卷甲趋之，所谓先人有夺人之心也。荣策善。"杨荣和夏原吉都亲身经历了二十多年前的那场"靖难"之役。尽管此刻与当初形势截然不同，他们还是希望万无一失，而惟恐重现那幕历史惨剧。这也代表了大多数文臣的主张。文臣们的劝说使朱瞻基终于下定了亲征的决心。武臣中的张辅曾经主动请命出征，应该说这也是武臣所必表之态。

御驾亲征的消息极大地鼓舞了六军将士，使民心迅速安定下来，动荡的局势有所缓和。有人说朱高煦曾经请居南京，这次他会率兵攻取南京。朱瞻基则另有一番见解：济南城池坚固，朱高煦不会冒险攻打；叛军的家属都在乐安城，因此朱高煦也不会南下攻取南京，只有固守乐安。正如朱瞻基所料，朱高煦知道新君亲征，竟然没有了主意，在乐安束手待毙。朱瞻基令平叛大军将乐安四面包围，但没有发动攻势，而是将劝降信射入城中，继续劝谕朱高煦出降。

此时的朱高煦已经彻底绝望，私下派人来请降。叛军中的王斌等人宁愿战死，坚决阻止朱高煦投降。朱高煦吓破了胆，从间道跑出来投降了朱瞻基。大臣请求将其立地正法，朱瞻基顾及亲情，没有同意，而是将朱高煦押送回京，废为庶人，禁锢在西安门内。班师回朝后，朱瞻基特意将乐安改为武定州。

但在外交领域，朱瞻基却对自己祖父的一系列举措采取了改弦易辙的政策。朱棣执政后期，由于皇权专制过于强化以及成祖本人不顾客观条件，一意孤行，好大喜功所造成的各种社会问题，在仁宗朱高炽短暂的执政期间根本无法解决，这任务也便落到朱瞻基头上。当时主要问题是财政的困难。北征、迁都、营建、下西洋宝船、朝贡使臣的接待以及安南内属后的交趾布政使司，这一切都花费了大量资财。为了解决这样庞大的支出，只有加重赋役征输，结果又造成对生产的破坏，社会进入恶性循环状态之中。

朱瞻基即位后，停止了北征、营建和建造西洋宝船。这些紧缩开支的措施收到一定效果。宣宗在解决了汉王对皇位的威胁后，继续推行了这种紧缩开支的政策。其最重大的举动便是放弃交趾。朱棣即位时，安南内部正因王位发生争斗。国相黎季犛擅权，国王陈日烺及其子孙相继被杀，黎氏自立，改姓名胡一元，说先祖是帝舜的后裔胡公。朱棣不了解内情，封胡一元之子胡汉苍为安南国王。胡汉苍一方面遣使谢恩，表

明代安南疆域

示臣服，另一方面却在国中自称皇帝。

胡汉苍在国内豪霸一方，对外竟然侵夺明帝国广西思明府所辖的禄州、西平州、永平寨等地，朱棣谕令归还，不听；又侵掠占城（今越南中南部）。朱棣诏令修好，而侵掠如故，并强收占城为其从属，明朝赐给占城的物品也被安南劫去。永乐二年，原安南陪臣裴伯耆和国王陈日燇之弟陈天平先后绕路逃至明廷，请求发兵诛讨叛逆。云南宁远州又告胡汉苍侵夺七寨。胡汉苍闻讯，遣使到明廷，佯称谢罪，请迎归陈天平，立为国君。于是朱棣派广西兵五千人护送陈天平还国，并敕封胡汉苍为顺化郡公。不料，这一行人在归途中，中了胡汉苍设下的埋伏，陈天平被杀，护送的明军败还。朱棣闻讯大怒，决意发兵征讨。

永乐四年（1406）七月，朱棣命成国公朱能佩征夷将军印充总兵官，西平侯沐晟为左副将军，新城侯张辅为右副将军，督师南征。中途，朱能病卒，以张辅代将其军。明军进入安南，传檄数胡一元父子20大罪，并告谕国人将辅立陈氏子孙。明军连战告捷。胡氏烧掉宫室，驾舟入海，后为明军所获。安南郡县相继归顺。朱棣下诏，访求陈氏子孙。但耆老1200余人前往军门陈说："陈氏已为黎贼杀尽，无人可以继承。安南本中国之地，请仍划入中国，如同内地郡县。"于是朱棣下诏，改安南为交趾，设立布政使司、按察使司及都指挥使司，辖15府，36州，181县，由布政司直隶五州，分辖29县，凡要害处，均设立卫所，加以控制。

应当说明，朱棣攻打安南，并在安南设交趾布政司，是违反当地人民愿望的，因而遭到反抗，不久，便发生了陈氏故官简定等造反事件，以及自称为前安南王孙陈季扩等的反抗事件。明朝宦官马骐等到交趾采办，掠索珍宝，也激起当地人的不满，人情骚动。出征安南的明军撤离仅一年，当地便发生了动乱。当地明军镇压不力，只得调拨云、贵、川三都司及成都三护卫军，由西平侯沐晟挂征夷将军印率师征讨。但是同年12月，沐晟兵败生厥江，参赞军务的兵部尚书刘儁突围不成，自尽而死，交趾都司吕毅、参政刘显同时战死。

次年2月，朱棣只得再次启用当初平定安南的主帅张辅。11月，张辅擒获安南叛军首领简定报捷，随后即受命班师。当时朱棣正着力于北征，交趾不再成为重点。因此当退据乂安的陈季扩派人入朝求封时，成祖援例诏陈季扩为交趾布政使，并分授其部属都指挥、参政、副使等官。这与陈季扩求封安南国王的愿望大相径庭，结果一纸诏书反而成为交趾新战乱的导火线。

永乐九年（1411），朱棣不得不第3次命张辅率军前往交趾。张辅到达交趾后，形势开始发生变化，明军逐渐控制了局面，但是陈季扩仍然坚持了两年多，直至永乐十二年（1414）初，阮帅被擒，陈季扩败退老挝，于蒙册被明军俘获，交趾重新平定。但朱棣凭借武力征服对交趾进行的统治，很难稳定持久。永乐十六年（1418）正月，清化府俄乐县土官巡检黎利起兵于兰山，交趾再次动乱起来。史书往往将交趾的动乱原因归咎于官吏的苛政和宦官马骐的过失。当初甚至朱棣本人也曾这样认为，因此在镇压之后，他便注意实行抚绥安辑。但是，不管是武力还是抚治，都未能从根本上解决问题，因此直到朱棣病故，交趾的动乱始终未曾平息。

征服安南是朱棣决策的一大失误，他自己也明明知道经营的重点应放在北方，却没有决心从交趾撤足。永乐十四年（1416）以后，他已决定北迁国都，对交趾更无暇顾及，只能被动维持，交趾成为明朝的一大包袱。当这个包袱落到明仁宗朱高炽身上的时候，他曾经进一步采取抚绥之策，甚至授予黎利清化知府，但是仍然毫无作用，黎利拒绝受官，交趾战事再起。所以到洪熙元年（1425）二月，朝廷只好命荣昌伯陈智为征彝副将军，征讨黎利。这种反复抚绥、征剿，征剿、抚绥，没有任何解决问题的希望，也不知何时是个尽头。对此几乎人人皆知，却无一人敢于出来进言。当初解缙因为反对用兵交趾触怒朱棣而被谗杀，人们记忆犹新。

陈智出征失利的败报送到朝中时，已经是宣德元年（1426）。朱瞻基只好再命成山侯王通佩印出征，而与此同时，他似乎已经开始重新考虑如何处理交趾问题了。10月，黎利遣使入朝上表，而这次上表人的名义却不是黎利，而是一个所谓的安南国王陈氏三世嫡孙陈暠。朱瞻基虽然明知黎利此举是"借尸还魂"。但在向群臣出示交趾奏表的同时，仍宣布息兵养民，放弃交趾。朱瞻基此举可谓迈出了艰难而关键的一步，经过仁宗、宣宗两代人的努力，明朝开始摆脱了开国以来，特别是永乐以来形成的种种财赋重负，真正走上了息兵养民的道路。史称"仁宣之治"。

面对倭寇的不断侵扰，朱瞻基也在考虑与日本恢复外交关系，解决倭寇扰边问题。宣德七年（1432）四月，琉球贡使回国，宣宗命内官柴山资国书随员使赴琉球，令其王尚巴志转告日本，关于朱瞻基愿恢复明日关系和制止倭寇侵扰的倡议。宣德八年（1433）六月，柴山至琉球，与琉球王议定于宣德九年（1434）五月柴山亲自赴日资送宣宗诏书。但至期，柴山突然改变初议，于六月回国，将朱瞻基诏书委托琉球王转交。因此，朱瞻基的诏书未能在宣德九年（1434）五月送至日本。

宣德钱来

——明日贸易的繁荣背后的经济得失

在朱瞻基派柴山赴琉球的同时，日本永享三年（1431），足利义教也决心恢复对明外交、贸易关系，命令组织遣明船。但此时幕府已不能像以前那样垄断对明贸易了。遣明船共五艘，其中幕府只有一艘，山名氏船一只，自山氏、一色氏、细川氏大武士及醍醐寺、大乘院等13家寺院共组成3只。永享四年（1432），足利义教任命入日明僧龙室道渊为正使，八月从兵库起锚赴明。由于倭寇猖獗，幕府不得不对镇西府下令，命人加强遣明船途中的安全保卫。

宣德八年（1433）五月，龙室道渊一行至北京，二日，献方物和国书。国书称：日本国臣源义教，用宣德年号奉明正朔，但取消了"王"字。八日，朱瞻基召见日本使团并设宴款待，24日，破例赠正使以下220人纱、罗、金织袭衣、铜钱等。如此丰厚的赏赐无非是朱瞻基见日使朝贡，极为欣喜地以为倭寇问题今后将可解决，因而赠赐礼物极厚，尤其铜钱很多，以致后期历次贡使都要求按宣德八年（1433）例赠赐铜钱。

日使与明政府在北京签订《宣德贸易条约》以代替《永乐条约》。条约的基本内容是：十年一贡，贡船勿过三艘，使人勿过三百，作为商品运送的刀剑勿过三千。与永乐条约的船二百、人二百、不得携带军械的限制相比，大为放宽，表明双方贸易额有所增加。由此，室町幕府恢复了与中、朝的"勘合贸易"。所谓"勘合"，本指古时盖骑缝章的契约文书。双方需同时出具所持明帝国发放的银符，以朝贡的名义向明帝国派出贸易船只，在规定地点进行互市贸易。

同时明政府重申：将军应约使如制，不得为乱，制止侵寇，严禁倭寇船下海。宣德条约的基本内容，在此后相当长的贸易往来中，幕府和

令日本豪族趋之若鹜的"勘合贸易"

日商在人数、船只、刀剑数量等方面，虽屡有违犯，但大体上保持下来，特别是倭寇劫掠明显地减少，可以说，朱瞻基基本实现了自己的外交目的。由于双方会谈非常顺利，朱瞻基极其高兴。在日使回国之前，六月六日朱瞻基特授龙室道渊以僧录司右觉义之职，回国后令主持天龙寺。但道渊和尚显然没有这份"福气"，在率使团回国路经杭州的过程中他竟圆寂于仁和县中馆驿之中。

第二年，宣德九年（1434），朱瞻基派内官雷春为正使率500余人，乘五船，携带宣德勘合、数倍于贡值的回赠品和给予足利义教将军夫妻的赠品以及国书，于五月起航，五月底至兵库。足利义教携妻妾以及众公卿大名，同去兵库参见明使。雷春等内官三人外官二人乘轿、其余骑马，一行数百人于六月初至京。六月五日，足利义教接见明使。接见的仪式基本上沿袭已经过世父亲足利义满的规定，但略有修改。足利义满时，令公卿二人出总门迎接明使，改为令公卿在四足高处迎接明使。接受明国书时，足利义满焚香三拜后，跪坐启封宣读；而足利义教则改为焚香二拜后，站立启封宣读。

在安排雷春等大明使节的过程中，室町幕府方面也颇费周折。按惯例，明使应住于城外仁和寺和法住寺，足利义教的顾问满济和尚认为不妥。因为已与明使约定，在京进行贸易。住处过远每日往来途经旷野，万一有人遭逢不测，于日本不利。因此，将雷春安置于城内六条法华堂，其余分散住于各道场。九月，雷春完成使命回国，足利义教派恕中中誉为正使率船6只，携宣德勘合一至六号随同雷春赴明贸易。宣德十年（1435）十月，日使至北京，但此时年仅38岁的朱瞻基在短期患病后于宣德十年正月初三日（1435年1月31日）意外地离世。其长子朱祁镇以9岁的幼龄成为大明帝国的第6任天子。

因新君继位，明日贸易一切条约需要重新厘定，除了重新颁给朱祁镇的"正统"年号勘合符，并命日本将宣德勘合符送回，明日贸易基本维系了原有的模式。室町幕府持明帝国发放的银符，以朝贡的名义向明帝国派出贸易船只，在规定港口——宁波交割货物，大明帝国则以"国赐"的名义交付日方所需要的商品。不过在勘合贸易船上往往还载有大量的附载物，对于这些商品，明帝国在通过宁波市舶司进行"抽分"（即实物关税）之后，予以"官买"或由"官准牙行"（类似于今天的贸易公司）进行互市贸易。

值得一提的是，除了扇子、名刀、漆器等手工业产品之外，明帝国还大量从日本进口硫黄、银、铜等矿物。明帝国对硫黄的需求自然是源于军事领域，而以铜钱收购白银和日本铜，却是稳赚不赔的生意。一方面日本国内银贱而钱贵，明日贸易后期，明帝国15%左右的白银皆从日本流入。而日本的铜矿石中也含有大量的银元素，由于日本没有技术进行提炼，因此明帝国虽然以高价收购，但依旧利润颇为丰厚。

尽管日商在宁波等地不可避免地要遭遇"官准牙行"的压价和欺骗，但在"勘合贸易船"停泊期间，当地市舶司便提供日常饮食、用品的免费供应，款待周到。日商采购的中国产品如生丝、药材、字画、书籍更在日本列岛获利丰厚，甚至明帝国货币"永乐通宝"也在日本国内类似于今天美元的信用和购买力，以至于每每勘合贸易船返航之时，日本国内都是一片"唐船归朝，宣德钱到来"的喜悦之情。

明日贸易所带来的丰厚回报令日本国内不再以向明称藩为耻，甚至在船头竖起"日本国进贡船"的大旗来彰显得意，一时之间日本各地的豪强和巨富无不趋之若鹜。在这样的情况下，长期垄断日明贸易的室町幕府自然吸引了众多"羡慕妒忌恨"的目光。公元1441年，足利义教为亲信赤松满佑刺杀，固然这与其个人崇尚严刑酷法，成为令"万人恐怖"

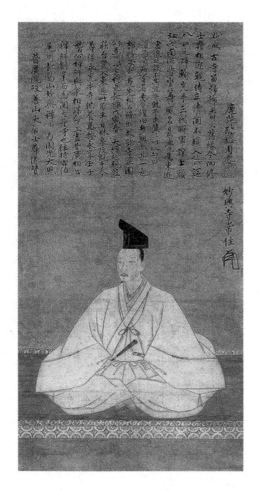

令"万人恐怖"的"恶御所"足利义教

的"恶御所"有关，不过其中却也不无独占日明贸易巨额利润，强化幕府权威的因素。

由足利义教遇刺所引发的"嘉吉之乱"，尽管最终以凶手伏法，自赤松则村以来延续四代的赤松氏没落而告终，但室町幕府却无可避免地由盛转衰，作为室町幕府的第7任"征夷大将军"，足利义教之子足利义胜仅仅在位8个月便离奇死亡，其弟足利义政继位之后，一度试图维持幕府对日明贸易的垄断，但是幕府派出的勘合船在返航途中遭遇时代盘踞长门、周防等地的大内氏抢劫，血本无归之后，足利义政不得不向控制濑户内海的大内氏和细川氏让渡日明贸易的权益。

大内氏在室町幕府乃至日本历史上都可算是一个异类，其自诩为百济国琳圣太子的说法或许有自吹自擂的成分，但其是朝鲜南部移民的身份却基本是坐实了的。世代的繁衍和经营最终令大内氏从周防国大内村的小族群逐渐发展为世代盘踞本州西部的"西国霸主"。无论是镰仓幕府、后醍醐天皇还是足利氏，尽管对其屡有打压，但面对大内氏在当地盘根错节的势力网，最终仍不得不对其采取怀柔的政策。

明帝国方面此时也同样深陷"纲纪松弛"的政治危机之中。小皇帝朱祁镇即位之日，上距明太祖朱元璋建国已整整67个年头。洪武、永乐二朝的繁荣强盛、声威远播的局面，已经一去不复返了。尔后洪熙、宣德两朝相继嗣位守业，虽号称"仁宣之治"，或云"海内富庶，朝野清晏"，究其实，已是弊病滋生，危机四伏。因此进入朱祁镇"正统"年代后，经济上、政治上、军事上不少问题陆续发生。

朱祁镇年幼即位，遵照明宣宗朱瞻基的遗诏，凡是朝廷大政奏请太皇太后张氏（明仁宗诚孝皇后）而后行。太后张氏历永乐、洪熙、宣德三朝，经验丰富，而且深识大体，严于律己，不许其族人干预国事，对他们的任用亦严加限制。朱瞻基逝世时，诸大臣以新主年幼，请太皇太后垂帘听政。张氏以"不能破坏祖宗成法"坚决拒绝，而命令诸大臣齐心协力，认真辅导皇上向学勤政。她又特令英国公张辅，大学士杨士奇、杨荣、杨溥，礼部尚书胡濙五位大臣入朝。当面对英宗说："此五人，先朝所简贻皇帝者，有行必与之计。非五人赞成，不可行也。"朱祁镇当即应声受命。太后张氏这种"委政阁臣"的做法。这在当时主幼无知的特殊情况下，是一项及时而又必要的决策。

要管好国家，首先必须抓好经济，重视国计民生，尽力开源节流，减少百姓负担，以利于社会生产力的发展。朱祁镇即位后很快在这方面采取了一系列措施。宣德十年二月，命罢诸司冗费，节省朝廷开支。三月，释放教坊司乐工3800余人，罢山陵夫役1.7万人，又放库役2640余人；减行在光禄寺料米粟9.2万余石，他物减少不等，一方面促进了生产力的解放，一方面减少了国家的经济负担。正统元年（1436）正月，杨士奇等上疏："国家岁用粮储浩大，皆仰给江南军民转运，不胜劳苦。况河道偶有阻窒，则粮饷不充，实非终久之策。计今在京官军数多，除操练造作应用之外，余者悉令于北京八府空闲田屯种。倘遇丰年，必有蓄积，可省南方转运之费。"英宗以为有理，很是重视，立即诏发禁军3万到京畿地区屯田。

在赋税制度方面，始定田赋折银解入北京内承运库。明代田赋以银代输，始于洪武，称为"折色"。当时所折之银俱送南京。正统元年八月，都察院右副都御史周铨疏曰："北京行在各卫官俸支米南京，道远费多，辄以米易货，贵买贱售，十不及一。朝廷虚糜廪禄，各官不得实惠。请于南畿、浙江、江西、湖广不通舟楫地，折收布、绢、白金，解京充俸。"江西巡抚赵新、南京户部尚书黄福，亦以为言。

对此朱祁镇询问户部尚书胡濙，胡濙对曰："税粮（田赋）折银征收，民以为便。遂仿其制，米麦一石，折银二钱五分。南畿、浙江、江西、湖广、福建、广东、广西米麦共四百余万石，折银一百余万两，不送南京，一律解北京内承运库，谓之'金花银'。自起运、兑军之外，皆粮四石折银一两，解入北京，以为永例。"东南税粮除起运、兑军之外，折银征收者全部解入北京朝廷内府，目的是保障皇室的高额消费，这个制度的出现，反映了皇室对岁供不足的担心，所以才强制作出这个规定。但它也在客观上有利于减轻税粮转运之苦，有利于保证农时，促进农业生产发展。同时扩大了折色份额，扩大了货币流通，有利于繁荣商品经济。

就全局而言，正统二年（1437）之前由于有太皇太后的掌舵，张辅和"三杨"等五大臣的合力辅政，明帝国各级政权机构的运作还比较有章法，全国各地的秩序也相对稳定。《明史·英宗纪》称"英宗承仁、宣之业，海内富庶，朝野清晏"还算是符合现实的。但正统二年（1437）以后，随着太皇太后张氏和杨士奇等人年老多病，又因宦官势力的膨胀，加上边境日益多事，明帝国纲纪遂日趋紊乱。

明代宦官组织，主要有十二监、四司、八局，合称"二十四衙门"。司礼监，为二十四衙门的首席衙门、一切宦官组织的首脑部、明代全国特务机构最高指挥机关。它不仅可以直接控制内廷、"东厂"，而且可以左右外廷府院阁部，以及"锦衣卫"。宦官是皇帝制度的必然产物，宦官组织是封建国家机器的一个组成部分。明太祖在世时，虽然从洪武八年（1375）起，曾先后派宦官参与某些经济（如茶马贸易、复核关税等）、军事（如阅视军队等）活动，但他鉴于历代宦官为祸之教训，一直严格限制宦官的人数、职衔、品级、冠服，禁止各部门与宦官公文往来，并特铸一"内臣不得干预政事，预者斩"的3尺大铁牌，置立于宫门，警告内官们时加注意。建文帝嗣位，对宦官的约束益为严厉。可是到了明成祖朱棣即位以后，情况就发生了大变化，御宦寺之禁近乎全面放开。"明世宦官出使、专征、监军、分镇、刺臣民隐事诸大权，皆自永乐间始。"及明宣宗朱瞻基即位，又专设"内书堂"，命教官教习宦者，使之通晓文墨，且遂为定制。

进入朱祁镇执政正统朝，宦官的势力进一步渗透到各个领域，各个部门。明代宦官还操纵大臣任免、参与司法、提督盐课、总督京营、充总兵官；有正式监军职衔；宦官世袭，及其弟侄封爵、荫官等等，都是从明英宗朱祁镇时代开始的。作为朱祁镇昔日老师的"东宫局郎"王振占据司礼监之后，更是权势熏天。不少文武大臣都惧怕他，畏祸者争附之，阿谀奉承，贿赂财物，有人还对他自称"孝孙"。公侯勋戚至呼他为"翁父"，连明英宗朱祁镇都不叫他的名字，而呼其为"先生"。

正统元年，杨士奇年72岁，杨荣66岁，杨溥65岁。"时王振用事，一日，语杨士奇、荣曰：'朝廷事久劳公等，公等皆高年，倦矣。'"公开以年老威逼他们去位。其时，王振为使朝臣全都慑于他的淫威，甚至常常引导明英宗朱祁镇用重典治臣下。那些好事的言官们亦纷纷争承王振的旨意，不断利用大臣们的某些过失，上疏大肆攻击，自公、侯、驸马、伯以及尚书、都御史以下，无不被弹劾的，直至枷刑、下狱、谪戍等等，殆无虚日。

正统二年（1437）正月，由于王振得意忘形，对内阁大臣商议的大政，"辄施可否"，随意取舍，违背了太皇太后张氏还政内阁的命令，张氏怒极，欲诛王振。因明英宗朱祁镇跪地求情，诸大臣亦请予免死，才饶了他一命。自此，王振表面上稍敛戢，而骨子里并没有改变。五月，以边防寇犯不止，朝廷命兵部尚书王骥经理甘肃军务，刑部尚书魏源经理大同。内部环境和外部形势同时趋于恶化。

正统三年（1438）三月，京师多次发生地震，陕西大饥。六月，麓川宣慰使思任发起兵叛乱。明英宗朱祁镇命军出征，屡战而不能平息。翌年三月，朱祁镇命增兵赴援，调湖广官军3万余人、贵州1万人、四川8000人入滇，合力进剿，结果还是师出无功。五月，复命右都督沐昂为征南将军，充总兵官，率军进讨思任发。从此开始，连兵十载，增兵加饷，先后征发夫役近50万，云、贵两省将士多亡，卫所空虚，田园荒芜，民困至极，"西南骚动"。西南反叛未平，北方边患又起。同年，蒙古瓦剌也先嗣父位，称太师，北方各部皆归其所有，于是"其势益横，边境自此多事矣"，从而构成了对明皇朝的严重威胁。

从正统五年（1440）开始，由于太皇太后张氏和"三杨"相继离世，明英宗朱祁镇更为亲近宦官，王振遂跋扈不可制，朝局也为之大变。正统五年七月，杨荣在还朝途中病逝。杨士奇等年老不能视事，充位而已。正统六年正月，因王振欲逞己威，不顾朝廷罢兵之议，力主用兵，明英

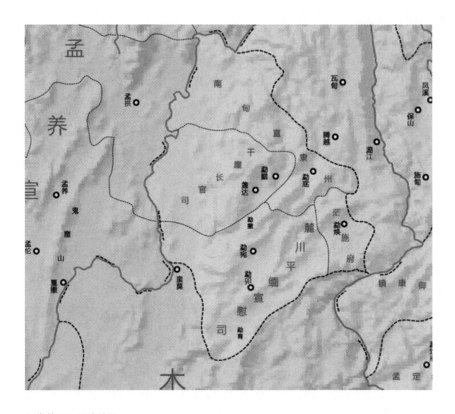

明代麓川及周边地图

宗命定西伯蒋贵为平蛮将军，兵部尚书王骥总督军务，宦官曹吉祥监军，调集各路兵马15万，大举进兵麓川。翰林院侍读刘球上疏，请止麓川之役，加强对北方瓦剌的防御。疏上，而朱祁镇不用。

正统七年十月，太皇太后张氏逝世。张氏在世时，委任五大臣，"政在台阁"。及张氏一死，明英宗朱祁镇完全受制于王振，杨士奇等人虽仍挂名列位，但对王振只能"拱手唯命，莫如之何"。或谓"不过浮沉自全而已"。十二月，王振毁去明太祖所立"内臣不得干预政事"之大铁牌，自是益无所忌惮，为所欲为，擅权乱政。

正统八年（1443）五月二十五日，雷击奉天殿鸱吻，以为不祥之兆，明英宗朱祁镇下诏辍朝三日，祭告天地，求廷臣上疏直言。刘球针对王振专权恣横，应诏上了一篇著名的《修省十事疏》：一曰勤圣学以正心德；二曰亲政务以揽乾纲；三曰任大臣以崇国体；四曰选礼臣以隆祀典；五曰严考核以肃吏治；六曰慎刑罚以彰宪典；七曰罢营作以苏民劳；八曰

　　　　　　　　　　　　　　　　　东海博弈

宽逋赋以恤民穷；九曰息征讨以重民命；十曰饬武备以防外患。刘球前次上疏已引起王振的痛恨。这次疏入，他益恶之，大怒不止。六月初三日，将刘球抛入监狱，十二日夜令人杀之。正统九年三月，杨士奇病故。至此，"三杨"已失东、西二杨，"南杨"杨溥年迈而孤立。王振更加无所顾忌，威势日重，自都宪以下，见之皆下跪。北边瓦剌也先，亦已实力大增。明帝国面临着内外交困局面。

土木之变

——大明帝国的边境危机和皇权更迭

　　正统十年（1445），蒙古瓦剌部首领也先举兵侵哈密，围攻忠于明帝国的哈密卫忠顺王倒瓦答失里。倒瓦答失里也是蒙古贵族，和也先还沾亲带故，其母弩温答失里是也先的姐姐。因此，在明帝国看来，这场蒙古部落之间的内战完全是舅舅打外甥。加上南方的"麓川之役"尚未结束，因此明英宗朱祁镇对忠顺王倒瓦答失里的求援置若罔闻，最终导致西域要道哈密卫易手。不过也先破城之后并没有处死倒瓦答失里，而是俘获要挟其归附。

明代的瓦剌和鞑靼

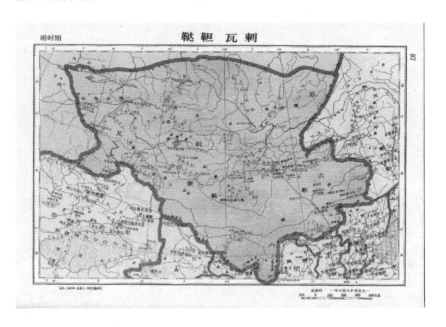

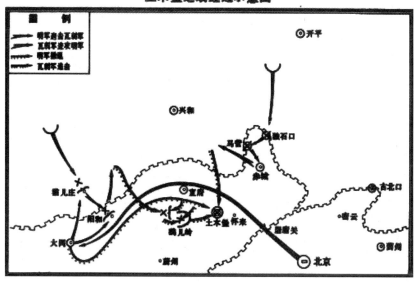

土木堡之变示意图

在控制了哈密之后，也先又率兵攻打兀良哈三卫，并要求大同镇守太监郭敬供应粮食，朱祁镇与王振虽然命郭敬"毋见，毋予粮"，但却并不发一兵一卒去救援兀良哈。瓦剌相继扫除了明朝西边和东边的屏蔽，接下来，便毫不客气地大举侵入长城之内的大明疆域。对于瓦剌的南攻野心，朝廷大臣也曾一再建言，正统十年（1446），兵部尚书邝埜建议增兵大同，巡视西北边务，但朱祁镇与王振只热衷于麓川兵事，对瓦剌的咄咄逼人之势则视而不见。

正统十四年（1449）二月，也先贡马，"诈称三千人。王振怒其诈，减去马价，使回报"，也先大怒，借口明使曾许嫁公主，使贡马送聘，朝廷答诏"无许姻意"，遂于是年七月，大举进攻辽东、甘州、宣府、大同等地。也先亲自率兵进攻大同，明帝国大同守军失利，塞外城堡，率皆陷没。败报传至京城，好大喜功的王振不知利害，竭力鼓动朱祁镇亲征瓦剌。吏部尚书王直、兵部尚书邝埜、侍郎于谦等"伏阙恳留"，而朱祁镇与王振执意不听。

七月十七日，朱祁镇命太监金英辅佐自己的弟弟郕王朱祁钰居守京城，兵部侍郎于谦留京代理部务，以太监王振、英国公张辅、兵部尚书邝焚、户部尚书王佐等随从，亲率50万大军匆匆忙忙向西北进发。

十八日出居庸关，过怀来，至宣府。"连日风雨，人情汹汹"，"未至大同，兵士已乏粮，僵尸满路"。八月初一日，英宗大军至大同，也先北撤，欲诱明军深入，王振以为瓦剌畏惧而退兵，坚持要进兵北行。邝埜、王佐等见势不好，力谏回銮，王振不听。之后太监郭敬将瓦剌的实力密告王振，王振始惧，下令班师。

王振是蔚州人，开始准备从紫荆关走，到蔚州后请明英宗朱祁镇驾幸其第，后又怕大队人马损坏乡里庄稼，所以行进40里又改道东行。明军迂回改道，当初十日退至宣府，瓦剌骑兵已大批赶到。十三日，英宗大军至土木堡，离怀来城仅20里，"众欲入保怀来"，而王振以辎重未至，坚持留驻土木堡。十四日清晨，瓦剌军逼近明军，占据水源。也先从麻谷口发动进攻，都指挥郭懋与瓦剌激战一夜。十五日，也先佯退，遣使与明军讲和。王振见使者来议和，急令移营就水，明军刚移动三四里，瓦剌骑兵遂四面围攻上来，"铁骑蹂阵而入，奋长刀以砍大军"，明军"相蹈藉死，蔽野塞川"，"死者数十万"。张辅、邝埜、王佐等数百名大臣勇将战死，护卫将军樊忠用锤捶死王振，说："吾为天下诛此贼！"最后，自己也英勇战死。英宗在混战中突围不成，下马盘膝而坐，遂为瓦剌所俘。土木堡惨败，明朝皇帝被俘，50万精锐尽失，20余万骡马、衣甲器械辎重尽为也先所得。从此明军元气大伤，也先则更加野心勃勃，冀以一统天下。

堂堂大明帝国的皇帝，竟然成了瓦剌部的俘虏，无疑是一个极大的耻辱。明英宗朱祁镇终于自己吞下了宠信王振所结出的苦果。不过因为其身份特殊，明帝国方面当然要避讳其出境，不能说他是为瓦剌所俘，在漠北过着俘虏生活，于是就找到一个托词，说他是到漠北狩猎，而美其名曰"北狩"。消息传至京城，朝廷内外一片恐慌，"群臣聚哭于朝"，侍讲徐珵甚至提出南迁京师的逃跑主张，兵部侍郎于谦挺身出来反对，说："言南迁者可斩也。京师，天下根本，一动则大事去矣！独不见宋南渡事乎。"于谦坚决抗战的主张得到吏部尚书王直、内阁学士陈循等一批官员的支持，辅政太监金英也将徐珵叱出殿外。八月十八日，孙太后命郕王朱祁钰监国。二十一日，升任于谦为兵部尚书，把备战御敌的重任交付给了于谦。

二十三日，郕王朱祁钰临朝主政，群臣请族诛王振以安人心，王振党羽锦衣卫指挥马顺当堂叱骂群臣，愤怒的人们再也忍耐不住，当堂击毙马顺，又打死王振同党宦官毛贵、王长随。面对血淋淋的场面，郕王朱祁钰害怕想退回宫去，于谦"排众直前"，拦住郕王，请其宣布"顺等罪当死"，廷击马顺的官员俱不论罪；并将王振侄儿王山缚至刑场凌迟处死，王振家族无论少长皆斩。清除王振余党，顺应了民心，稳定了政局，使得朝野能上下齐心，共同御敌。九月初，群臣请皇太后立郕王为帝，以安人心，孙太后准议，郕王朱祁钰却惊让再三，于谦坦荡地对郕王朱祁钰说："臣等诚爱国家，非为私计。"王乃受命。九月初六，朱祁钰即位，是为明景帝，年号景泰，遥尊英宗为太上皇。

明景帝朱祁钰

相对于刚刚登上政治舞台的朱祁钰而言，主持北京防御事宜的于谦已经是大明帝国的政治元老了。于谦，字廷益，号节庵，钱塘（今浙江杭州）人。少年时十分仰慕文天祥，除了习读八股制艺，还努力研讨古今治乱兴衰的道理，"慨然有天下己任之志"。16岁入府学为诸生。永乐十九年（1421），23岁的于谦考中进士，原为会试第一名，却因"策语伤时"被置于三甲第92名。不久，以江西道监察御史，至湖广执行公务。他深入瑶民居住区进行调查，揭发官军滥杀无辜，初步显示了他那廉正的风骨。

于谦相貌英伟，善谈吐，声音洪亮，每次奏对，极有条理，引起了明宣宗的注意。宣德元年（1426）八月，汉王朱高煦在山东乐安发动叛乱，明宣宗朱瞻基御驾亲征。高煦兵败投降，跪于军前。于谦秉承圣旨，以高亢的嗓音，历数朱高煦之罪行。朱高煦浑身战栗，顿首称："臣罪万死！"明宣宗朱瞻基对于谦的表现十分满意，赏赐与诸大臣相同。

宣德五年（1430），明廷设立巡抚。明宣宗朱瞻基亲点于谦为兵部右侍郎，巡抚河南、山西二省，一下子把于谦从七品升至三品，这是对于谦的极大信任。于谦也不孚众望，足迹遍历所部，延访父老，视察政事的利弊兴革。一年之间，连续数次上疏，兴利除弊。内阁杨士奇、杨荣、杨溥等也都极看重于谦，对于谦的论奏朝上夕准，使于谦尽展所长，作出了很大的成绩。于谦每次入京，从不送礼，更不去拜见王振。有人劝他送些礼给京中权贵，哪怕是带些合芎（线香）、蘑菇、裹头（手帕）也行，于谦则举起大袖笑道："带有清风！"随后，他又写诗一首自勉："手帕蘑菇及线香，本资民用反为殃。清风两袖朝天去，免得闾阎话短长。"一时传为佳话，但这却引起了某些权贵的不满。

正统十一年（1446），于谦入京奏事，荐举参政王来、孙原贞可任河南、山西巡抚。王振遂借机诬蔑于谦"以久不迁怨望，擅举人自代"，应下法司论斩。河南、山西两省百姓闻知，纷纷入京上书，请求释放于谦。王振迫于压力，将于谦释放，但将他降为大理寺少卿。两省百姓恐怕继任者是个贪官污吏，又集合一万多人伏阙上书，要求于谦仍任两省巡抚，身在两省的宗室周王、晋王也提出相同的请求。王振无奈，只得将于谦官复原职。正统十三年（1448），明朝边防日益吃紧，兵部事务日加繁忙，于谦奉命入京，任兵部左侍郎。

受命于危难之际的于谦展现出相当的军事天赋，《明史·于谦传》称："当军马倥偬，变在俄顷，谦目视指屈，口具章奏，悉合机宜。僚吏受成，相顾骇服。号令明审，虽勋臣宿将小不中律，即请旨切责。片纸行万里外，靡不惕息，其才略开敏，精神周至，一时无与比。"其首先加强京师的防卫力量。调辽东和宣府的部分兵马入京，调名将杨洪和守居庸关有功的罗通回京，操练京军。然后，他放眼全国，派佥都御史萧启等镇守保定、河间、真定诸府，命刑部侍郎耿九畴去南直隶整顿江南江北卫所军，招徕流民进行屯种，荐左都督朱谦代杨洪镇守宣府，王竑守居庸关，派顾兴祖、刘安、刘聚等修筑北边关塞要隘。

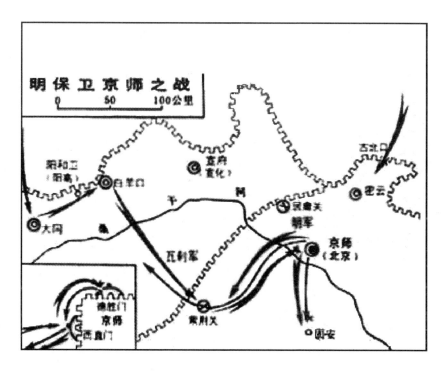

明代北京保卫战示意图

　　十月初三日，瓦剌久攻宣府、大同不下，便集中兵力，大举进攻紫荆关、古北口，进逼北京。初九日，瓦剌军在叛降宦官喜宁的引导下，绕小路越过山岭，攻破了紫荆关。十一日，瓦剌大军直抵北京城下。也先原以为"京城可旦夕下，及见官军严阵待，意稍沮"。也先听从喜宁的建议，用议和迎驾之计来试探明军的虚实，遭到景帝朱祁钰和于谦的严辞拒绝，诡计落空。

　　十三日，瓦剌从德胜门展开进攻，明军事先已有准备，埋设了伏军，瓦剌军大败，也先之弟"铁元帅"平章孛罗卯那孩也在此战中被火炮击毙。瓦剌军还在西直门和彰义门发动了进攻。在西直门，明军守将都督孙镗率军迎战，城上发火炮助战，孙镗失利，背靠城池拼死力战，后有二路援兵适时赶到，瓦剌三面受敌，被迫退却。在彰义门，副都督武兴率兵迎战，瓦剌军前锋失败稍退，明军阵中有数百骑想要争功，跃进出阵，扰乱了阵形，瓦剌军乘机反攻，明军败退，武兴中箭而死。瓦剌军追至土城，遭到当地居民的阻遏，随后，明援军赶到，瓦剌军仓皇退兵。

两度执政的明英宗朱祁镇

也先攻城五日不下，又得到各地援军将赶到北京的消息，恐怕腹背受敌，退路被断，遂焚毁了明朝皇帝的陵寝殿，退出塞外。北京保卫战获得了胜利，明皇朝度过了一次严重的危机。

也先进攻北京城失败，想要夺取明朝江山的野心受挫，而且明朝立了新皇帝，手里的王牌——明英宗朱祁镇也就失去了利用价值，无奈之下，也先于景泰元年（1450）六月，遣使与明朝议和，表示愿送回英宗。明景帝朱祁钰虑及皇位不保，不愿接回自己的哥哥，在于谦的劝说下，最终才勉强应允讲和，接回已经"升级"为太上皇的朱祁镇。

八月十五日，朱祁钰派侍读商辂率一轿二马将朱祁镇迎回北京，进东安门，举行授受帝位仪式后，即将其送进南宫禁锢起来。从此，朱祁镇及其家人，开始了长达6年又5个月的"幽闭"式生活之后，直到景泰八年（1457）正月，明景帝朱祁钰病重，由于朱祁钰的独子朱见济早夭。因此大臣们纷纷奏请复立明英宗朱祁镇之子沂王朱见深为皇太子，朱祁钰迟迟不允。十二日，朱祁钰召将领石亨至病榻前商议事情，石亨见朱祁钰病势沉重，遂与同党太监曹吉祥谋议，与其复位东宫，还不如请太上皇复位，"可得功赏"。十四日夜，石亨等聚集在左副都御史徐有贞（即徐珵）家里密谋行动计划。十六日夜，徐有贞"焚香祝天，与家人诀，曰：'事成社稷之利，不成门户之祸。归，人；不归，鬼矣。'"遂与石亨、曹吉祥等会合，夜四鼓，开长安门，纳兵千人，直奔南宫。宫门上锁砸不开，徐有贞命军士悬巨木撞门毁墙，撞开门墙后，即扶朱祁镇登辇，入东华门，至奉天殿升座，拥护明英宗朱祁镇复辟。此次事件史

东海博弈

称"夺门之变"。

朱祁镇复辟的次日，便逮捕少保于谦、王文，学士陈循、萧镃、商辂等下狱治罪。石亨、徐有贞等诬陷于谦、王文等谋立藩王，议罪处斩。徐有贞在英宗面前振振有词地说："不杀于谦，此举为无名。"功高盖世、爱国忘身的于谦，随即却成了宫廷政变的牺牲品。朱祁镇随即大封"夺门"有功之臣，徐有贞先以原官兼学士入内阁预机务，后又升任兵部尚书，又加封武功伯；石亨被封为忠国公；曹吉祥提升为司礼太监、总督三大营。

徐有贞入阁以后，得到朱祁镇的宠信，独揽内阁事权。同党石亨、曹吉祥渐生不满，两人联合起来，离间明英宗朱祁镇与徐有贞的关系，并暗中使人弹劾徐有贞专擅威权。结果，才当了6个月阁老的徐有贞被逮下锦衣卫大狱，谪戍云南金齿，直到天顺四年才被放回原籍苏州。然而，明英宗朱祁镇对曹、石两人也心怀不满，一是两人劣迹昭著，强夺民田、冒功贪赏、纳贿卖官；二是除掉徐有贞后，两人依恃兵权，专横跋扈，使朱祁镇感到难以控制。

天顺三年（1459）七月，朱祁镇召大同镇守石彪（石亨侄子）还京，石彪指使千户杨斌入京保奏其留守大同，这使朱祁镇更加怀疑石亨叔侄心怀不轨，便立即派人将石彪逮捕入狱，后又将石亨下锦衣卫狱。次年二月，石亨死狱中，石彪等被处死。石亨门下冒"夺门"之功得官者四千余人悉被罢黜。看到石亨的结局，曹吉祥、曹钦叔侄寝食难安了。他们决定先下手为强，密谋在天顺五年（1461）七月初二日，由曹钦拥兵入朝，曹吉祥以禁兵为内应，企图废黜朱祁镇。当天夜里，都指挥马亮从曹钦处逃出，到朝房告发曹吉祥谋反情况，正在值夜的恭顺侯吴瑾、统率西征军的怀宁伯孙镗急书"曹钦反"，投入长安门，宫内立即逮捕曹吉祥。曹钦失去内应，进不了宫门，在东西长安门纵火焚烧，并杀死杀伤了东西朝房的官员，孙镗急召西征军2000余人镇压，战乱很快被平息，曹钦兵败投井死。曹吉祥3天后被凌迟处死。史称这次事件为"曹石之变"。

明英宗朱祁镇的第二次执政时期，还算是一个勤政的国君。他曾在文华殿召见阁臣李贤，说："朕今复位5年矣，未尝一日忘在南城时。是以每日视朝，朝母后毕即亲政务，览章奏。至于饮食未尝拣择去取，衣服亦俱从便。"李贤随即恭维地说："如此节俭，益见盛德。若朝廷节俭，天下百姓，自然富庶可期。"这番话对于朱祁镇来说可谓受用。天顺六年（1462）四月，其诏免河南、开封诸府去年被灾税粮28.4万余石。七月，免两淮盐课30万引。天顺七年七月，免陕西被灾税粮91万石。天顺八年（1464）正月初二日，明英宗朱祁镇患病，初六日，命皇太子朱见深在文华殿视事。十六日，病情加剧，交代后事，命草遗诏。翌日，复辟帝位整整7年的明英宗朱祁镇病死，终年38岁。

纵观朱祁镇、朱祁钰兄弟交替执政时期，明帝国呈现宦官当政、吏治腐败的现象。从表象看，似乎是明英宗朱祁镇一手造成的，而实质上是前几朝留下的后遗症。而在"土木堡之战"之后，明帝国军队战斗力更直线下降，将士无敢再战，社会风气日坏，国力大降。因此有学者提出土木之败，是明帝国由强变弱的分界线。

天子性情

——从明宪宗朱见深到明武宗朱厚照时期的明帝国

天顺八年（1464），18岁的太子朱见深奉诏即位，是为明宪宗，诏改翌年为成化元年。朱见深的童年颇为坎坷，明英宗朱祁镇在"土木堡之变"中被俘之后，其后虽被瓦剌部放归，但却被幽禁于南宫之中，身为太子的朱见深也随即失去了自由，在惶惶不安之中度过了那段漫长的时光。而朱见深刚一即位，就发生了都指挥使门达结纳东宫内侍王纶，密谋由翰林侍读学士钱溥取代李贤辅政之事。

门达是明英宗朱祁镇晚年颇为宠信的特务头子。《明史》中称他"怙宠骄横，凡忤之者，辄嗾顽卒潜致其罪，逮捕拷掠，使无诘证，莫可反异"，而李贤时为内阁首辅，对门达统率的锦衣卫官校"恣横为剧患，贤累请禁止，帝召达诫谕之"。门达因此含恨入骨，设计构陷李贤，事情败露，明英宗朱祁镇也未处置门达。朱祁镇病重之时，门达蓄意勾结王纶，欲除掉李贤。他们的阴谋被朝臣揭发，朱见深大怒，结果王纶被斩，钱溥被贬，门达因他罪并发，"论斩系狱，没其资巨万"。而与此同时，李贤则进少保、华盖殿大学士，知经筵事。朱见深由此更加倚重李贤，李贤也"以受知人主，所言无不尽"。但李贤辅政不久，即于成化二年冬卒。

成化二年（1466），朱见深平反了于谦的冤狱。次年二月，受于谦案牵连被贬逐的官员商辂被召回，"命以故官入阁"。商辂上疏辞官，宪宗挽留说："先帝已知卿枉，其勿辞。"其时，为朱见深所倚重的阁臣还有孜孜奉国数十年、"持正存大体"的彭时。彭时在成化七年上疏劝诫朱见深不要迷惑佛事，浪费钱财；针对宪宗时形成的传奉官制度，提出"传旨专委司礼监，毋令他人，以防诈伪"；针对宪宗荒疏朝政的情况，

明宪宗的元宵行乐图

提出要"延见大臣议政事"。彭时的上疏都是切中时弊的，然而荒怠的朱见深已听不进忠言。

朱见深不是一个励精图治、有所作为的皇帝。史称"是时帝怠于政，大臣希得见。万安同在阁，结中戚贵畹，上下壅隔"。这段话的意思是说朱见深宠幸万贵妃，进而又宠信万安。万贵妃原为孙太后宫女，后入侍朱见深于东宫，因其"机警，善迎帝意"，故深得朱见深宠幸。甚至连皇后吴氏仅因杖责万贵妃而被朱见深废去，打入冷宫。朱见深出游，万贵妃戎服前驱，侍从在侧。宫中宦官用事，亦要见万贵妃颜色行事，"一忤意，立见斥逐"。万贵妃以父兄为锦衣卫指挥使，侦伺百官，统领诏狱，控制朝官，并通过阁臣万安，与内阁时通声气，把持朝政。翰林学士万安于成化五年入阁，他通过各种关系，与万贵妃叙上族谱，自称子侄，以此博得朱见深的信用。

成化十三年（1477）春正月，朱见深于东厂之外又开设了西厂，以太监汪直掌西厂。汪直是大藤峡瑶人，朝廷镇压瑶民起义时被俘入宫，初为万贵妃昭德宫内使。因汪直"年少黠谲，上宠之"。西厂刚一开张，便罗织了数起大狱，令臣民悚怵不已。建宁卫指挥杨晔（已故少师杨荣曾孙）被锦衣卫百官韦瑛告发，汪直听说其有"家资巨万"，便不分青红皂白，将他逮入狱中拷问至死。西厂设立仅四月，阁臣商辂即连连上疏请罢西厂，"疏入，上怒曰：'一内竖辄危天下乎！'"太监怀恩传旨诘责商辂，辂反问道："朝臣无大小，有罪皆请旨收问，（汪）直敢擅逮三品以上京官。大同、宣府，北门锁钥，守备不可一日缺，（汪）直则一日擒械数人。南京祖宗根本重地，留守大臣，（汪）直辄收捕。诸近侍，（汪）直辄易置。直不黜，国家安得不危！"

明孝宗朱祐樘

怀恩将商辂的话如实上奏，朱见深无奈，只得令罢去西厂，罪责汪直，谪韦瑛戍宣府。然而，罢西厂仅一月，御史戴缙、王亿别有用心地倡言恢复西厂，朱见深本来是不得已而罢西厂，此时便乘机恢复西厂，仍用汪直掌西厂。大学士商辂，尚书薛远、董方等一批正直官员屡谏不听，均遭排斥，相继致仕离开朝廷。而与此相反，阿谀汪直的朝臣都得到了升迁，戴缙为尚宝司少卿，后又擢升金都御史；王亿擢为湖广按察副使；汪直的左右爪牙王越升任兵部尚书兼左都御史学院事，陈钺为右副都御史巡抚辽东。

一时间，汪直势倾天下，其奉诏巡边，"各边都御史畏直，服橐鞬，迎谒，供张百里外。至辽东，陈钺郊迎蒲伏，厨传尤盛，左右皆有贿"。兵部侍郎马文升因对汪直"不为礼"，又轻视陈钺，遂被汪直陷害戍边。汪直"年少喜兵"，在辽东杀害海西诸部入贡人员，"焚其庐帐而还，以大捷闻"，回京后，朱见深给汪直记上大功，并加其俸禄，令其监督二十团营。

巡按辽东御史强珍上疏弹劾汪直、陈钺等隐瞒军情，坐失战机，结果反被汪直等诬陷，下锦衣卫狱，戍辽东。

汪直把持西厂5年，作恶多端，后因与东厂太监尚铭争权，尚铭在朱见深面前先告了他一状，加之万贵妃、万安、李孜省等的嫉恶，科道也交章论奏西厂苛察，汪直遂失势。成化十八年（1482）八月，御史徐镛上疏劾汪直欺罔罪，斥责"汪直与王越、陈钺结为腹心，自相表里。肆罗织之文，振威福之势，兵连西北，民困东南，天下之人但知有东西厂而不知有朝廷，但知畏汪直而不知畏陛下"。朱见深遂降汪直为奉御，递逐其党王越、戴缙、陈钺等。

成化后期，朱见深好方术，江西南昌人李孜省"乃学五雷法，厚结中官梁芳、钱义，以符箓进"，被授为通政使。太监梁芳诌事万贵妃，"日进美珠珍宝悦妃意，其党钱能、韦眷、王敬等争假采办名，出监大镇。帝以妃故，不问也"。梁芳先后引进了李孜省、僧继晓，进献方术与符箓。朱见深从迷信方术渐至宠信方士，李孜省、僧继晓、梁芳等逐渐得干预政事。大学士万安为了保持自己的地位，也争献房中术以固宠。成化二十三年（1487）正月，万贵妃病死。八月，朱见深病死，年41。一个月后皇太子朱祐樘奉诏即位，是为明孝宗，诏改翌年为弘治元年。

朱祐樘幼年的宫廷生活备受磨难。其母纪淑妃，原为"蛮土官女"，俘入宫中后，因其"警敏通文字"，授女史，"命守内藏"。朱见深偶至内藏，因纪氏应对称旨，遂得幸。万贵妃得知此事后，处心积虑要除掉纪氏，在宫女和太监的同情维护下，纪氏病居西内，生下朱祐樘，秘而不宣。一直到成化十一年，孝宗6岁时，因朱见深与贵妃柏氏所生的悼恭太子朱祐极病死，朱见深因老而无子而悲叹，太监张敏才将朱祐樘的身世道明，朱祐樘遂被立为太子。纪氏被封为纪淑妃，移居永寿宫，不久，在宫中暴薨。太监张敏也因惧怕而吞金死。朱祐樘即位后，千方百计寻找外家故人，并为其母立庙桂林府，每念及其母，"辄欷歔流涕也"。幼年的经历对朱祐樘影响很深。史称：孝宗恭仁俭朴，能虚心纳谏，而绝少"千金之子，性习骄侈，万乘之尊，求适意快志，恶闻己过"的恶习，这种个性的形成大概与明孝宗幼年的生活经历有一定的关系。

朱祐樘执政的弘治年间最为史家称道的是"朝多君子"的盛况。确实，弘治一朝任用了许多忠直有才干的名臣，如王恕、马文升、刘大夏、徐溥、刘健、谢迁、李东阳等，而一般情况下，孝宗也能虚心听取大臣的正确意见，对政事作一些必要的改进。在弘治君臣的共同努力之下，弘治时期"海内乂安，户口繁多，兵革休息，盗贼不作，可谓和乐者乎！"成化二十三年九月，朱祐樘即位仅5天，即斥责左通政李孜省、太监梁芳、万贵妃弟锦衣卫指挥万喜等，并谪发戍边。其后又罢斥了大学士万安。与此同时，朱祐樘召进了一批在成化年间遭到排斥陷害的忠直之士。

十月，朱祐樘召王恕为吏部尚书。王恕系正统十三年进士，成化年间官南京兵部尚书，历来以说言忠直闻于朝。当时曾有歌谣称赞王恕忠直敢谏："两京十二部，独有一王恕。"宦官怀恩亦由衷地称赞王恕："天下忠义，斯人而已！"王恕在成化年间屡遭宦官构陷，"帝亦衔恕数直言"，遂命王恕巡南畿，遣他出京。成化二十二年（1486），王恕对起用传奉官事上疏极谏，招致明宪宗朱见深的不满，遂离任致仕。王恕以"好直言，终不得立朝"。而在弘治年间，朱祐樘对王恕委以重任，倚为重臣。王恕掌吏部以后，"不避权贵，请谒路绝"，对当时的官场风气起了很大的整肃作用。王恕对朝政所提出的一些建议，也多为朱祐樘所接受。王恕任吏部尚书直到弘治六年，因与丘濬发生矛盾而辞官。

弘治二年（1489），朱祐樘又擢任马文升为兵部尚书。马文升是景泰二年进士，成化十一年任兵部右侍郎，被汪直、陈钺陷害入狱，谪戍重庆卫。汪直败后，马文升复官，成化二十一年召为兵部尚书，后又受李孜省排陷，调为南京兵部尚书。马文升在弘治时期任兵部尚书达13年之久，后又代屠滽为兵部尚书直至正德年间。史称马文升"任兵部十三年，尽心戎务，于屯田、马政、边备、守御，数条上便宜。国家事当言者，即非职守，亦言无不尽"。

弘治十五年（1502），朱祐樘召两广总督刘大夏为兵部尚书。"大夏素以安内攘外为己任，命下，人心翕服"。刘大夏是天顺八年进士，成化年间任福建右参政，曾因得罪中官被系诏狱，后得怀恩力救，杖二十而释放。刘大夏就任兵部尚书后，明孝宗见了他问道："朕素用卿，而数辞疾何也？"大夏顿首言："臣老且病，窃见天下民穷财尽，脱有不虞，责在兵部，自度力不办，故辞耳。"帝默然。过了两天，孝宗又问刘大夏：

"征敛俱有当，何至今独言民穷财尽也？"刘大夏答道："我在两广时，见广西征铎木，广东市香药，所费皆以万计。"于是，朱祐樘下令取消这些奢侈的征取，并下令天下"事当兴革者，所司具实以闻"。大臣忠直敢言，朱祐樘能虚心纳谏，这是弘治政治比较突出的一点。

在明中后期，如朱祐樘那样始终"勤求治理，置亮弼之辅，召敢言之臣，求方正之士，绝嬖幸之门"的皇帝可说是绝无仅有的，无怪乎史家将其与汉文帝、宋仁宗并称。而明孝宗一朝，由于政治清明，相对而言，社会矛盾也相对得到缓和，其时农民起义也较前朝后代少得多。然而，弘治时期毕竟处于明中后期阶段，前几朝积累下来的问题已严重地显现出来。如这时，明初建立的户口赋役制度已遭受严重破坏，世家豪族的大肆兼并土地导致国家控制的田地赋税大量流失，财政匮乏，兵饷不继，宦官监军及滥封传奉官的问题，都对弘治政治产生了极大的负面影响。

弘治时期，土地兼并趋势严重，皇亲国戚占田请田动辄千顷，甚至连宦官也占据了大量民田。弘治十年八月，朱祐樘张皇后之兄寿宁侯"有河间赐地四百顷，欲并其旁近民田千余顷得之，且乞亩加税粮二分"。因户部尚书周经奏言阻止，朱祐樘未同意其加税的要求，但千余顷民田后来仍为其所侵占。弘治十二年，便发生了寿宁侯与河间民构田的案件。十三年，皇都近旁的河间民田已大部分成为贵戚的庄田，以致户部侍郎何进与巡抚高铨前往勘察时，河间人民"冤声撼野，至拥州县吏不得行"。十八年，又有巡抚保定都御史王璟"乞罢诸内珰田，尽归之民"的奏疏。虽然对于臣下的意见，朱祐樘大多予以采纳，对这些夺田占田事件作了处理，但同时，朱祐樘本人又不断地封赐贵戚勋旧以大量的田地。这种矛盾的做法无疑又加剧了土地兼并的趋势。

土地兼并的加剧，国家所控制的田地大量减少，势必导致国家赋税收入减少。弘治时期的财政已相当匮乏，以致"边围多警，许生员纳马入监，有七千余名。川、陕荒歉，守臣又具奏上粮入监，通前共有数万余人"。军费不足、荒歉救济竟然要通过滥收生员入监的办法来解决，财政状况之拮据可见一斑。弘治十七年，礼部尚书兼文渊阁大学士李东阳奉使出行，路经天津，适遇旱灾，一路上，只见"挽舟者无完衣，荷锄者有菜色。盗贼纵横，青州尤甚。南来人言，江南、浙东流亡载道，户口消耗，军伍空虚，库无旬日之储，官缺累岁之俸。东南财赋所出，一岁之饥以至于此。臣访之道路，皆言冗食太众，国用无经，差役频繁，科派重叠。京城土木繁兴，供役军士财力交殚，每遇班操，宁死不赴。势家巨族，田连郡县，犹请乞不已。亲王之藩，供亿至二三十万"。

弘治时期财政匮乏的状况及其原因，李东阳的奏疏中都作了形象的描述和中肯详尽的分析，朱祐樘看了颇为感叹，将章奏交付有司。明中后期，财政状况江河日下，这是历朝积弊所致，因循祖制的明孝宗朱祐樘企图在不变更"祖宗成宪定规"的前提下改变这种状况，结果是可想而知的。

明宪宗朱见深统治的成化末年，宫中传奉官达千余人，朱祐樘即位后即淘汰了大部分传奉官，但由于囿于祖制，不能下决心革除旧弊，到弘治末年，传奉官又增至八百余人。对宦官监军的问题，兵部尚书刘大夏曾向朱祐樘指出，由于监军宦官贪污纳贿，克扣兵饷而导致兵饷常乏，朱祐樘则认为"第祖宗来设此辈已久，安能遽削之"。朱祐樘有心求治，也能听取臣下的意见，但他因循守旧，只能在陈规旧制的桎梏下修修补补，不敢进行大刀阔斧的改革。因而，弘治时期的政治经济状况并无大的改观。

弘治十八年五月，明孝宗朱祐樘病逝。临死前召大学士刘健、李东阳、谢迁受顾命，让他们尽心辅佐太子。其后15岁的皇太子朱厚照即位，是为明武宗，诏改翌年为正德元年（1506）。年少的朱厚照"好逸乐"，"好骑

明武宗朱厚照

射"，即位不久，便信用以刘瑾为首的宦官马永成、高凤、罗祥、魏彬、丘聚、谷大用、张永，时称之为"八党"。刘瑾等经常以"狗马鹰犬、歌舞角觚以娱帝"，朱厚照则乐此不疲。

顾命大臣刘健、谢迁、李东阳以及户部尚书韩文等连疏请诛"八党"，但刘瑾等八人在朱厚照面前跪地哭诉，称司礼监太监王岳勾结阁臣欲加害他们，朱厚照不辨是非，反令刘健、谢迁致仕，将王岳逐之南京，命刘瑾入掌司礼监兼提督团营，丘聚提督东厂，谷大用提督西厂，张永等并司营务，分据要地。朱厚照悉以天下章奏付刘瑾，而刘瑾则日益诱导朱厚照戏玩娱乐。刘瑾往往"候帝娱，则多上章奏，请省决，帝曰：'吾安用尔为，而一烦朕！'瑾由是自决政"。给事中吕翀、刘菡，南京兵部尚书林瀚，六科给事中戴铣，十三道御史薄彦徽等上疏请斥权阉、挽留刘健等辅臣，刘瑾即矫旨派遣缇骑将他们逮系锦衣卫狱，责以廷杖，除名为民。左都御史张敷华、工部尚书杨守随上言"八党"罔上诬下，也被刘瑾革去官职。前朝老臣马文升、刘大夏也都被迫致仕。

正德二年（1507）三月，刘瑾矫诏公布"奸党榜"，将刘健、谢迁、韩文等53名反对"八党"擅权的大臣列为奸党，并令群臣跪在金水桥南听其宣诫。与此同时，刘瑾不失时机地把同党亲信安插在重要职位上。正德元年十月，他任命吏部尚书焦芳兼文渊阁大学士，入阁预机务。二年三月，又令内阁撰敕扩大镇守太监的权力，使他们的地位悉如巡抚、都御史，刑名政事都有权干预。同年四月，河南钧州人刘宇通过焦芳的关系，厚贿刘瑾以万金，刘瑾大喜，因而把刘宇提拔为兵部尚书。同年十月，焦芳又向刘瑾推荐了陕西同乡张綵，张綵得到刘瑾的赏识，很快晋升为吏部尚书，后又入阁取代了焦芳的地位。

一时间，刘瑾势倾天下，"威福任情"。公侯勋戚以下，不敢与之抗礼，所上章奏，都先具红揭投给刘瑾，号称"红本"，然后上通政司，号称"白本"。章奏中皆称刘太监而不称其名。一次，都察院奏本中写了刘瑾的名字，刘瑾当堂高声怒骂，吓得都御史屠滽率属下跪谢，方才作罢。正德三年（1508）六月二十六日早朝时，在丹墀发现一封状告刘瑾的匿名信，刘瑾大怒，当即令百官跪在奉天门下，进行诘责，直至第二天才予释放。其时正值酷暑，有的官员竟至热渴而死。刘瑾还在东、西厂之外，另设内行厂，自己亲自掌管。内行厂较东、西厂更为酷烈，

"屡起大狱，冤号相属"，"一家有犯，邻里皆坐"，使得道路惶惧，人不自安。

刘瑾当政，贿赂公行，"凡入觐、出使官皆有厚献"。给事中周鑰勘事归，因无计筹措钱款纳贿而被迫自杀。刘瑾令"天下巡抚入京受敕，输瑾赂。延绥巡抚刘宇不至，逮下狱。宣府巡抚陆完后至，几得罪，既赂，乃令试职视事"。及至正德五年刘瑾获罪抄家时，抄出财物竟有金24万锭又5.78万两，元宝500万锭又158.36万两，宝石二斗，金甲二千，金钩三千，玉带四千等等。刘瑾在短短的5年内，即搜刮了如此巨大的财富，可见其贪得无厌、贪贿索贿到了何等疯狂的程度。

对于刘瑾的擅权乱政，朱厚照不闻不问，整日沉湎于玩乐之中，他在西华门别筑宫殿，造密室于两厢，称为"豹房"、"新宅"，每日游乐其中。皇帝的荒嬉无度、宦官的恣意妄为，致使原已危机四伏的社会经济不断恶化，阶级矛盾不断激化，农民起义接连不断。

正德五年（1510），刘瑾遣大理寺少卿周东"度田"宁夏，周东为了向刘瑾献贿，在进行土地核实"度田"时以50亩为一顷，多征亩银，并"征马屯租甚急，敲扑惨酷"，激起戍卒将士的愤怨。藩王宁夏安化王朱寘鐇乘机起兵反叛，争夺皇位。他设计袭杀了周东、总兵姜汉等，颁布"清君侧"的檄文，指斥刘瑾内外交结，图谋不轨。

陕西守臣将安化王刊印的檄文封奏朝廷，刘瑾匿而不报。朝廷派前右都御史杨一清为提督，泾阳伯神英为总兵，太监张永监军，率军西讨安化王。大军至宁夏，安化王已被宁夏游击将军仇钺设计擒获。西讨途中，提督杨一清乘机联络张永扳倒刘瑾。八月，张永押解安化王至京向朱厚照献俘，并呈上安化王讨刘瑾的檄文，揭发刘瑾意图谋反。武宗途命连夜逮捕刘瑾。武宗"亲籍其家，得伪玺一，穿宫牌五百及衣甲、弓弩、袞衣、玉带等违禁物"，不禁勃然大怒说：奴才果然要造反！于是将刘瑾下狱审讯，六科弹劾刘瑾罪行三十余条，将刘瑾凌迟处死，榜示天下。

刘瑾虽诛，但明武宗朱厚照声色犬马之所好却无丝毫改变。刘瑾之后，他又宠信山西宣府人江彬。江彬初任蔚州指挥佥事，以勇武著称。在幸臣钱宁的引见下，江彬得到了朱厚照的赏识。一天，朱厚照在搏虎时，钱宁畏缩不前，江彬却冲上去为皇帝解了围，朱厚照由是日益宠信江彬。在江彬的诱导下，朱厚照屡屡出巡。正德十二年八月至十四年二月，武宗不顾大臣们的反对，一连4次出巡。出巡宣府时，江彬为武宗建镇国府第，并将豹房的珍玩、女御全部运送到这里。江彬还随从朱厚照夜入民宅，索取妇女。朱厚照在外乐不思蜀，出巡的时间一次比一次长，第4次出巡，时间长达半年。

朱厚照的荒疏朝政，纵乐无度，频频出巡，使得早已觊觎皇位的藩王江西宁王朱宸濠伺机而起。江西早在正德三年起，农民起义就蜂拥而起，朝廷派兵镇压，屡平屡起。正德十四年六月十四日，朱宸濠公然举起反叛的旗帜，袭杀不依附于己的地方官，集兵6万。七月初一日，朱宸濠亲率大队人马，"分五哨出鄱阳，舳舻蔽江而下，声言直取南京"。朱宸濠经过安庆时，安庆知府张文锦等令军士登城大骂，朱宸濠便急攻安庆。当时，巡抚南赣都御史王守仁刚刚将围剿了一年的农民起义军镇压下去，得到宁王叛乱的消息，马上组织兵力攻打宁王的老巢南昌。七月二十日，王守仁攻克南昌。久攻安庆不下的朱宸濠得到南昌被围的消息，马上丢下安庆回援南昌。二十四日，与王守仁部相遇于黄家渡，激战3天，朱宸濠大败，妃嫔多投水死，朱宸濠及其子皆被擒。

宁王之乱，给了原本就想寻找机会出巡江南的朱厚照以一个冠冕堂皇的理由，于是，朱厚照不听群臣的谏阻，于当年八月亲自率军平叛。军到涿州，传来王守仁平叛的捷报。大学士梁储请朱厚照回驾，朱厚照不允，反令王守仁在原地候驾，不必进京。朱厚照一路上游山玩水，捕鱼捉鸟，寻欢作乐，直到第二年七月才到南京，令王守仁重新报捷。八月，朱厚照在南京，设广场，身着戎服，"设大纛，环以诸军"，令释放朱宸濠等，然后与侍从等再行擒获，作凯旋状。武宗北返途中，照样玩乐不辍，九月，至清江浦，在积水潭捕鱼时舟覆入水，被侍从救出后得病不愈。正德十六年（1521）三月，病死于豹房，年31岁。

朱厚照一生渴望统兵打仗，却没有更多的机会指挥作战，军事操练于是成为他游戏的一部分。至于其他各种游戏和女色，可说他是沉湎于斯而毁于斯。这些都使他距离一个好皇帝的要求差得太远了。但他不把皇帝的尊贵放在眼里，热切追求宫廷之外的生活，又可说是一个富有个性的人物。若把他的行为放在那个思想相当活跃的时代来考虑，更可引人深思。

事实上，明朝自从成化时起，由于社会经济的发展，整个社会观念已经开始发生变化。这种变化的最为突出之处是传统观念的转变和对物质生活的普遍追求。这也就在一定程度上打破了旧有的社会秩序，而旧有等级观念的变化，可以说是最为突出的反映。大量三教九流以传奉授官，成为过去士大夫们独据官场中的引人注目者。

　　在某种程度上，金钱开始取代旧有的等级。这虽然是一种社会的进步，但随之而来的社会秩序的混乱，也给相当多的人们带来忧虑。所以当朱祐樘即位后，依靠朝廷中的老臣去寻求对旧有秩序的恢复时，有人便称之为"中兴之世"。这种带有明显复旧性质的"中兴"，显然无法抵抗商品经济发展的冲击，当朱祐樘病逝，其子朱厚照以少年登基时，弘治一朝的努力也就付之东流。社会观念的再度突变，如同大河决堤，一发而不可收。这也就是明朝人自己乃至后世所公认的明朝中叶后的社会变化。

应仁之乱

——室町幕府的没落和列岛豪强的崛起

  明帝国陷入政治动荡的同时，邻国日本的室町幕府日子也不好过。公元1449年，出任征夷大将军的足利义政虽然在位长达24年，在其统治时期室町幕府虽然通过推行"侧近政治"、干预守护大名的家督继承来强化中央集权，在幕府财政拮据、各地民变四起的情况下，却收效甚微。而守护大名们争权夺利，百姓不堪天灾人祸纷纷揭竿而起，随即催生出了一个新兴的阶层——"守护代"。

  所谓"守护代"，顾名思义就是代行守护之职的官吏。在日本历史上这一官爵并非室町幕府首创，但是却在室町幕府执政前后逐渐盛行开来。为了强化中央权力，室町幕府长期以来都招揽守护大名进入中枢辅政，长期忙于幕府事务的守护大名们无暇顾及自己领地的日常事务，于是便委任"守护代"行使其管理地方的职权。这些"守护代"多为守护大名的亲信武将或当地大族，在其"代行守护"的过程中，不免逐渐成为了新的地方实权人物。未来给日本带来天翻地覆变化的织田信长的远祖伊势入道，正是在这一时期从越前国（今日本福井县）来到了尾张国（今日本爱知县）出任守护代一职的，并以其世代生活的越前国丹生郡织田町为苗子，改名织田乡广。

  公元1465年,30岁的足利义政终于迎来了自己嫡子——足利义尚，这本是一件有利于室町幕府传承的好事，但悲剧的是，就在两年前，足利义政由于厌政，而收养小自己3岁的弟弟足利义视，这种做法尽管在中国传统文化中实在有违人伦，但却是室町幕府册立继承人的一种有效背书。在弟弟和儿子之间，足利义政无疑偏向于自己的骨肉。但他却迟迟不作任何表示，只是用中立和拖延的方式来逃避问题。在足利义尚的

                    东海博弈

生母日野富子和足利义视的大舅子细川胜元分别发展党羽，水火不容的情况之下，一场室町幕府空前规模的内战呼之欲出。

公元1467年，随着分别支持足利义视和足利义尚的两派势力矛盾日益激化，最终引发了名为"应仁之乱"的大规模内战。尽管起初双方都认为这不过是一场武力夺取京都的短暂政变，但是各地守护大名的加入却使战火迅速蔓延至全国。客观地说"应仁之乱"虽然波及面广，但真正血腥的大兵团会战却并不多。但是就在守护大名们忙于觥筹交错地重新洗牌之时，被他们引为爪牙的"守护代"却早已不甘寂寞。以越前国"守护代"朝仓敏景驱逐了守护大名斯波氏为标志，"守护代"们逐渐成为了即将到来的乱世主宰。

在"应仁之乱"还有一位命运与朝仓敏景紧密相连，同样引领时代的风云人物，他就是出身卑微的骨皮道贤。骨皮道贤不仅名字古怪，履历更是神秘莫测。一般认为"应仁之乱"前，这位仁兄正在京都附近的寺庙的挂单。京都附近向来是寺院势力的角力场。在频繁的天灾人祸面前，各派教宗为了争夺信徒往往不惜刀兵相见。公元1464年，南北朝以来始终保存着庞大僧兵部队的延历寺便砸了新晋崛起的"净土真宗"本愿寺的场子。骨皮道贤从属于哪一方寺院势力虽然不详，但大体上应该也是个披

将室町幕府推入深渊的足利义政

"应仁之乱"中的日本武士

早期的"足轻"与武装匪徒没什么区别

着袈裟的流氓。

在"应仁之乱"爆发时，骨皮道贤在京都已经小有名气，以捕快和特务的身份（目付）维持一方治安。而战争和混乱的到来更给了这个"会武术的流氓"以充分展示自我的空间。面对连正规军都敢抢的骨皮道贤之流"黑社会团伙"，控制京都的细川胜元自然感觉奇货可居，随即将其招安，派去祸害对手的地盘。骨皮道贤本人不是武士，手下也大多是地痞无赖之辈，自然不能以正规军相称呼，于是细川胜元从古籍中挑出了含义模糊的"足轻"一词为其冠名。

"足轻"一词本非"应仁之乱"才有，在日本历史上的历次动荡之中均有以农民为主体组建的轻步兵参战。在镰仓幕府建立前的"源平合战"时代，他们被称为"步卒"。而在南北朝时代装备弓箭的步兵大量参战，名曰"射手足轻"。但是"应仁之乱"中出现的"足轻"却与前代有着本质的差异，他们不再是建立于土地依附关系之上的武士随从，而是为了个人利益而战的雇佣兵团。

以"足轻大将"的身份深入敌后的骨皮道贤，在当时的历史条件下堪称是"特战先驱"。毕竟日本武士早已习惯了正阵之师的较量，对于他那套"抢钱、抢粮、抢娘们"的游击战术颇不适应。但是要说完全拿他没辙倒也不确实，随着对手的大军云集，骨皮道贤的"足轻队"最终陷入了铁壁合围之中。兵败之后骨皮道贤穿上女装试图潜逃，应该说此举在日本历史上并不乏成功的先例，但此前穿女装的多为白皮细肉的名门贵族，而骨皮道贤五大三粗，一抹络腮胡子最终露了怯。尽管骨皮道贤最终被斩首示众，但是在日本列岛即将到来的战国时代，和他一样满怀着野心的"足轻"们在战场上将由"（无）足轻（重）"上升为"（举）足轻（重）"，最终在风云激荡之中孕育出"天下猿"——丰臣秀吉。

"应仁之乱"在"守护代"和"足轻"们高涨的热情中持续了11年之久。尽管在战乱期间足利义政依旧以幕府将军的身份把持着政局，但其既无心也无力终止战乱，只是一头扎进了自己爱好的艺术领域。足利义政缺乏一个领导人应有的责任感和政治手腕，但在风雅和奢靡生活的追求上却大有其祖父足利义满的遗风。

公元1461年，在京都深陷"宽正大饥馑"贺茂川上满是饿殍浮尸的情况下，足利义政依旧沉迷于大兴土木和猿乐酒宴，被足利义满赶入空门的一休宗纯眼见政敌堕落至此，不由写诗讥讽说："暗世明君艳色深，峥嵘宫殿费黄金。明皇昔日成何事，空入诗人风雅吟。"将足利义政及其妻日野富子比喻成了祸乱唐帝国的李隆基和杨玉环。或许自己私生活也不检点的一休和尚自己也没想到竟然一语成谶，足利义政没有唐玄宗早年的辉煌，晚年的人生轨迹却颇有相似之处。

在"应仁之乱"结束前夕，足利义政无奈地将幕府将军之位交给了大权在握的嫡子足利义尚，自己则隐居京都东山。这一点与唐玄宗李隆基避祸入蜀之后被架为"太上皇"如出一辙。而被比喻为杨玉环的日野富子虽然没有在"应仁之乱"中香消玉殒，但也和自己的丈夫陷入了感情破裂的分居生活。

虽然遭遇了中年的婚姻危机，但是在扶持自己的儿子足利义尚上位之后，日野富子对幕府事务的干预却变本加厉。除了频繁干预幕府将军的人选问题，日野富子还公然在京都附近设立收费站，经营高利贷和囤积居奇，甚至做了尼姑还到处收受贿赂、卖官鬻爵，成为了日本历史上有名的"乱政娘们"。正如"安史之乱"后唐帝国虽然苟延残喘，却陷入了藩镇割据一样，"应仁之乱"后，室町幕府也不复昔日的风光，日本列岛随即陷入了群雄并起的"战国时代"。

作为日本"唐明皇"和"杨贵妃"的后代，年轻气盛的足利义尚也

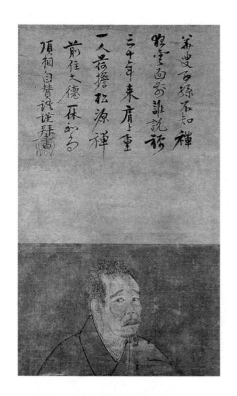

晚年的一休宗纯

室町幕府的"马上天子"足利义尚

与唐肃宗李亨一样是位"马上天子",应该说经过"应仁之乱"的洗礼之后,室町幕府的威信虽然遭遇重创,但足利义尚作为内斗的获胜方,身边还是团结了相当部分的实力派军阀的。也正因如此,对于公然无视幕府权威,强占寺社领地的六角氏,足利义尚才毅然决定重拳出击,以期达到杀鸡儆猴的目的。不过正如李亨收拾不了史思明一样,足利义尚拿违逆自己的近江国(今日本滋贺县)守护大名六角高赖毫无办法。

为了征讨六角高赖,足利义尚不仅动员了以室町幕府嫡系部队"奉公众"为骨干的两万大军,还深入近江国,于琵琶湖南岸的钓町(今日本滋贺县栗本市)设立遥控幕府事务的野战司令部"钓之阵所",大有将战争进行到底的架势。但此时的近江国早已成为了六角氏的独立王国,当地的居民对室町幕府毫无好感。

公元1487年冬季,一个风雪交加的夜晚,盘踞于近江国南部甲贺郡的一伙土匪(地侍)突然走出深山,由于此时六角氏的主城观音寺城已经被幕府军攻陷,而足利义尚还在钓町的司令部终日忙于接见来自京都的公卿和武士,因此防御松懈。由53家组成的土匪联军成功地潜入了幕府军的大本营,尽管只是趁乱放火烧毁了一些工事和建筑,但却给了幕府军士气以巨大的打击。

六角氏为了鼓舞士气、幕府方则为了掩饰失职。双方立场虽然不同,但对这次本微不足道的奇袭,事后的宣传口径却空前的一致,那就是闯入"钓之阵所"的甲贺武士各个身怀绝技，有潜行匿踪的特殊装备。于是在口口相传之下，一个神秘莫测的组织凭空出现，他们被称为"甲贺忍者"。

和"守护代""足轻"一样，"忍者"这一职业也并非室町幕府首次出现，早在大和政权的时代，当时日本政府将从事间谍、侦察、奇袭等工作的专业人士称为"志能便"或"斥候"。不过这些"原始特工"在"应仁之乱"前并无固定的组织，只是由公卿或豪族麾下的死士组成"临时客串"而已。随着足利义尚由于酒色过度而于公元1489年在"钓之阵所"死于脑溢血，"甲贺忍者"借助转危为安的六角氏封赏的土地而登上了日本历史的舞台。

经过一番演变和神化，忍者最终成为日本文化中的一部分

关于"甲贺忍者"的由来，日本野史赋予了其极大的神话色彩，说他们是甲贺群山主峰饭道山中隐居的传奇人物——"贺茂役君小角"的后裔和门徒。"贺茂役君小角"一般简称为"役行者"或"役小角"。其人物原型是生活于7世纪末8世纪初的魔术师和神棍，其曾自诩可以"役使妖鬼"在直线距离30公里的葛城山与金峰山之间架石桥（当然始终没有建成），而获得了后世日本政府"役行者"的追认。其因擅长日本古代名为"小角"的乐器而被称为"役小角"。

现实中的"役小角"最终由于妖言惑众而被日本政府流放伊豆，最终不知所踪。但是其形象却被向来敬畏鬼神的村妇野老们不断异化，不仅望文生义地说他是头上长有小角的半神，更将其身边的一对信徒夫妻也附会成了法力无比的"前鬼"和"后鬼"。有了这样一位"祖师爷"，"甲贺忍者"们随即也开始标榜自己拥有名为"忍术"的特异功能。

不过令"甲贺忍者"们感到头疼的是，在邻居伊贺国（今日本三重县）还有一家号称"百年老店"的竞争对手——"伊贺忍者"。与假借鬼神之名的甲贺郡同行相比，伊贺忍者编撰的"简历"要完善和可信得多，伊贺国比邻京都，自古便是争夺权力的公卿、土豪招揽间谍、刺客的"人力市场"，而被"伊贺忍者"奉为"开山祖师"的服部家长便曾为执掌朝廷的平氏一族效力。尽管服部家长本人最终随着平氏的灭亡而消弭了一段时间，但为打响品牌，"伊贺忍者"始终强调服部家长并没有战死，而是隐姓埋名重返伊贺。而服部氏也随即成为了"伊贺忍者"的世代首领。

残酷的市场竞争最终令伊贺和甲贺两大流派"忍者"开展了"差异化经营"。"伊贺流"主打"政府采购"的市场，一度辅佐了日野富子推上幕府将军之位的足利义澄、足利义晴父子。奠定了其未来"御用忍者"的基础，而为了迎合主顾的需求，伊贺忍者又按照家族出身，人为地将自己分成"上忍、中忍和下忍"，倒也符合了今天"阶差定价"的营销战略。而"甲贺流"自知没有竞争对手的人脉和名牌效应，于是转攻更为广阔的"民间"市场，为守护大名、"守护代"甚至"足轻大将"、"恶党"所雇用。不过由于这一市场需求相对低端，因此"甲贺流"很少进行内部细分，这就造成了"伊贺流"喜欢单独行动来打响个人品牌，而"甲贺流"则更擅长团队作战。同时与"伊贺流"转圜于京都各派势力，朝秦暮楚的做派相比，"甲贺流"也竭力打造自己忠于主顾的形象。一时之间，双方势力倒也各持胜场。

不过，无论是"伊贺流"还是"甲贺流"，日本忍者在"应仁之乱"之后的战国时期还是有着深刻历史背景的。伊贺国和甲贺郡均属于群山环抱、地狭民稠的近畿边缘之地。民众为逃避公卿和武士阶层的盘剥、压榨，往往遁入山岭，或依附于寺院或以修行之名结党群居。其中，"伊贺流"忍术据说便起源于供奉弥勒的"伊贺四十九院"，而甲贺忍者的前身则是以"饭道五院"为中心散居的僧众。

而造成战国时期日本"忍者"大行其道的另一个重要因素，则是中医和火药的传入。中医理论最早传入日本的历史，可以追溯到中国南北朝时期，但是在隋唐盛行一时后便随即由于宋元的交替而陷入了低潮。而随着日明贸易的发展和活跃，中医理论再次席卷日本列岛，并延伸出了崇尚"金元医学"的"后世派"和以"医圣"张仲景为祖师的"古方派"。中医理论不仅为日本医学的发展提供了助力，更令常年避居于深山中的"忍者"们成为了研制迷幻药、毒药的行家里手。而日本忍者在潜行的过程中大多借助烟雾和爆炸，这无疑是借助了火药之力。

第三章　大倭寇

争贡之刃

——"宁波事件"背后的政治博弈

　　明日两国国内政治格局的变迁并未影响到两国之间贸易的发展。景泰四年（1455），室町幕府以东洋允澎为主使组织了第3次赴明贸易使团，这个贸易代表团是明日建交以来最大的一次。乘船10只，到明港口的总人数为1200人，所带货物约为以前的10倍以上。如按以往惯例给价，将得铜钱21.77万余贯。但日本使团抵达明帝国之后，却沿途肆虐扰民，殴打官吏，捶楚馆夫，引起明礼部的极端不满。一面奏请减半付值，一面重颁勘合敦促严格履行宣德条约规定，同时请锦衣卫至倭馆处催促迅速离京回国。

　　此时的幕府将军足利义政，正忙着大兴土木，起造银阁，修筑幽美庭园，极需铜钱。除向各大武士征派外，还向五山僧人借款。他极其重视对明贸易。当他听到明政府对日本使团的行为不满时，甚为不安，惟恐由于日本使团的放肆行为，影响今后的明日贸易。他遣派卢圆、柴江为使，于长禄二年（1458）赴朝鲜，请朝鲜王代为致意，表明幕府已对使团中不轨之人加以囚禁并暗示将派使赴明谢罪并进行贸易。此时的朝鲜国王李瑈刚刚篡夺了自己哥哥李珦的王位，急于谋求明帝国的支持，因此很热心地将足利义政的意思转告明朝政府，明帝国廷议之后令朝鲜转告足利义政，再进贡时须选择老成识大体之人充使，不得如前肆扰。在得到明政府仍准贸易的消息后，足利义政随即大张旗鼓地准备第4次遣明贸易。

　　第4次遣明贸易使团挑选了老成持重的日本京都建仁寺住持天与清启为正使，规模上也严格按照规定，只出动了船3只、人300。这支贸易使团于明成化四年（1468）五月至宁波，十一月至京向明宪宗朱见深呈递国书与贡物。同时，明政府重新颁给成化勘合，命下次将剩余旧勘合缴回。但是，在天与清启回国时，日本国内已爆发"应仁之乱"，并扩大到西部。

拥护山名管领的大内氏，雄踞西部周防、长门、丰前、筑前、安艺、石见等州，势力雄厚。应仁元年（1467）六月，大内氏率军攻占与山名管领为敌的细川管领的兵库。从此，大内政弘控制了由翰户内海至长门、博多、平户的赴明海路，即所谓的中国路。以界町为根据地的细川商船，赴明贸易只能走九州南部海路即所谓的南海路。大内氏是海盗的组织者，细川氏的商船在赴明往返途中经常为大内氏海盗船所劫掠。天与清启所带的成化勘合，在回国途中被大内氏的海盗船抢去。由于大内氏和细川氏的对立，在对明贸易上形成东西两派客商和从商的对立。在对明贸易中一向居于优势的博多、门司等地商人，受到以界町为首的细川派商人的挑战。不仅如此，甚至在组成遣明贸易船队时所雇佣的船和船夫，也受到职市势力的竞争。在"应仁之乱"后，对明贸易船的组织形式发生变化，幕府及武士大名、寺院等从直接参加贸易逐渐演变成从贸易中提取"抽分钱"的经营主，而客商和从商人逐渐走上前台变成遣明船贸易的承包者。

随着日本国内的政治局势恶化，倭寇死灰复燃

"应仁之乱"的战争耗费了交战各方大量经费，因而都企图从对明贸易中获取巨利，应付战争开支。然而幕府和细川派一方只有旧勘合而无成化新勘合，大内氏一方虽有新的成化勘合，却无金印因而提不出国书。双方都曾转托朝鲜致意明政府，是否按现状赴明贸易，但此时的朝鲜国王已经从老谋深算的李瑈换成了年轻气盛的李晄，年仅20岁的李晄对这种外交事务并不感冒，因此表示拒绝斡旋。无奈之下室町幕府与细川氏便只能拿着旧的勘合符，以界町商人为主组织第5次遣明船。

第5次遣明贸易代表团由竺方妙茂为正使，仍是船3只，人300，携景泰旧勘合和国书，于日本文明八年（1476）四月从界町出发，走南海路从琉球航路赴明。成化十三年（1477）九月至北京。在国书中申明，"敝邑多虞，鼓角未息"，成化勘合为盗所夺，请以景泰勘合验收。特别提出请求，因战乱，国库索然，要求按永乐年间例赈施铜钱。明礼部虽以无先例可援，但经竺方妙茂辞笃情切的恳求，终于破例赐铜钱5万文以及回赐和赠将军的礼品。竺方妙茂于成化十四年十月回国。

日本文明十五年（1483）底，室町幕府组织第6次遣明贸易使团，由于璞周玮任正使，船3只，全由界町商人承包。回国后，界町商人海船拿出四千贯铜钱，其余归己。此后这种承包制便成为遣明船贸易的主要形式了。该代表团于成化二十年（1484）十一月至北京朝见明宪宗朱见深，在国书中再次重申"抑敝邑久承焚荡之余，铜钱扫地以尽，宫库空虚，何以利民？今差使者入朝，历求在此耳"，"愿得壹拾万贯，如满所求，则所赐无大于此"。但是，这时明政府的经济状况也在恶化，因而对日本贪得无厌的索求表示反感。明宪宗朱见深召见使者特别指出，以前赴明使者闹事须引起重视，今后使者必须选择识礼守法之人，勿再生事。以后贡物和册搭货物不准过多，应按宣德例。物薄情厚，以小事大之诚，不在良物也。

日本明应四年（1495），室町幕府组织第7次遣明贸易团。大内氏由于无国书虽有成化勘合而不能实现对明贸易，在幕府的斡旋下，大内氏和细川氏共同组成第7次贸易代表团。幕府与细川氏带景泰勘合，大内氏带成化勘合。由尧夫寿奖任正使，一行6船（幕府一只、细川3只、大内氏2只），于弘治九年公元1496年初至京，五月回国。因贸易团成分复杂，在返国途经济宁时，日本使团成员强行购买货物，引起口角，

持刀杀人。所司上奏，明孝宗朱祐樘随即命令以后只许日使50人进京，其余留在船上，严加提防。

　　明孝宗朱祐樘显然预感到了危机，但让日本使团待在船上并不能保证不出问题。中日之间发生了著名的贸易纠纷——"宁波之乱"。公元1511年，大内氏和细川氏架空了室町幕府，假借"日本国王源义澄"（足利义澄）而包揽了第8次"勘合贸易"。此例一开双方都自然可以撇开对方，独占利润。不过细川氏还未从1507年爆发的内斗"永正错乱"中恢复过来，大内氏却在室町幕府频繁的内乱中如日中天，因此在公元1511年的朝贡过程中，大内氏不但占据了正使的位置，还顺利地获得了明帝国的"勘合银符"，这意味着公元1523年的第9次勘合贸易自然将被大内氏强行"连庄"了。

　　对于大内氏公然破坏江湖规律的"黑吃黑"，细川氏倒也并非无计可施。因为在细川家商团之中有一位名叫"宋素卿"的外籍雇员。"宋素卿"本名朱缟，祖籍浙江鄞县。朱缟家世代经商，本应属小康之家。但他的叔叔朱澄却在对日贸易中偷奸耍滑，最终在无法按时交货的情况下不得不将朱缟抵债给了日本商人汤四五郎。作为一个被贩卖的儿童，朱缟在日本的境遇已无从考证。但是可以肯定的是，朱缟最终步上了叔父和养父的后尘，进入了中日贸易领域却是不争的事实。而兼备中日两国的背景，最终令改名为"宋素卿"的朱缟自诩左右逢源。其长期在中日贸易中，利用金钱和谎言建立了非凡的人脉。

在自己的同胞面前，宋素卿自称是日本国王的女婿，而在公元1511年跟随朝贡商团从中国返回之后，宋素卿又穿着明帝国官服"飞鱼服"，更引来日本朝野一片艳羡的目光。应该说明武宗朱厚照执政期间对封赏向来随意，"飞鱼服"武弁自参将、游击以下都可以穿。宋素卿以千两黄金行贿于正德皇帝身边的贪财弄权的太监刘瑾，从非正常途径得到了这样一件衣服倒也不是什么难事。而宋素卿从中更看到了明帝国内部的腐败，尽管细川氏手中只有明孝宗朱佑樘执政时期（1488年至1505年）发出的弘治年间"勘合符"，宋素卿依然认为可以瞒天过海。

公元1523年四月间，大内氏和细川氏的朝贡船先后抵达了宁波港。应该说此时两家实际上都没有明世宗朱厚熜政府所发放的"嘉靖勘合符"，但是大内氏所持有的"正德勘合符"毕竟距离较近，因此大内使团上下都认为胜券在握，所以并不在意。而细川使团则做贼心虚，通过宋素卿上下打点，最终成功贿赂了市舶司主管太监赖恩。在"潜规则"的作用之下，细川氏的朝贡船得以优先入港查验。而在5月1日的招待宴会上，细川氏使团又被赖恩安排在相对尊贵的右手一侧。

客观地说事情发展到这里，深谙官场游戏规则的太监赖恩并没有关上大内氏朝贡的大门，以明帝国历年以来对日本朝贡船只来者不拒的惯例，大内氏也绝不至于血本无归。但赖恩和宋素卿显然都错误地低估了日本人执拗的个性，在宴会之上大内氏正使宗设谦道当然发作。在与细川氏的鸳冈瑞佐争执一番之后，宗设谦道随即动员大内氏的商贾和水手冲入明朝海关，打开东库，抢出按规定收缴保存的武器，攻入嘉宾堂。细川派的正使鸳冈瑞佐因无武器，立被斗杀，宋素卿逃出，在府卫军卒的保护下避于十里外的青田湖。宗设谦道率众纵火焚毁嘉宾堂、然后率队伍沿灵桥门外北行经东渡门至和义门外，烧毁泊于该处的宋素卿船。其后，追寻宋素卿至余姚江岸，又迫近绍兴城下。在折回宁波时，沿途杀掠。一路上掳走指挥袁琏、百户刘恩，杀死百户胡源。至宁波后，大掠市区，夺船逃向大洋，备倭都指挥刘锦、千户张捏率军追赶，不幸战死。宗设谦道一伙在逃回本国途中，一船因遇风漂至朝鲜海面，朝鲜守卫军诛杀30，生擒20，缚献明朝。

　　"宁波之变"的发生，固然暴露了明帝国江浙一带承平日久、海防松弛的弊端，但更为严重的是明帝国在处理这一外交事务的过程中，不仅没有追究太监赖恩渎职、受贿的罪名，更草率地采取了断绝"勘合贸易"，废除福建、浙江两地市舶司的"鸵鸟政策"。中日贸易不仅对日本大有助益，同时也滋养着福建、浙江两地的大批商贾。中日贸易的断绝随即导致了走私泛滥，民变四起。这为葡萄牙人的介入及日后倭寇的横行大开方便之门。

朝贡断绝
——朱厚熜执政初期的明帝国政治生态与明日贸易的中止

"宁波之变"表面上看是一起孤立的事件，但联系当时的日本政局却不难发现"争贡"的背后，有着更为复杂的政治因素。由于室町幕府第8代将军足利义尚病死于讨伐六角氏的"钓之阵所"，时年仅24岁，并未留下子嗣。因此在"应仁之乱"一度败于自己侄子足利义尚的足利义视，趁势将自己的儿子足利义稙推到了前台。客观地说，足利义视此举虽然出于私心，但无论从血统还是政治角度看，足利义稙继承将军之位都符合室町幕府的利益。但偏偏此时曾经支持足利义视的细川氏却看重年纪更小、更便于控制的足利义教之孙足利义澄。一场围绕着幕府将军宝座之争的内战再度呼之欲出。

公元1493年，身为室町幕府管领的细川政元联合足利义尚的生母日野富子，利用足利义稙继承足利义尚的"遗志"出兵讨伐六角氏、又卷入畠山氏内战的机会，于京都发动"明应之变"。正式废黜足利义视之子足利义稙，改立足利义澄为幕府将军。细川政元的废立行为不但师出无名，更在足利义稙兵败之后，并未对这位"前任将军"痛下杀手，最终导致足利义稙仅被幽居了两个月后便成功逃亡，于越中国的放生津"另立中央"，史称"放生津幕府"。一场类似于日本南北朝时期的内战从此展开。

足利义稙在近畿地区的活动虽然得到了不满细川大权独揽的各方势力的支持，但就在足利义稙动员包括延历寺、根来寺和高野山等寺院僧兵在内的大军杀奔京都之际，盘踞近江国的六角氏再度扮演了"将军杀手"的角色。在琵琶湖畔，足利义稙麾下大军面对六角氏的攻势迅速暴露了乌合之众的本质。无奈之下足利义稙只能辗转前往本州岛西部，依附于曾经在"应仁之乱"中反对过自己父亲的大内氏。

命运多舛的足利义稙（木像）

时任大内氏首领的大内义兴虽然接纳了足利义稙，但并不急于火中取栗替其夺回幕府将军的宝座。而是扛着足利义稙的大旗扩大自己北九州地区的势力。直到公元1507年，号称"半将军"的细川政元因自己3个养子之间的纠纷而遭到暗杀，细川氏陷入名为"永正错乱"的内战时，老谋深算的大内义兴才全力资助足利义稙东进复辟。足利义稙夺回京都，再度登上了幕府将军的宝座。但足利义澄却并不甘心失败，细川氏虽然在内乱中严重失血，但也仍拥有相当雄厚的实力。两位"征夷大将军"围绕京都的控制权又拉锯了4年，直到公元1511年八月足利义澄病死，支持足利义稙的大内义兴于京都附近的船冈山击败细川澄元所部，足利义稙的统治地位才得以稳固。

足利义稙的成功复辟，对大内氏和大内义兴本人来说，可谓事业上的巅峰。公元1512年，大内义兴获得"从三位"的官爵，从此晋身公卿行列，同时又把自己的女儿嫁给足利义稙的养子足利义维，正式加入室町幕府的近臣行列。但长期"只知细川管领、不知足利将军"的细川氏却依旧呈现着"百足之虫，死而不僵"的状态，一方面投靠足利义稙的细川高国野心勃勃地想要恢复自己养父细川政元乾纲独断的权威，另一方面

大内义兴

船冈山之战中败北的细川澄元也仍不断试图展开反攻。

公元1518年，跟随大内义兴出征京都的出云国领主尼子经久，因不满大内义兴微薄的赏赐，率先发动了反对大内氏的叛乱。应该说对于大内义兴不满的本州西部土豪大有人在，尼子经久的叛旗一起，立刻从者如潮。眼见自己后院起火的大内义兴不得不离开京都，投入与尼子氏的拉锯战之中。大内义兴一走，足利义稙便不得不将对抗细川澄元的军事任务交给自己并不信任的细川高国。这一时期，同为细川氏的两股人马围绕着京都展开拉锯，足利义稙本人亦首鼠两端。史称"两细川之乱"。

公元1520年，在得到六角氏等近畿势力的支持之下，细川高国击败细川澄元，随即便将足利义稙赶下台，扶植足利义澄之子足利义晴为幕府将军。但好景不长，公元1526年，由于细川高国听信谗言杀害重臣香西元盛，随即激反了香西元盛的兄弟波多野稙通、柳本贤治等人。细川澄元之子细川晴元趁细川高国政权内讧的机会，于公元1527年，从濑户内海的阿波国出兵登陆本州，拥立足利义晴之弟足利义维为将军，设立堺町公方府。两个将军并立的局面再度出现。

面对细川晴元咄咄逼人的攻势，细川高国兵败自戕。但正所谓"六亲同运"，掌控了京都之后的细川晴元也对自己麾下的重臣三好元长猜忌有加。公元1532年六月，细川晴元与日本当时新兴的宗教武装一向

东海博弈

一揆联手逼死三好元长，随即又抛弃了自己所拥立的足利义维，迎回了流浪于近江、投靠六角氏的足利义晴。足利义晴虽然回到了京都，但此时将军权威荡然无存，成为傀儡。而一直试图恢复将军权力，设立由自己亲信组成的内谈众为政治中枢，试图亲政的足利义晴与细川晴元很快再度决裂。细川晴元虽然成功地再度将足利义晴赶出京都，但与三好氏的龃龉，却最终无可避免地敲响了细川氏政权的丧钟。

大明帝国之所以采取如此荒谬的应对举措，不得不说与最高统治者明世宗朱厚熜个人性格与所处的政治环境有关。明武宗朱厚照死时无子，皇太后张氏（明孝宗朱祐樘的皇后）命太监张永、谷大用与内阁大臣商议后，以明宪宗朱见深之孙、明孝宗朱祐樘亲弟兴献王朱祐杬长子朱厚熜继位。四月二十二日，朱厚熜在奉天殿登上皇帝的宝座，是为明世宗，诏改翌年为嘉靖元年（1522）。朱厚熜以藩王入继大统，史称其"多谋"而"刚愎"。确实，年仅15岁的朱厚熜绝非是不谙世事、任人摆布的少年天子，从踏入京城之日起，他便显示出君临天下的威势。

四月二十二日，当朱厚熜来到京城外的行殿时，在即位礼仪上便与内廷和内阁发生了争执。礼部官员具议请世宗依皇太子即位礼，由东安门入居文华殿，择日登极。朱厚熜则认为自己是来继承皇位的，应从大明门入宫在奉天殿即位，拒绝行皇太子即位礼。内阁首辅杨廷和"固请如礼部所具状，帝不许"。最后，内廷与内阁只得让步。第一次较量，朱厚熜便以皇帝的权威压倒了内廷与内阁。

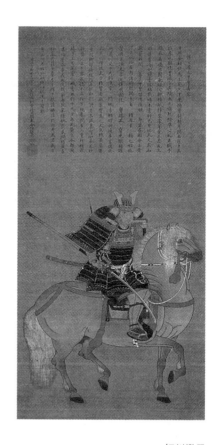

细川澄元

明世宗朱厚熜

内阁首辅杨廷和在明武宗朱厚照去世至明世宗朱厚熜即位的37天内总揽了朝政。在这段时间内，杨廷和做了几件为世人所称道的事：首先他以武宗遗诏的名义，罢威武营团练诸军，革皇店，遣还豹房番僧、少林僧、教坊乐人等，放遣四方进献女子，停止京师不急工务等；其次则是收捕江彬。明武宗朱厚照死后，平虏伯江彬拥重兵在肘腋间，他自知"天下恶之"，在反与不反之间正自犹豫。杨廷和适时提醒皇太后发布懿旨，谋划捕捉江彬，为天下除去一大祸患。最后杨廷和还草拟朱厚熜的登基诏书。

杨廷和所草拟的诏书长达八千多言，对时事多有兴革，如诏复武宗朝因忠直敢谏而去任降调的官员，裁汰锦衣诸卫、内监局旗校工役14万多人，减漕粮153万余石，斥去恩幸得官者，查禁各地镇守官科敛财物等。登基诏书的颁布，使"中外称新天子圣人，且颂廷和功"。无疑，杨廷和所做的这几件事都是顺应民心、有利于巩固明皇朝统治的，因此，杨廷和在朝廷内外获得了极大的声望。声望加上权位资历，使杨廷和在朝中的势力陡增，亦使他能借此与羽翼未丰的少年天子朱厚熜相抗衡。

朱厚熜自知在行政事务上不可能与老官僚杨廷和相抗衡，只能在礼仪问题上寻找机会敲打对手。朱厚熜即位5天后，令礼官集议自己的父亲兴献王朱祐杬的主祀称号。礼部尚书毛澄请示杨廷和以后，会同公卿台谏60余名官员上疏：以朱厚熜为入继之君，应效汉定陶王、宋濮王故事，也就是说朱厚熜

164

要尊自己的伯父明孝宗朱祐樘为父亲，自己的亲生父母则降格为"叔父母"。

朱厚熜阅疏，恼火地说："父母可移易乎？其再议。"毛澄等仍坚持前议，杨廷和也亲自上言要皇帝服从礼部之议。朱厚熜坚决不从。此时，观政进士张璁上《大礼疏》，提出与杨廷和不同的"继统不继嗣"的论说，朱厚熜得到支持很高兴，即将杨廷和招来，宣布要"尊父为兴献皇帝，母为兴献皇后"。杨廷和也不肯让步，"先后封还御批者四，执奏几三十疏"，并公开声称：在这个问题上，"异议者即奸谀当诛"。到了十月间，杨廷和见势不得已，乃草敕下礼部，称奉慈圣皇太后懿旨，"本生父兴献王宜称兴献帝，母宜称兴献后"。朱厚熜暂时接受了这个妥协的结果。

"宁波之变"发生之时，恰逢皇帝朱厚熜与以杨廷和为首的官僚集团处于紧张对立之际。赖恩等太监作为皇帝的近臣此时便成为了朱厚熜最为信任的人。赖恩收受宋素卿贿赂为其开脱，宁波府官吏大多走太监赖恩的门路，与其统一口径，上报政府。这样，在宁波府关于"争贡事件"的上报中，宋素卿便成为日本进员贸易的正使，因揭发不是正使的宗设谦道玩弄奸诈时而遭追杀。因此宋素卿无罪，应追究宗设谦道，以杜绝今后之祸。

然而明政府官吏中并非全都昏庸无知，尚有刚正不阿之人。御史熊兰等弹劾宋素卿行贿、太监赖恩受贿，事件发生后又不加以制止，分守参政、副使等拱手观望，听凭夷人纵横，皆应治罪。经过近半年的争论，事件起因逐渐清楚，始定宋素卿罪并死于狱中。但是太监赖恩及其党羽，不仅没有治罪，反而各有升迁。嘉靖四年（1525），琉球入贡使郑绳回国，朱厚熜令琉球国王转交日本将军一信。信中要求逮捕造事元凶宗设归案，送还掳去指挥袁班及一应民众，不然将闭绝贡路。

朱厚熜的信，琉球国王于日本大永七年（1527）转至幕府。同年8月幕府又托琉球将回信转交明帝国。足利义晴在信中极力恭维朱厚熜，以求保证贡道畅通，而在所附别幅中，则按细川派的观点对争贡事件作了辩解。说明正德勘合未达京都，使用弘治勘合的原委。同时，表明袁班及一应群众，于前年已治船相送，因风尚阻留于九州，不日当归国。最后声称所赐金印因兵燹丧失，所以信无印章而用花押，希望再赐金印和勘合以利进员。并要求放回所押宋素卿。明政府礼部接信后见无金印章，以夷情狡诈不可送信为由，再令琉球转告将军，必须擒宗设送回袁班，方可重新颁给勘合与金印。

大内氏同样不愿使进贡贸易渠道受阻，因而在宗设谦道回国不久，也于大永五年（1525）即派家臣赴朝鲜，告知争贡原委，求代向明政府斡旋。大内氏家臣亦带将军义晴的信件。其中说，弘治勘合为奸徒所窃，宗设谦道在明发现，追杀至余姚县，为武官袁班掩护逃走，故擒袁班回日。来年将送袁班回国，先求朝鲜国王转达。大内氏与细川氏各持将军义晴的信，而观点恰恰相反，明帝国由此可知，室町幕府已成为国内大武士进行斗争的手中工具了。不过明朝官员并不知道大内氏在内战中夺得明帝赐给将军的金印。所以大内氏所呈将军国书盖有印章，而细川氏所呈将军国书只能用花押。因此采信了大内氏的说法。在大内氏正与朝鲜王交涉之时，得知界町商人通过琉球已与明政府发生联系，颇为吃惊。于大永七年（1527）派使赴觅球参加其琉球国王尚清的即位典礼，并质问其王为何不将明国书交于大内氏。不过此时的琉球国王尚清正在积极谋划统一琉球诸岛的军事行动，无心参与明日之间的外交纠葛。公元1537年，尚清率军北伐，攻取奄美群岛。琉球王国终于将势力扩张到整个琉球列岛，确定了北起喜界岛、奄美大岛，南至宫古、八重山群岛的疆界，即琉球史书中所称"三省并三十六岛"。琉球王国的崛起自然也影响到了细川氏的南线贸易航道。

在这样的情况下，大内氏经过一系列精心准备，于天文八年（1539）四月，欲自己组成第10次对明贸易团。湖心硕鼎任正使，率三船由肥前五岛出发驶向宁波。嘉靖十八年（1539）五月，船至宁波，上报明政府，令所在巡按御史督同三司严加译审，果系效顺，如例起送，并只准50人进京。船中所有剃刀、小刀类凡属铁器，皆拟兵器例缴藏东库。嘉靖十九年（1540）三月，正使硕鼎等至京，要求将没收宗设和宋素卿的货物拨还，发给新勘合。

明帝国礼部则出面驳回，提出："宗设干犯国法，没收货物系有罪之赃，岂可拨还？宋素卿货物已烧杀殆尽，无凭拨还。今宗设、袁指挥未见下落，推许入贡已是天恩，还想其他，敬顺之意何在？"硕鼎虽然争辩说："宗设已在受刑，袁指挥在嘉靖十年（1531）送还途中遇风漂没。愿以使臣自身留明朝代受国刑赎罪，务乞拨还宗设、宋素卿货物。"由于礼部坚持原议，硕鼎无所获遂于五月辞京，八月自宁波返回。

碰了一鼻子灰的大内氏并不甘心失败，天明十六年（1547）春，大内氏组成第11次也是最后一次对明贸易团。由策彦周良率领，船4只、637人，于五月至定海。因距十年一贡期限尚有一年，定海所坚决阻回，不得已于七月驶离定海，在附近回航以待贡期。嘉靖二十七年（1548）六月，策彦所率大内氏对明贸易船，再次要求驶进宁波港，但距贡期仍有数月。巡抚朱纨奏请允其提前进贡贸易，并增加进京人数为百人。策彦要求新颁勘合，因弘治、正德旧勘合仍未缴回，故命下次贡期缴回之后再行颁发。八月初策彦率船回国。至此，近百年的明日朝贡贸易结束了。

明日朝贡贸易的终结虽然由"宁波之变"引发，但背后却有着双方经济上的考量。明帝国方面随着土地兼并、政治腐败等原因，财政收支日益吃紧，勋戚豪族的大肆兼并田地，势必导致国家所掌握的额田大量减少和赋税的相应减少。嘉靖时，天下额田已减少一大半，国家的税收财政已无以为继。面对这样的局面，朱厚熜虽于嘉靖八年（1529），敕谕户部清查庄田，对强占民田者，俱还原主，但收效甚微。

另一方面朱厚熜本人沉迷于道教文化，其入宫后不久，便与道教结缘。嘉靖二年（1523），太监崔文等在钦安殿修设醮供，请朱厚熜拜奏青词。接着，召江西龙虎山上清宫道士邵元节入京，专事祷祀，封为真人，统辖朝天、显灵、灵济三宫，总领道教。并给邵元节的最高礼节是拜礼部尚书，赐一品服。另一个真人陶仲文则加少师兼少保、少傅，位登三孤。

因朱厚熜崇信道教，嘉靖朝有相当一批官员投其所好，并借此晋升。做醮事要撰青词。所谓青词，没有实在的内容，要求形式的工整和文字的华丽、吉祥。如宫中有一只猫最得世宗喜爱，死后葬于万岁山畔，碑名虬龙冢，大臣的悼词中称作"化狮作龙"。朱厚熜所任用的官僚之中袁炜、郭朴等人便因投皇帝所好，被讥为"青词宰相"。另外，于嘉靖二十一年（1542）入阁的严嵩，嘉靖三十一年（1552）入阁的徐阶，虽然有更为复杂的政治背景，但他们也都善撰青词，这对他们在权力斗争中取得朱厚熜的信任，巩固他们的权势地位，起了相当大的作用。

随着道教在明帝国政治活动中的作用日益加大，政府在这个领域开支也随之水涨船高。例如，斋坛匾额要用赤金书写："时每一举醮，无论他费，即赤金亦至数千两"，"其操笔中书官，预备大管，泚笔令满。故为不堪波画状，则袖之，又出一管。凡讫一对，或易数十管，则袖中金亦不下数十铢矣"。有的中书官因善书写而升卿贰，有一中书官因善揩油而致富，有一中书官既升了官又发了财。

此消彼长之下到了朱厚熜执政中期明帝国财政已经到了"边供费繁，加以土木、祷祀，月无虚日，帑藏匮竭。司农百计生财，甚至变卖寺田，收赎军罪，犹不能给"的崩溃边缘。这样的情况之下，明帝国自然无心再继续需要财政投入大量开支的明日贸易。

五峰徽王
——明日贸易的断绝与中国海盗集团对日本的渗透

大明帝国对朝贡贸易虽然不再积极，但日本方面如果能够严格按照此前的贸易协定，表达足够的诚意，仍有希望令大明帝国重新打开国门。但偏偏此时日本方面国内群雄割据混争，即所谓战国时代已然开始。各地守护等忙于国内战争，无暇顾及对明贸易，就在细川氏族日益没落的同时，大内氏在本州岛西部的日子也不好过。尼子经久拉拢毛利氏当主毛利幸松丸的监护人、其叔父毛利元就，两家更合兵攻击大内氏在安艺西条的桥头堡镜山城，毛利元就运用离间计内通城主藏田房信叔父藏田直信，得其协助破城，藏田房信自尽。大内氏同时在各地战线也被尼子氏压倒。

大内义兴虽然于公元1524年部署反击，以嫡子大内义隆为帅出兵安艺，攻击尼子氏盟友安艺武田氏，包围其居城佐东银山城。在尼子氏大举增援的情况下，大内氏的军队不得不主动撤退。这一阶段大内氏唯一的战果，是已继任毛利氏家督的毛利元就怨愤尼子经久暗中支持其弟相合

日本人眼中的葡萄牙货船

元纲叛乱，宣布重新归顺大内氏。公元1529年，大内义兴于山口馆病逝。而他的继承者大内义隆所要面对的则是一条犬牙交错、无比复杂的战线。

大内义隆就任家督之初，颇有几分励精图治的气象。他率军进攻北九州，与大友氏、少贰氏激战连场，一度支配了海盗世家松浦氏，灭亡少贰家，完成北九州的经略。公元1537年，受将军足利义晴邀请，大内义隆试图再度进军京都。但在途经尼子氏领地之时，却连连失利。特别是公元1542年，在攻击尼子氏主城月山富田城的战斗中，大内氏军队一败涂地，被大内义隆寄予厚望的养子大内晴持也战死沙场。

此战之后大内义隆失去对政治的兴趣，沉迷于玩乐与文化事业，因重用文治派的相良武任而导致军队的反叛。公元1551年，大内氏军队领袖陶晴贤，发动"下克上"叛乱，大内义隆发现自己已经丧失了对军队的控制权，在略作抵抗后于八月底逃到大宁寺。9月1日，大内义隆于长门的大宁寺自裁，享年45岁。史称"大宁寺之变"。

大内义隆自戕之时，恰逢大内氏所主导的第11次对明贸易船回国后不久，国内动乱，已无人再行组织对明贸易。加之，明沿海倭寇、海盗出没无常，正式贸易船极易遭受攻击，大内氏的第11次对明贸易船的第3号船，在返国途中，曾遭受28只海盗船的围攻，死伤许多船员。但日本政府不再组织官方朝贡贸易团，并不代表日本国内便从此断绝了与中国大陆的联系。恰恰是在日本国内陷入群雄割据的战国时代同时，日本对外交往呈现了井喷的姿态。其中影响最为深远的便是火药武器的传入。

近代日本史学家对火药武器的传入，大多采信"南蛮铁炮说"，即公元1543年8月28日，一艘原定行往中国的葡萄牙商船应避风而误入了九州岛南部的种子岛赤尾木港。当地领主种子岛惠时、时尧父子见葡萄牙商人携带有欧式火枪，随即以重金购置了两支，随即命巧匠八板清定予以仿制，山寨出了名为"种子岛铳"的火绳枪，按照日本人向来喜欢夸大其词的性格，这种火绳枪日后被统一称为"铁炮"。

为了标榜此举意义之重大，日本人不仅在种子岛建碑立馆，更编造了一个凄婉动人的故事：八板清定虽然成功地仿制了欧式火枪，但始终未能尽善尽美。为了实现家主的要求，八板清定只能答应葡萄牙商贾的要求，将女儿若狭姬许配了给对方。好在一年之后葡萄牙商贾再度抵达了种子岛，八板清定随即利用女儿回家省亲的机会，对自己的女婿谎称若狭姬暴病而卒。算是为这个有些虐心大剧补上了一个还算圆满的结局。

从国人的角度来看，八板清定"以女换枪"的故事充斥着无聊、低俗、讹诈和欺骗。但是在日本却脍炙人口，从真实历史的投影来看，八板清定的个人际遇与明治维新之后日本妇女大量走出国门，用青春和肉体换取日本实现工业化和现代化的宝贵外汇如出一辙。

有趣的是，日本列岛的内战中使用火器的记录早于"种子岛铁炮传入"之前便已经屡见不鲜了。不仅"应仁之乱"中的交战双方有大量使用"飞炮"、"火箭"的记录，即便是地处相对偏僻的甲斐国（今日本山梨县）的守护大名武田信虎，也有于种子岛铁炮传入的近二十年之前就有抓农夫"试枪"的恶行，由此可见日本列岛将火药用于军事领域并非受葡萄牙人的影响。

事实上蒙元帝国很早便将火药武器带入了沦为其属国的朝鲜半岛。高丽政府更频繁于以"防倭"为名向元、明两大宗主国进口火器和火药。在这样的情况下，中式火器必然通过各种形式渗透到了与朝鲜一衣带水的日本列岛。而无孔不入的中国商人更可能通过军火走私从日本谋求暴利。这一点从种子

西式火绳枪传入之前的日本火器

岛惠时父子购买葡萄牙火枪时便可窥见一斑，起初双方语言迥异，根本无法沟通，此时一个关键性人物出现了，一个"大明儒生五峰者"主动出面担任的翻译。而"五峰"正是此时横行于中日海疆的海盗头子汪直的旗号。汪直出生于大明徽州府，在这个以商贾文化而闻名的地区，汪直利用大明嘉靖年间海禁松弛之际，通过向日本、暹罗等地走私火药和丝绸迅速捞取了人生的第一桶金。随即又与同乡许栋所领导的海盗团伙合流。

值得注意的是，许栋所盘踞的宁波外海双屿岛恰是葡萄牙对华贸易中在窃取澳门之前的主要据点，《明史》载："佛郎机诸国入互市，闽人李光头，歙人许栋踞宁波之双屿为之主，司其质契。"而根据葡萄牙人品托的《远游记》中的描述，双屿岛上一度侨居的外国人多达上千人，除了葡萄牙商贾外还有大量来自欧洲其他国家的基督徒和传教士。由此可见，无论担任种子岛惠时和葡萄牙人之间的翻译是否就是汪直本人，中国走私贩子在西洋火枪传入日本的过程中都扮演了重要的掮客角色。

另一个令"种子岛铁炮传入"难以自圆其说的，是这种新型武器在日本列岛普及的速度。除了种子岛家族侍奉的萨摩岛津氏之外，远离九州的本州近畿地区也几乎同时出现了仿制的欧式火枪。与岛津氏这样的守护大名不同，在近畿掌握"铁炮"锻造和使用技术的是两股民间势力——根来寺和"杂贺众"。

根来寺无疑是日本本土生生不息的寺院势力之一，但是其信奉的是盛唐时代由和尚空海从中国引入的藏传密宗。密宗佛教虽然在平安时代盛行一时，但是由于本身的分化和唐宋之交禅宗佛教的传入而日益式微。在凡事皆讲究实力的日本列岛，密宗开始效仿日本禅宗之中分化出的天台宗延历寺组建自己的僧兵集团。而本身就是密宗内斗而自立门户的根来寺，更以"行人方"（担负杂役的下级僧侣）为主体组建了上万人的"根来众"的武装。而"杂贺众"和根来寺同处纪伊国（今日本和歌山县）北部，是以杂贺乡（今日本和歌山市）为中心的一个民间自治组织。

关于"铁炮"在近畿地区的迅速扩散，日本史学家给出的答案是根来寺的"监物"津田算长在通过自己的情报网络获得铁炮传入的消息之后，便动身前往种子岛，从惠时父子手中重金购买到了葡萄牙人两支原版欧式火枪中的一支，在带回纪伊国之后迅速展开了仿制的工作。而几乎同时，来自"堺町"（今属日本大阪市）商人橘屋又三郎也从种子岛习得了"铁炮"的制造工艺，并转而专营军火买卖。理论上日本政府官方生产的铁炮则要等到公元1544年二月，岛津义久通过管领细川晴元进献给将军足利义晴之后才最终面世。

日本史学家所铺就的这条"铁炮传播之路"虽然得到了古籍《铁炮记》的佐证，但不得不说还是漏洞颇多。首先重金买下葡萄牙火绳枪的种子岛惠时本应奇货可居，却为何轻易地就将原版和相关技术交付给了毫无渊源的津田算长（《铁炮记》作杉坊算明，究竟是另有其人还是津田化名不得而知）和橘屋又三郎呢？而要解开这个问题，或许还是要从明日贸易在16世纪中期的异化入手。

"应仁之乱"后室町幕府威权不在，长期由大内和细川两家把持的对明勘合贸易更是陷入了"竞争上岗"的激烈对抗之中。而除了在室町幕府内部争夺明帝国发放的"勘合符"之外，支持大内氏的北九州"博多商团"和以细川氏为代表的"堺町商团"更是"八仙过海，各显神通"，纷纷通过中国东南沿海的不法商贩展开了走私贸易。而借"大航海时代"的东风进入印度洋的葡萄牙人更控制了马六甲海峡，一度垄断了明帝国与东南亚的海上贸易，以至正德年间，广东口岸"朝贡日稀，番商日少，岁入锐减"。

葡萄牙人参照其征服印度的步骤，于公元1509年窃占了珠江口外的屯门岛，修筑工事之余，大肆收买当地官员，大有化屯门为东亚果阿之势。但是明帝国立国百年，虽然不免有些腐败堕落，但其军力仍非南亚次大陆的一干苏丹国可以比拟的。对于自称"满剌加国"（即马六甲的音译）王子的"求援国书"，明世宗朱厚熜可以不理，但是在接到了葡萄牙人在广东沿海"大造火铳，劫掠村镇"的报告之后，明帝国却不能再无动于衷了。于是1521年八月，中国与西方之间的首次海上交锋——"屯门海战"随即拉开了序幕。

在"屯门海战"之中，葡萄牙海军所装备的大型帆船虽然犀利，但却最终难敌明军"火船冲击"和"水鬼凿底"的上下夹击，最终在明帝国大军"遇佛郎机船可立毁之，遇佛郎机人可立杀之"的严厉整肃之下，葡萄牙海军一年之后又败于广东新会。自此不敢再轻易尝试其屡试不爽的武力入侵了。而明帝国也在两次大胜之余，大量吸收和仿制战场上缴获的"佛郎机铳"，日本人奉为至宝的"铁炮"在明帝国军队之中实际并不稀奇。

宁波外海的双屿岛，充当起了中日走私贸易的"大买家"和"保护伞"。在这样的情况下，欧式步枪流入日本市场也就在情理之中。而巧合的是"铁炮"传入日本本土之时，除了正值汪直的走私团伙频繁往来于葡萄牙和日本之外，也正值明帝国准备对双屿岛实施武力清剿的前期。葡萄牙人和汪直是否有化日本为其后方军工厂，进而与明帝国长期对抗的计划，世人不得而知。公元1548年四月，明帝国闽浙总督朱纨率军扫荡双屿岛，不仅将岛上的葡萄牙人杀戮殆尽，更"聚木石、筑塞港口"，彻底中止了葡萄牙人在浙江外海的活动。

一年之后，朱纨又在福建漳州府走马溪，突袭了正在与当地商旅交易的葡萄牙商船。尽管朱纨本人因在走马溪之役中擅杀了"通番"的96名当地商贾而遭遇弹劾，最终含恨自尽。但深刻感受到一个东方帝国的愤怒之后，葡萄牙人不得不改变了策略，在将贸易重心转为广东的同时，

屯门海战复原图

积极配合明帝国当地政府清剿海盗，疏通关系，最终得以于1553年获准入住当时被称为"濠镜"的澳门。

　　失去了葡萄牙人的支持，许栋和李光头等海盗集团相继被朱纨剿灭之后，汪直遂另起炉灶，自立为船主。"遂起邪谋，招聚亡命，勾引倭奴多郎、次郎、四助、四郎等，造巨舰，联舫百二十步，可容二千人，上可驰马"。汪直成为当时东亚一个大型武装海商集团的首领，并接受日本战国大名松浦隆信的邀约，以九州外海属于肥前国的平户岛（属今长崎县）并以日本萨摩国的松浦津为基地，从事海上贸易。汪直号称"五峰船主"。而田汝成所著的《汪直传》则更进一步宣称："（汪直）据萨摩洲之松津浦，僭号曰宋，自称曰徽王，部署官属，咸有名号。控制要害，而三十六岛之夷皆其指使。"

　　嘉靖三十一年（1552），汪直吞并福建海盗首领陈思盼。汪直将大本营移到日本的松浦津，自称徽王，并不时派部下引导倭寇袭击中国内地。当时"海上之寇，非受（汪）直节制者，不得存"。海禁严厉的明朝兼有海盗（倭寇）的活动，有大量是中国沿海居民，由商、民转为寇、盗。开始时，汪直仍对朝廷抱有极大的期望，在地方官员默许"私市"的暗示下，他主动配合官府，十分卖力，平定了陈思盼等多股烧杀掠夺的海盗，维持沿海秩序，逐渐确立了自己"海上霸主"的地位，并试图在舟山沥港重建双屿港的繁华。然而明廷背信弃义，嘉靖三十二年（1553）闰三月一个深夜，总兵俞大猷率官军偷袭沥港围歼汪直。汪直遣徐海、陈东、萧显、叶麻等勾结倭寇，后败走日本。双屿港与沥港的相继覆灭，让浙江的国际海上贸易网络遭受重创。

　　嘉靖三十三年（1554）四月，胡宗宪受命出任浙江巡按监察御史，官至兵部左侍郎兼都察院左金都御史，总督南直隶、浙、福等处军务，负责东南沿海的抗倭重任。为招降汪直，胡宗宪先将汪直的老母、妻儿放出监狱，优裕供养，后遣使蒋州和陈可愿至日本与汪直养子王滶（毛海峰）交涉，遂见汪直，晓以理，动以情。当得知亲人无恙，他不禁喜极而泣，并向来使诉苦："我本非为乱，因俞总兵图我，拘我家属，遂绝归路。"而对于通商互市的承诺，他更加无法抗拒。汪直表示愿意听从命令。汪直将蒋州留在日本，为表示诚意，他命毛海峰护送陈可愿回国面见胡宗宪，具体商量招抚和通商互市事宜。胡宗宪厚抚毛海峰，使

一生毁誉参半的胡宗宪

汪直消除了疑虑。

嘉靖三十七年（1558）二月五日，汪直被杭州谒巡按王本固诱捕，据《倭变事略》载：三司集议时曰："汪直始以射利之心，违明禁而下海，继忘中华之义，入番国以为奸。勾引倭夷，比年攻劫，海宇震动，东南绎骚。……上有干乎国策，下遗毒于生灵。恶贯滔天，神人共怒。"《世宗实录》卷478载：胡宗宪谓："（汪）直等勾引倭夷，肆行攻劫，东南驿骚，海宇震动。臣等用间遣谍，始能诱获。乞将直明正典刑，以惩于后。宗满、汝贤虽罪在不赦，然往后归顺，曾立战功，姑贷一死，以开来者自新之路。"明世宗朱厚熜由此下诏表示："直背华勾夷，罪逆深重，命就彼枭示，宗满、汝贤既称归顺报效，姑待以不死，发边卫永远充军。"

不过汪直至死也不肯承认勾结倭寇入侵之罪，早先面对胡宗宪的指责，他便反驳道："总督公之听误矣！直为国家驱盗非为盗者也！"下狱时亦连声追问："吾何罪？吾何罪？"还写下了《自明疏》，理直气壮地申辩："窃臣直觅利商海，卖货浙福，与人同利，为国捍边，绝无勾引党贼侵扰事情，此天地神人所共知者。"历数自己剿贼的功劳后，他仍祈求皇上开放海禁，并承诺"效犬马微劳驰驱，愿为朝廷平定海疆"。

嘉靖三十八年（1559）十二月二十五日，汪直被斩首于浙江省杭州府宫港口，临刑前见儿子最后一面，子抱持而泣，汪直拿一根髻金簪授其子叹曰："不意典刑兹土！"伸颈受刃，至死不挠。其妻子被赏给功臣之家为奴。

毛海峰得知汪直下狱后，诛杀肢解人质夏正，噩耗传来，胡宗宪"亲临海边望祭之，恸哭不已，军将皆堕泪不能仰视"。

汪直被处死后，由于群龙无首，倭寇之患又严重起来。据《国榷》卷62载：谈迁云："胡宗宪许汪直以不死，其后议论汹汹，遂不敢坚请。假宥汪直，便宜制海上，则岑港、柯梅之师可无经岁，而闽、广、江北亦不至顿甲苦战也。"汪直死前所说的"死吾一人，恐苦两浙百姓"一语成谶，很快"新倭复大至"。闽广遂成倭患的重灾区。

鏖战闽浙
——明帝国抗倭战争的高潮和得失

在明日进贡贸易的百余年间，倭寇不论在人数还是在武装集团的规模上，都有了较大的发展。早在宣德年间，日本的倭寇以各地武士为核心，形成了许多较大的武装集团。例如，大内氏统辖志贺、灶户社岛等倭寇，宗像氏统辖内外大岛的倭寇，大友氏统辖丰后沿海的倭寇，志佐、佐志、田平、呼子等松浦诸氏统辖隐歧、平户各地的倭寇，等等。

其中以大内氏所辖的倭寇集团最多，人数最众，势力也最大。在他支配下的小股倭寇不算，光是打着八幡大菩萨旗帜的大股倭寇就有：濑户内海院岛的村上源氏一族、来岛兴岛河野氏一族、艺州能见岛的乃美式部大辅、备前儿岛的四宫隐歧、赞州盐饱岛的宫本佐渡和吉田妹尾、直岛的高原左卫门、周防大岛的源艺秀、备后的藤原忠义、伊予镰田的源贞义、丰前农岛的野井邦吉等十大集团。这些大小股倭寇的活动都受大内氏的约束。

尽管倭寇武装大股集团较以前有很大的发展，但是，将军以及各大武士、大名守护为保证对明贸易渠道的畅通，对倭寇的劫掠行动有所约束。甚至是大内氏等，都对明朝有过约束倭寇劫掠的表示和行动。因此，在明日贸易的百余年内，倭寇虽有发展但劫掠的次数并不很多，为祸不烈。在嘉靖中起明日进贡贸易中断以后，情况为之一变。参与日本内战的大名、守护都极其需要铜钱，而日本国内长期使用流通货币是中国造铜钱，日本国内，并无造币的能力。日本国内一度也曾有过自造铜钱，但质量极差，后来不得不以重量为基准进行流通。

被视为"日本造币局"的大明帝国，突然关上了大门拒绝贸易，这等于是切断了为他们输送铜钱的渠道。他们为了战争的需要，同时也是

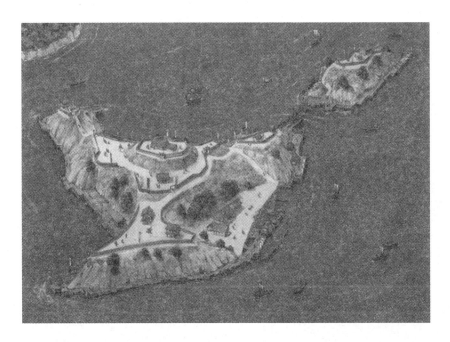

瀬户内海中的日本海盗基地

为了自己的生存，不仅不再约束倭寇的劫掠活动，而且还自行组织亦寇亦商的商船队，加入日本商人的走私贸易船队中。这些"载其方物，出没海道，得间，则张其戎器而肆侵夷；不得间，则陈其方物而称朝贡"。明沿海防倭哨船，很难区分哪些是倭寇船，哪些是私商船，因而遇船既行追捕。浙、直追捕教紧，他们则奔福建，福建捕急则奔广东。这种商船交易方式简陋，搭棚于地，铺板其上，陈货而售，违禁品如刀剑之类则藏于船内。

这种亦商亦盗的模式和倭寇劫掠虽然结合起来，但其劫掠动火还只在沿岸还没有深入内地。当明朝沿海海盗和私商与倭寇勾结起来后，遂使倭寇的劫掠发生巨大的变化。明沿海海盗和私商利用明将吏惧怕倭寇的心理，投靠倭寇以遂其劫掠和走私之奸；而倭寇也利用海盗、私商熟悉地理和内情得以放手劫掠。这样，倭寇的劫掠活动不仅达于极点，而且范围也从沿海深入内地。他们互相利用，狼狈为奸，劫掠焚烧，杀戮奸淫，生灵涂炭，村舍荡然。受害范围波及山东、江苏、安徽、浙江、福建、广东六省，而以江、浙、福、广沿海最为严重。

有明一代倭寇为患从未停止过，洪武时期曾出现过一次小高潮，由

西方画家笔下凶残的倭寇

于朱元璋全力防倭，并未酿成大患。至嘉靖时期倭寇窜扰骤增，形成大害，延续数十年。究其原因，虽有日本进入战乱不定的战国时代，各大名支持怂恿倭寇四出劫掠的外部因素，但更主要的是明政府内部因素起了作用，这就是所谓的养痈成患。

首先是海防军备松懈。明初由于朱元璋的重视，沿海卫所制度井然，兵员充足，战船齐备，训练有素，战斗力强。至嘉靖时期，承平日久，武备日弛，病员锐减，战船敝败，十存一二。洪武时期，每卫兵额五千，至嘉靖时期，有数字可查者，除福建永宁一卫兵员足额外，其余各卫所无一足额者。北自辽东、南至广东，水陆各卫所兵员在籍数，为原额的百分之二十二至五十七不等。兵员在籍数字如此不足，士兵战斗力下降尤为严重。

各卫所在籍兵员多为老弱无能之辈，带兵官员亦皆武艺平庸，多不习战阵之人。将领不通战术，常被倭寇以少胜多，出兵剿倭，屡中埋伏，往往全军覆没。柴家鹿一战，倭寇以42人伪装成逃难者，乘其不意杀散官兵千余人，死一协总、一指挥、二千户、三百户及士兵六十余人。浙江兵备副使刘熹督兵五千，进攻陶宅倭寇据点，倭寇仅以二百人迎战。明军望倭寇而四散奔逃，未及一弓一矢居然就只剩刘熹与家丁扈从二十余人，刘熹引弓射之，倭寇不敢进逼，仅以身免。明军如此无能，倭寇自然无惧，所以敢于飘忽往来，窜扰各地，劫掠烧杀，惨绝人寰。

嘉靖三十四年（1555）七月，倭寇六七十人，流劫浙、皖、苏三省，攻掠杭、严、徽、宁、太平等州县二十余处，直逼留都南京城下。流窜数千里，杀伤四、五千人，死一御史、一县丞、二指挥、二把总，历时八十余日，始被击溃。当倭寇自芜湖直逼南京安德门下时，明著名学者后来历任政府要职的归有光正在南京城内科考。据其目睹情况：南京举城鼎沸，军民皆惊。问之，倭寇不过五十余人。而当时南京守城明军约12万，其他明军尚不计算在内。留都兵部尚书张时彻、侍郎陈洙等闭门不敢出兵。相反，命令市民自备粮械，登城守卫。市民被迫"典煮供备、常从后罚、冤号之声、缢于衡路"。当时还是一个考生的归有光愤而问道："平昔养军果为何？"拥有12万大军的明留都兵部尚书，不敢与只有五十余人的倭寇作战，可见并非是倭寇之如何厉害，实在是明庭大吏过于腐朽，明军将士过于无能而已。

嘉靖四十年（1561），倭寇进攻福建兴化，屠戮村镇几尽。独庐浦一村，村民组织起来，自力抵御。村去兴化城仅5里，而兴化都司白震，参将侯熙登上北城楼，坐视该村被屠，竟不援救。尤其可恨的是，官军怯于倭寇而掠于民，往往倭寇劫掠于前，官军以追剿为民而掠杀之于后，杀良冒功，反而得赏。民苦于兵，而甚于倭寇。

胡宗宪派总兵张四维御守福建浙江边境，张四维纵兵劫掠福宁南镇，惨毒之状尤甚于倭寇。领导剿倭的上层官吏，从世宗到督抚，从未有亲自临阵都督作战者，大多遥居指挥，敌情不明。在作战中互相观望，互不策应，有功则争为己有，有过则委诸他人。上下蒙蔽，互相猜忌，是非不清，赏罚不明。纵令有一些有胆有识的将官和抚臣，如张经、俞大猷等，受制于贪官污吏，非但难以在剿灭倭寇中做出贡献，反而为其所陷害，非死即调。边防军备尚如此，倭寇为患，焉得不一日甚一日。

其次是政治腐败。嘉靖时期朝政不纲，贿赂公行。刚正不阿之吏，挽谤交至；朋比宵小之人，递相升迁。而对日益严重的倭寇，世宗不是设法动用军队剿灭，却听从严嵩党徒工部侍郎赵文华的建议，祭祀东海海神以镇倭寇。赵文华以建议有功，不仅受委托去松江祭海，而且加官升职去督察浙江防务。让着重趋炎附势之徒去督察军务，只不过是给他一个搜刮民脂民膏的机会。总督浙直的干吏张经，不阿附严、赵，尽管在王江泾一战，斩倭首一千九百余级，是剿倭以来最大的一次胜利，赵文华却以"糜饷殃民，畏贼失机"的罪名谮于世宗。世宗不听张经的辩别，竟斩之西市，形成"天下冤之"的大冤狱。从此，"将吏人人解体，征兵半天下，贼寇愈炽"。相反，搜刮民膏的赵文华却在倭寇日益猖獗的形势下，以"水陆功成""江南太平"的功绩上报，明世宗朱厚熜居然相信这样的谎言，准其回朝交差。

胡宗宪以阿附赵文华，由浙江巡抚按升为总督。嘉靖三十五年（1556）倭患高潮时期，胡宗宪统辖各地主客兵20万，以如此庞大的军力和众多的将吏，却不主张武力剿倭，极力主张诱降。因为胡宗宪害怕与倭寇战争失利获罪，失掉搜刮民财的权利，同时，诱降巨魁又可掩饰赵文华欺骗世宗的罪过。胡宗宪借御倭之名，多方搜刮，聚敛财富，题增款派，漫无稽考，人民称之为"总督银山"。他用搜刮来的财富，贿赂权臣严嵩父子，以保其职位。

其三是经济政策不当。明代中期，国内商业资本发展迅速，私商海外贸易发展尤为迅速。在海外私商贸易中，江、浙、广等地私商，占有优势。在他们活跃的地区，常常形成不为明政府承认的对外贸易港。例如，漳州龙溪县的月港，当时是"北连日本，西接暹罗、琉球，南通佛郎、彭亨诸国"的大商港。这种私商贸易在海禁政策之下，只能以走私形式进行。

明政府对于这种迅速发展的海外贸易，不是鼓励而是禁止，对于从事海外贸易的商人不是支持，而是捕杀籍没。明政府根本看不到也不认识海外贸易对本国生产所起的促进作用，相反，把海外贸易当作一种要挟手段，用海禁政策迫使外国屈服以达到自己的目的。这样做，当然不可能使外国屈服，相反，却扼杀了正在迅速发展的国内外贸易。因为嘉靖时期的海禁政策执行得严，涉及面又宽，政府不准下海的禁令，把过省船运也禁掉了。福建、浙江沿海地区的交通，主要依靠的就是海运，内陆山区道路崎岖不便，禁海之后，使得在正常情况下的国内商业贸易，都被迫中断。造成了上述地区民生困苦，因此，东南沿海的渔民以及一般小商小贩，为了寻找生计，下海走私，铤而走险。

纵观嘉靖时期的剿倭战争，大体上可以分为前后两个阶段。前一阶

　　　　　　　　　　　　　　　　　　　　　　　东海博弈

段虽然有剿倭的军事行动，但是以抚为主，以剿为辅助手段。后一阶段从严嵩及其党羽失势起，特别是从戚继光训练新军起，剿倭战争上升为主要手段。戚继光原为山东防倭都指挥参事，嘉靖三十四年（1555）由山东调至浙江，升任参将镇守宁波、绍兴、台州三府以及所属各县。在胡宗宪以抚为主的方针下，直至嘉靖三十八年（1559），戚继光与倭寇作战并不顺利。

但是，在同倭寇接触过程中，戚继光总结剿倭的经验教训，认为军事剿倭不力的原因在于"兵无节制，卒鲜经练，士心不附，军令不知"、"战无号令，守无营壁"。这样的士兵不可能战胜倭寇，保卫边防。而怯台州知府潭沦曾训练新军一千，在剿倭战争中表现英勇顽强，取得不少胜利。因此，戚继光上书胡宗宪要求准许他训练新军加强剿倭力量。恰值此时，严嵩父子失势，胡宗宪主抚已无内援，而倭寇并未因为汪直等之死而稍有收敛，被迫转向武力剿倭，遂批准戚继光训练新军。

戚继光深知原来的官军怯战，不足以为持，便接受了义乌县令赵大河的建议，在嘉靖三十八年（1559）九月，亲自去义乌县招募农民出身的"矿夫"和义乌乡团四千人，带至绍兴训练。戚继光在训练新军中注意两点：其一，重视思想教育指出"民养军、军卫民"的军民关系。同

戚继光所发明的鸳鸯阵

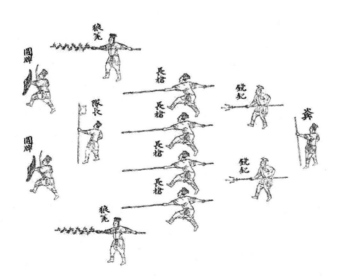

时教育新军严守纪律，不扰民，才可以取得民众的拥护。而且指出新军都是耕田出身的农民，因而要在倭寇扰民时英勇杀敌保卫农民。其二，戚继光总结与倭寇的作战经验，并根据南方地形多沼泽的特点，创造出有别于北方"方列并驱"的战斗阵法——鸳鸯阵。这是一个拥有盾牌、火器（鸟铳）、弓箭、长矛、短刀，长短武器相配合的12人战斗小组。必要时，这个小组还可以一分为二，使战斗更加灵活和适应任何地形和敌情。因此，戚继光的新军纪律严明，战斗力强。在训练新军的同时，戚继光着手整顿卫所，制造战舰，加强卫戍和海上战斗力量。

戚继光的新军，只训练了两个月，便开赴前线。嘉靖四十年（1561）四月，倭寇约万余人驾船数百只，大举入侵台、温地区。戚继光率领新军，在龙山一战，首获战功，击溃倭寇主力，余倭狼狈逃走。戚继光率领新军于花街口堵剿，倭寇溃败，追至瓜陵江悉歼来寇。这一仗救出被俘男女五千余人，是剿倭以来最大的一次胜利。同年五月，再次全歼入侵台州的倭寇二千余人，解救被俘虏男女民众一千余人。戚军凯旋之日，台州人民欢迎的行列，长达二十余里，欢声雷动。台州大捷，显示出了新军的优点，因而其他各处的剿倭将领都开始整顿部队，从而提高了军队的战斗力。至嘉靖四十一年初（1562），浙江之倭寇已基本上被肃清，残余倭寇逃往福建等地。

福建宁德近海的横屿原是倭寇的老巢，日本国内新来的倭寇又占据福清的牛田，互相支援之下，劫掠活动极其猖獗。福建军队作战不力，向明政府告急。明政府令胡宗宪调戚军进剿，嘉靖四十一年（1562）七月，戚军六千人进入福建剿倭，八月攻取横屿倭寇老巢，斩首二千六百余级，乘胜围攻牛田，肃清该处倭寇。残匪四千余人逃至兴化林墩，结垒为营，四出劫掠。戚军于夜间围攻，连克营垒六十余座，斩首千余，救出被俘群众二千余人。天明时，兴化群众方才知道倭寇已经全部被歼，当地群众扶老携幼彩帐郊迎于10里之外，载酒杀牛犒劳戚军。福建倭寇三大巢穴横屿、牛田、林墩全部被戚军荡平，获胜利班师回浙江原防地。这时胡宗宪亦因依附严嵩罪下狱，江南剿倭战争形势大为改观。

嘉靖四十一年（1562）冬，倭寇再次侵掠福建兴化，并攻陷兴化府城。在此以前倭寇只攻陷过县城，尚无攻陷过府城者，猖獗达到了极点。明帝国升任被胡宗宪陷害入狱的俞大猷为浙江总兵，戚继光副之，率军剿倭。戚继光又至义乌县招募民兵万余人，在进军途中训练。嘉靖四十二年（1563）四月，巡抚谭沦调各路军队围剿兴化府平海卫倭巢。俞大猷居右翼，刘显居左翼，戚继光居中军，同时攻入平海卫，接着收复兴化府城。斩首三千余级，解救被俘那女内三千余人。戚军紧追残寇，至马鼻、硝石岭一带，一战而歼之。嘉靖四十二年（1563）冬，海外新来之倭会合残倭万余人，再次攻掠兴化府附近的仙游，戚军进剿，歼寇二千余人，活捉翻译一名。接着于蔡家岭击溃这股倭寇，其中数百名"惯战黑吉倭"即日本武士全部被歼，对福建之倭打击最重。至嘉靖四十三年（1564）春，残倭夺船入海，福建倭患基本肃清。

倭寇在江南无立足之地，遂奔广东。明政府再调俞大猷任广东总兵，而吴桂芳提督两广兼巡抚，二人合作默契，并以戚军为例，在广州训练新军，在福建造战船八十余艘，招募福建水兵乘船在海上剿倭。俞大猷准备就绪，于嘉靖四十三年（1564）春，率军进攻倭寇巢穴绍塘，斩首数千。六月潮、惠一带倭寇悉平。嘉靖四十四年（1565）春，戚军与俞军联合进剿福、广交界处倭寇，连战皆捷，倭寇悉数就歼。嘉靖四十五年（1566），余倭在沿海岛屿站不住脚率众逃往安南，俞大猷率舰队追及全歼。至是，广东倭寇也已基本肃清。

嘉靖四十五年（1566），中国沿海倭寇老巢已经被全部荡平，大股倭寇基本肃清。与此同时，日本国内形势发生巨大变化。

明帝国的海军基地

激荡的战国时代已真正开始了。因此，日本大小大名武士都被这场全国性的战争所吸引着，竭力在战争中确立自己的地位，已经无暇再把眼光放到这场战争之外的地方了。倭寇中的日本武士浪人失去了自己的补充来源，而中国沿海岛屿又被戚继光等新军所控制，中国海盗也所剩无几，且丧失了立足点。这样，肆意掠夺中国沿海达数十年的倭寇丧失了自己存在的条件，除零星小股继续活动到万历中期外，大规模的劫掠活动就再也没有出现过了。

但抗倭战争也使明王朝消耗很大。自嘉靖三十一年（1552）倭犯台州等地起，"七八岁间，所破城十余，官军吏民战及俘死者不下数十万"。为了御倭，明朝几乎帑藏空虚，不得不在江南实行加派，全国各地精兵良将也被调往东南沿海，因此有人指出"由于倭寇的侵扰，明朝东南沿海富庶之区，人民的生命财产，农工商业生产，都遭受了极其严重的破坏"。通过这场战争，越来越多的人认识到开放海禁的重要性。明朝廷也鉴于嘉靖时"倭乱"的教训，到隆庆时开始部分开放海禁。

桶狭之间
——日本战国的转折点和倭寇退潮的联系

恰如马克思所说的"火药把骑士阶级炸得粉碎"，而同样的历史进程也出现了在日本。在"应仁之乱"后连年的天灾和内乱之中，各地被称为"一揆"的群起抗暴运动此起彼伏。所谓"一揆"原指"上下同心，团结一致"。汉语中也有"揆，度也"的解释。而能使无数本性纯良的民众团结一致的必然只能是利益诉求。最初追求"民间德政"的自发性运动被称为"土一揆"，其要求也不过是减免年贡租税。而这种风潮很快便引起了国内豪族的注意，于是在公元1485年年底，在山城国（今日本京都府南部）出现了驱逐守护大名的"国一揆"。而在日本战国时期，持续时间最长、影响最为广泛的还是以"一向宗"信仰为纽带的"一向一揆"。

"一揆"运动之所以能在日本战国时期大行其道，除了室町幕府的日益衰弱之外，自然还与军事科技的发展以及日本列岛社会结构的变革有着必然的联系。采矿、冶金和手工业的进步，令刀剑、护具不再成为奢侈品，火器的传入和仿制更令常年在田地中劳作的农民也拥有了与武士这样职业军人抗衡的能力。"一向一揆"之所以能够以石山本愿寺（今日本大阪市中央）为中心蔓延全国，持续了百年之久，自然与当地恰是日本"铁炮"制造业中心不无关系。

而早在镰仓幕府统治中期，原先由国守、郡司、地头组成的统治结构便已然瓦解，日本各地出现了以血统为纽带的自治体系——"惣领制"。所谓"惣领"即以家族元老"惣领"统领全族，除负责族中一般事务、土地经营及年贡租税缴纳外，还有率领本族武士执行幕府军事任务、承担大番役任务等义务。这一制度的有利之处在于可以通过"惣领"

轻松动员一个宗族的力量，但弊端在于随着家族的繁衍，大量继承遗产的庶子必然导致"惣领"的分化。

为了凝聚力量，镰仓幕府的统治者不得不与为了削弱封国而颁布"推恩令"的中国汉武帝刘彻反其道而行之，以法律的形式规定"惣领"只能是单独继承。应该说这一制度影响深远，直到"二战"结束前日本长期实行的仍是"长子继承制"。尽管驻日美军带来了相对西化的继承权法，但在偏远的乡村，老人们仍在遗嘱中明确将大部分财产给予长子。以至于有人将充斥着"外来务工人员"的东京等大城市称为"次郎的天下"。

在工业化高度发达的今天，一无所得的"次郎"们当然可以走出乡村，去开辟属于自己的新天地。但是在中世纪的日本，被剥夺了继承权的庶子们便只能用长刀去谋求属于自己的土地。他们或成为守护大名的家臣，或在"一揆"运动中窥探时机。这个充斥着野心的时代所出现的种种行径，被日本人形象地称为"下克上"。近臣渴望取代将军，家臣阴谋推翻主人，连昔日老实本分的农民都渴望在战场上建功立业，而已经贫穷到连即位大典也举行不起，冬季赏雪宴会连酒都没有的天皇和公

日本民间的武器作坊

东海博弈

卿，更被列为了空气一般虚无缥缈的存在。在这种动荡的年代里，野心家们渴望着变革，但却又都梦想由自己来终结乱世。在这样的氛围之中，一幕幕"螳螂捕蝉、黄雀在后"的活剧在日本上演着。

最早有声望和实力终结日本战国的是身兼远江、骏河两国（今日本静冈县）的守护大名今川氏。自远征九州的今川贞世以降，今川氏不仅幕府的历次内乱中无役不与，更幸运的是，每每都能正确站队，一度在足利义教时代受封为"副将军"，成为了室町幕府炙手可热的实权派。

"应仁之乱"后，日本列岛各地的"守护大名"和"守护代"们纷纷不满足于原有的封地，在相互的攻伐和吞并之中，进化成了以自己的庄园和领地为据点，大肆扩张的"战国大名"。而对于这些野心勃勃的地方豪强而言，通往权力巅峰的最佳道路莫过于"上洛"——率军进入京都，直接将室町幕府置于自己的控制之下，最终取而代之。

室町幕府已然奄奄一息，由于与幕府管领细川氏长期失和，第12代将军足利义晴不得不多次逃离京都。虽然最终在近畿各方势力的妥协之下，仍保留着幕府将军的虚衔，但其权威可谓荡然无存。而连年的内耗也令位高权重的细川氏走向了没落。近畿一带随即成为了细川氏家臣三好氏及曾与足利义尚对垒的

战国北条氏创始人伊势早云

六角家的势力范围。在这样的情况下，一首"公方（足利）无嗣吉良继，吉良无嗣今川继"的童谣，悄然在日本列岛流传开来。

从血统上来看，吉良氏和今川氏的确均为足利将军的近亲，但是室町幕府的重臣斯波、涉川、一色诸家均与足利氏有血缘关系，民谣为什么却单单挑出了吉良、今川两家呢？其实仔细分析，答案并不令人感到意外。吉良与今川两家不仅一脉相承，且自室町幕府建立以来其封地便唇齿相依。但在连年的战乱之中，吉良氏在三河、远江两国的势力逐渐衰退，吉良氏的势力更被压缩到了三河国的西部地区。因此这首民谣首先是在肯定今川氏吞并同宗吉良家产业的合法性。

将今川氏的势力范围由骏河一国扩展至三河、远江两地的是其第7代家督——今川氏亲。但是其开疆扩土的赫赫武功却不得不归功于其娘舅——伊势早云。伊势早云是一个来历不明的浪人，甚至今天日本史学界对其出身、家谱仍众说纷纭。虽然有学者以伊势早云曾出任过幕府将军足利义视的"申次众"（引见人），而认定其出身武士阶层并非一介草根。但考虑到"应仁之乱"后，足利氏早已衰弱，伊势这个所谓的室町幕府执事名门恐怕也要大打折扣。不过正是由于接待了"应仁之乱"中率军进京的"骏河守护"今川义忠，伊势早云成功地和今川氏搭上了关系，还成功地把自己的姐姐嫁入了这一战国豪门。

不过伊势早云的崛起倒并非是全凭裙带关系，毕竟他的姐姐"北川殿"只是今川义忠的一个侧室，且今川义忠本人在"应仁之乱"末期出兵远江的归途中战死。面对强敌环伺的局面，与其说是伊势早云借今川家之力脱颖而出，不如说是伊势早云以自己的外交手腕帮助外甥今川氏亲渡过了难关。伊势早云深知自己的对手虽然遍布内外，但并不团结，今川氏更雄踞骏河，有足够的筹码讨价还价。于是在伊势早云亲入敌营的情况下，一度对今川氏虎视眈眈的上杉政宪同意了早云提出的所谓今川氏亲成年前由上杉氏盟友小鹿范满"暂代理政"的条件。

在平息了一场今川氏的箭在弦上的内讧后，伊势早云回到京都。在此后漫长的11年里，伊势早云如何卧薪尝胆，世人并不清楚。但是公元1487年，他再度返回骏河，成功地以"迅雷不及掩耳"之势，将拒绝交权的小鹿范满一系人马尽数诛杀。而对于感恩莫名的外甥，伊势早云却只要求骏河与伊豆交界的兴国寺城及周边12个乡为赏赐，一时令今川氏上下大为意外。因为兴国寺城不仅地处纷乱的国境，在土地肥沃的骏河更可谓是"穷乡僻壤"，但就在这片土地上，伊势早云韬光养晦，最终将其建设成为了进军关东的重要据点。

骏河扼守京都前往关东要冲，"应仁之乱"后大批难民的涌入，令原本荒芜的兴国寺城反倒成了新型的开发区。伊势早云因势利导地推出所谓"四公六民"的税收新制，更令不堪重负的民众趋之若鹜。公元1493年，伊势早云向外甥今川氏亲借兵300人，以奇袭的方式颠覆了室町幕府控制关东地区的"堀越御所"，一举成为了伊豆半岛的霸主。

对于自己舅舅在关东的崛起，今川氏亲给予的支持是不言而喻的。而伊势早云也投桃报李，于次年为今川氏领军扫荡了远江国的佐野、山名、周智三郡。在此后的几年里，这对甥舅互相扶持，伊势早云很快便攻取了以小田原城为中心的相模国西部的大片领土。公元1506年，当伊势早云率领上万大军攻略三河国西部地区时，一个意想不到的对手却令这对甥舅最终分道扬镳，他就是"应仁之乱"中占据三河国岩津、安祥、冈崎三城的松平氏第5代当家——松平长亲。

在伊势早云的大军面前，松平长亲仅有的500骑人马本不足以扭转局面，但其突然对早云本阵的突袭还是打乱了对手的布局。面对松平家麾下三河武士悍不畏死的冲锋，伊势早云放弃了对岩津城的围攻，撤军返回了自己的领地。显然以伊势早云的兵力硬要吃掉松平氏也并非全无可能，但这位已经72岁的老人不能不为自己的事业打算。在返回相模之后，伊势早云虽然于公元1506年和1508年两度应今川氏亲之请，出兵三河，但其精力却显然已经转向与关东管领上杉氏分化出的"山内上杉"和"扇谷上杉"的争夺。而今川氏亲在写给自己舅舅的书信中也改称其为"屋形样"，俨然承认了伊势早云独立大名的身份。

公元1518年，伊势早云将家督之位传给其子伊势氏纲，一年之后在留下了"吾欲灭上杉氏并关东八州，而未成其志，子孙继任其事，毋敢或懈"的遗言之后，这位日本战国最初的枭雄最终淡出了自己的人生舞台。伊势早云或许并非白手起家，但却凭借自己的努力为子孙打下了一个雄踞列岛的良好基础。战场上的伊势早云并非一个常胜将军，但是由于其内政上的开创性成就却足以令他立于不败之地。除了"四公六民"的税制之外，伊势早云还一手创立了所谓"早云寺殿二十一条"的家法，以驾驭部下的言行，可谓日本战国"企业文化"之始，而他推行的"检地"制度，更迅速地为日本列岛的野心家所沿袭，成为了动员自己领地物资、兵员的一个重要手段。

所谓"检地"，指的是"战国大名"对自己所控制土地的测量和调查。这一方式不仅可以有效地控制农民，对自身所掌握的战争潜力有直观的印象，更可以有效地控制领有土地的家臣。通过"检地"，"战国大名"们保障下属武士阶层的地位和收入，而同时这些武士则根据自己所领有的"石高"承担兵役，形成一套自上而下的动员体系。而就在伊势早云建立"小田原众所领役帐"的同时，他的外甥今川氏亲也推出了自己的《今川修理大夫判》，在保证寺社僧侣特权的前提下，开始调查自己所拥有的户数和田地。

通过"检地"领有富饶的骏河、远江、三河大部的今川氏亲开始向北部的甲斐国和西部的尾张国扩张。站在今川氏的角度来看，甲斐的武田氏自第17代家督武田信绳继位以来便长期陷入了内部的不合之中，虽然侥幸于公元1495年击败了今川与伊势的联军，但群山环绕的甲斐终究国力有限，无力抵挡兵多将广的今川氏大军。而尾张国的守护大名斯波氏则早已在"应仁之乱"中耗尽了气血，更不构成上升期中的今川氏的障碍。

今川氏亲显然过高估计了自己的能量，于公元1515年同时向甲斐和尾张用兵。尽管在开局阶段，今川氏进展顺利，首先在远江大败斯波氏，并在尾张国建立前进据点——那古野城。随后又于胜山会战中大败陷于水田之中的武田骑兵。但是今川氏两线作战的弊端却最终令氏亲的勃勃野心徒成画饼。由于远江国"守护"——大河内贞纲的叛乱，今川氏亲只能放弃对尾张和甲斐的攻势，全力扑灭盘踞挂川引马城的大河内贞纲。借助骏河安倍金山矿工的帮助，今川军很快便切断了敌军的水源。大河内氏的叛乱虽然最终被扑灭，但一举吞并甲斐，侵入尾张的良机已然失去。无奈之下，今川氏亲只能与武田氏新任家督信虎签订合约，将自己的幼子今川氏丰安置于那古野城，监视斯波氏的动向。

经过6年的休养生息，公元1521年，今川氏再度动员了1.5万人的大军攻入甲斐。此时武田信虎手中仅有不足2000人马。抱着必死的信念，武田信虎让自己即将分娩的妻子逃往甲斐东北的积翠寺避难。而正是这种哀兵必胜的信念，令武田军在激战中力挫了7倍于己的今川军，而随后嫡子降生的消息也从积翠寺传来，武田信虎喜不自胜，随即为这个呱呱坠地的孩子取名"胜千代"。当然，此时的武田信虎不会想到自己日后将会由于理念的不同，而与这个成年后的改名为武田晴信的儿子反目，并最终遭遇半生的流放。

兵败甲斐成为今川氏亲人生最后一次对外用兵，公元1526年，今川氏亲由于中风在骏府城离世。继承其衣钵的是年仅14岁的长子今川氏辉。为了平抑国内可能发生的动乱，在去世前2个月，今川氏亲订立了自己国内的法度——《今川假名目录》，开始正式抛弃了室町幕府，大步走向战国大名的行列。

今川氏亲一代可谓是日本战国时代的序幕，在幕府权威摇摇欲坠的情况下，各路诸侯皆使出浑身解数，谋求通往权力巅峰的道路。伊势早云身后，其继承者氏纲出于艳羡昔日镰仓幕府的心理，将自己的姓氏改为"北条"，正式开启了"小田原北条氏"称霸关东的道路。而延续着伊势早云所开辟的道路，在本州岛西部的出云国，依托大内氏力量崛起的尼子兴久于公元1512年自立门户，并迅速夺取了伯耆、因幡、石见、安芸等11国的领土，由于在日本行政区划中，这些地区被称为"山阴"和"山阳"地区，因此巅峰时代的尼子兴久号称"阴阳一太守"，而就在尼子和大内两家忙于征战杀伐之际，长期籍籍无名的小领主——毛利元就在朝秦暮楚中逐渐壮大了起来。

与伊势早云境遇相仿的还有以"盗国物语"而闻名的斋藤道三。世人经常误认斋藤道三为"卖油郎"之子，但事实上斋藤道三的父亲松波基宗本是如假包换的幕府武士，只是由于"应仁之乱"而断了生计，才被迫在京都妙觉寺出家，随后又入赘灯油商奈良屋氏。并辗转来到了四战之地的美浓国。

由于美浓国的守护土岐氏内部不合，斋藤道三父子随即怂恿失去继承权的次子土岐赖艺发动政变驱逐自己的哥哥土岐赖武，在土岐氏的内讧之中，斋藤道三最终通过迎娶美浓豪族明智光继之女等手段，最终鸠占鹊巢，成为了雄霸美浓的"战国大名"。由于斋藤道三得位不正，因此坊间称其为"蝮蛇"，有趣的是，最终被斋藤道三驱逐的土岐赖艺虽然软弱无能，却号称"美浓之鹰"，理由是他长于绘画，尤擅画鹰。

室町幕府自足利义满以降，附庸风雅便不再是公卿的专利。各国大名之中虽然像土岐赖艺这样的"资深艺术家"终究是凤毛麟角，但类似于"赛诗会"的"连歌"却早已成为了武家日常的娱乐方式，而据说为今川氏亲驻守尾张桥头堡的幼子今川氏丰便是一个"连歌"发烧友，经常会在自己所居住的那古野城邀请一干"社会名流"，由于"连歌"往往历时数天，因此今川氏丰还特意在城内为客人修建了客房。

　　今川氏丰之所以频繁地召集"连歌"或许有收买尾张国人心的用意，但是以今川氏前哨据点的那古野城作为主场却多少有些不合时宜。正是利用今川氏丰邀请自己参加"连歌"之际，尾张国豪族织田信秀奇袭了那古野城，一举拔出了这个今川氏打入自己领土的钉子。而这座日后进化为名古屋的城市也就成为了织田氏走向战国大名的第一块铺路石。

　　面对被俘乞命的今川氏丰，织田信秀大度地放了他一条生路。显然面对今川氏这头巨兽，羽翼未丰的织田信秀还不敢贸然与其决裂。而此时刚刚亲政的今川氏辉也正忙于联合自己的舅舅北条氏纲去找武田信虎的晦气，一时也顾不上替自己的六弟出头，本来仅有尾张下四郡管理权的织田信秀利用这一难得的契机开始逐渐做大。

　　在逐步统一尾张全境的同时，织田信秀的主要对手除了今川氏之外，还有风头正劲的邻居——盘踞三河国西部的松平氏。在13岁便继承家督之位的松平清康的领导之下，松平氏的势力一度进入了全盛期。公元1535年，在草草平定三河国西部地区后，松平清康纠集了上万人马向尾张进军。

　　松平清康在起兵之初便作了一系列的外交工作，盘根错节的各方势力也都有意看到织田与松平这两家后起之秀拼个你死我活。在排除了外部干扰的情况下，松平清康很快便深入了织田氏的腹地，开始围攻织田信秀居城清州城的外围据点——守山城。但就是在松平氏的军队忙于进行一系列攻坚筹备之时，松平清康却意外地被自己的家臣阿部正丰所刺杀。

　　由于是日后德川幕府的老祖宗，因此日本史学家向来对松平清康不乏褒美之词，甚至断言说："（他）如果能活到30岁，必能夺取天下！"这种无意义的假设显然不足以阻挡织田氏反攻的铁骑，在织田信秀的衔尾追击之下，松平氏的内讧也进入了顶点，甚至连松平清康的嫡子松平广忠也被赶出了家门。走投无路的松平广忠只能投奔今川氏寻求庇护。今川氏辉虽然有心利用这一良机侵吞松平氏，无奈天不假年，公元1536年，24岁的今川氏辉离奇病故；由于今川氏日后表现不佳，因此也就没有人假设他再活几年会怎么样！

织田信长

由于今川氏辉生前没有子嗣，因此空悬的家督之位随即引发了一场兄弟争衡的"花仓之乱"，最终今川氏辉的五弟今川义元胜出。在今川义元的鼎力支持之下，松平广忠最终得以重返三河。不过经历了连番内讧之后，松平氏不仅沦为了今川氏的属国，更在织田氏的连续施压下步步后退。公元1547年，为了获得今川氏的援助，松平广忠不得不将自己4岁的嫡子竹千代送往骏府。但这位可怜的人质还未送达今川义元的手中，便被松平氏的政敌绑架，几近周折之后落入了织田氏的手中。

织田信秀秉着奇货可居的心理，将竹千代安置在那古野城中。而此时那古野城的城主正是比竹千代年长9岁的织田家嫡子——织田信长。织田信长是一个向来不拘理法的顽童，因其喜欢在市井与各阶层的孩童玩耍，而获得一个"尾张大傻瓜"的诨号。对于身为人质的竹千代，织田信长自然也没有太多的门户之见。因此许多日本小说家抱着想当然的心态描述了一幅两代枭雄自幼相善的动人画卷。

织田信长的成长历程恰是其家族壮大的历史。公元1548年，在多年刀兵相向之后，雄踞美浓的斋藤道三最终选择了接受织田家伸出的橄榄枝，将自己的爱女——斋藤归蝶许配给织田信长。应该说此时的日本列岛，战国大名已经走出了"应仁之乱"后"一夜暴富"的阶段，彼此之间的竞争日益白热化，以子女联姻为纽带的同盟如雨后春笋般地出现。公元1537年，长期敌对的武田、北条、今川三家便通过一系列的政治联姻缓和了关系，并在公元1541年，武田晴信将自己的父亲信虎流放之后，逐步建立起了所谓的"善德寺三国同盟"。

作为执掌美浓的枭雄，斋藤道三并非全无亲情可言。据说在自己女儿出嫁的前夜，斋藤道三曾将一柄短刀赠与归蝶，表示："若信长果真如其名，汝可杀之。"但被自己父亲作为政治筹码的斋藤归蝶却并不领情，反唇相讥道："若夫君乃大才，归蝶或与夫君杀父！"

事实证明，归蝶嫁入织田氏之后与信长感情很好。而斋藤道三在富田正德寺与织田信长会面之后，也深感自己此前的预测有误，发出了"呜呼！我儿只配为上总介（织田信长）拉马为奴矣"的感慨。不过这些终究只是小说家言，对于身处四战之地的斋藤和织田两家而言，能够摆脱多线作战的不利局面才是这一政治联姻最直观的成果。

公元1548年，在今川氏的大力扶植之下，松平广忠于小豆坂险胜织田军。但就在这位24岁的父亲想要迎回自己嫡子竹千代之际，松平氏内部再度发生了扑朔迷离的暗杀事件。由于刺杀松平氏两代家督的凶手所使用的都是伊势桑名出产的"村正"刀，因此在日后由德川家康所建立的江户幕府统治时期，有关"村正"乃妖刀邪剑的传说不胫而走。但事实上，真正巧合的是松平清康、松平广忠父子遇刺之后，均是有一位名叫植村氏明的武士当然砍杀了凶手。

面对再度群龙无首的松平氏，今川义元反应迅猛。公元1549年，今川氏的军队攻占了织田氏在三河的据点——安祥城，以俘虏织田氏庶子的方式要求换回松平氏的法定继承人——竹千代。不过在此后的12年里，这位未来统一日本列岛的枭雄还是过着寄人篱下的生活。甚至在元服的成年礼上也不得不拜受今川义元的"元"字，更名为松平元康。而这位松平氏名义上的家督也在骏府城见证了今川氏富国强兵的一系列政策。

公元1560年5月10日，苦心经营多年的今川义元俨然已经成为了日本列岛最强的战国大名。在"东海道第一弓取"的威名之下，今川氏动员2.5万人的大军浩浩荡荡地打着"上洛"的旗号向尾张进击。此时织田信秀已于9年前中风而死。继承了家督之位的织田信长首先要面对的是自己岳父家的内讧。由于继承权及血统存疑等原因，斋藤道三于公元1556年遭遇了自己长子义龙的反叛。尽管兵败之前，斋藤道三还写信给女婿信长要对方不必急于出兵支援，美浓就作为自己女儿的嫁妆送给织田家云云，但事实上织田信长继位之后的织田氏内部同样纷争不断，不要说进取美浓，即便是完全控制尾张都仍需耗费一番手脚。

在直面今川氏的大军之前，织田信长虽然夷平了尾张国内部的反对势力，但可以动员的兵力也不足5000人，其中还必须分出2000人监视美浓方向的大舅子斋藤义龙。面对以松平元康所指挥的三河武士为前锋的今川氏大军，织田家的外围据点不断被攻占。而织田信长却始终按兵不动，也没有做出任何的迎战部署。一时间织田家上下无不弥漫着末日般的绝望。

认定织田信长无力翻盘的今川义元率领着5000余人的本阵于5月19日正午抵达了东海道与大高道交会处的丘陵地带。由于前线捷报频传，今川义元的心情大好，随即选择了距离前沿约3公里的桶狭间山就地休

桶狭间之战

整。显然今川义元并不知道就在这一天的黎明时分，织田信长以一段名为《敦盛》的"能剧"表达了必死的信念，动员全部的机动兵力正在向桶狭间奇袭而来。

所谓《敦盛》，指的是昔日"源平合战"时代平氏一族中深蕴音律、擅吹横笛的少年将军平敦盛。世人感慨他战死沙场，平氏一族灰飞烟灭的事迹，并以其为原型所编纂"人生五十年，与天地长久相较，如梦又似幻；一度得生者，岂有不灭者乎？"的唱词，织田氏自诩为平家后裔，此时信长唱出此词俨然已是做好了孤注一掷的准备。

织田信长的举动并非无谋的豕突，事实上自今川氏大军压境以来，他便通过各种情报渠道寻找着今川义元本阵的位置，而秉承着"要欺骗敌方，首先要欺骗友方"的宗旨，织田信长始终未将自己的计划向家臣透露，甚至在突击之初也仅有织田信长自己麾下的206人的亲卫队，其余人马都是在得知家督出阵之后才匆忙赶来会合的。因此抵达桶狭间之时，织田家也仅有2000多人可以投入战斗。但在织田信长的鼓舞之下，人人奋勇争先。而今川义元的部下却大多在午餐中喝得酩酊大醉，借着一场突如其来的大雨，织田军迅速突破了对手的前锋。惊慌失措的今川义元在不足300人的亲信保护下向东逃去。但在大雨中的泥泞道路上，本就足短身长不善骑术的今川义元此时酒意未退，最终倒在织田家武士的刀下。

今川义元战死之后，仍具有兵力优势的今川氏大军随即陷入了崩溃。这场史称"桶狭间之战"的奇袭不仅挽救了濒临灭亡的织田氏，更令长期沦为附庸的松平氏一举获得了独立。以源氏后裔自居的松平元康在跟随今川氏败军撤回三河之后，随即怀着向源义家致敬的名义改名为松平家康。公元1562年，织田、松平两家正式结盟迈向了并肩夺取天下的道路。

第四章　援朝战争

本能之敌

——织田信长黯然谢幕的必然

以日益衰弱的今川氏为缓冲，织田信长首先北上攻略美浓，开始接收自己岳父的政治遗产。而为了招揽美浓国内的豪强，织田信长派出自己麾下名不见经传的"足轻组头"——木下藤吉郎前往长良川右岸修筑堡垒。木下藤吉郎不仅出身贫农，且由于早年营养不良而形似猿猴，头秃如鼠。但早年辗转于美浓等地的"打工生涯"却令这位社会草根拥有过人的商业头脑和非常的人脉。木下藤吉郎抵达预定位置，随即找到了昔日好友——美浓土豪蜂须贺正胜。在数千由金钱驱使的野武士帮助之下，名为"墨俣城"的前沿据点竟在短时间内便修筑完工，号称"一夜城"。

以墨俣城为据点，织田氏很快便击败了斋藤义龙之子斋藤龙兴。33岁的织田信长以尾张、美浓为据点，随即开始了向京都进军的道路。此时操控室町幕府的三好氏利令智昏地公然刺杀了第13代将军足利义辉，梦想入主近畿的各方势力随即拥立足利义辉之弟足利义昭对抗三好氏，不过在诸路诸侯都心存观望的情况下，最终击败多年互殴的六角氏和三好氏，护送足利义昭入主京都的殊荣却还是落到了织田信长的头上。从某种意义上来说，织田信长的成功"上洛"也算完成了今川义元未竟的事业。

控制京都的织田氏很快便露出了獠牙。在一系列限制幕府将军权力的法令之下，心怀不满的足利义昭随即与对织田氏"挟将军以令大名"艳羡不已的各方势力合流，开始组建所谓的"织田包围网"。不过和历史上所有的多方联盟一样，"织田包围网"虽然云集了朝仓、浅井、武田、三好等强力大名，又有叡山延历寺、石山本愿寺等宗教寺庙势力的加入，但各方利益诉求不同，难免各行其是，最终被逐个击破。甚至在局面大好的情况下，织田信长也只要对步步进逼的朝仓氏家督义景说一句"天下是朝仓大人所有，我将不再妄想"便曾从容脱身。

"织田包围网"的最高潮出现在公元1572年，多年以来一直忙于在北信浓及关东地区开疆扩土的武田晴信率领3.5万大军开始向京都进发。应该说尽管多年以来利用种种手段，武田氏的领土迅速膨胀，甚至连昔日盟友今川氏的骏府城亦被其收入囊中，但是在整体国力上，武田氏依旧与织田氏有着不小的差距。究其原因，除了武田氏核心势力范围甲斐国的土地贫瘠和商旅不振外，很大程度上要归结于织田信长所推行的"兵农分离"政策。

所谓"兵农分离"，顾名思义就是将"应仁之乱"以来各地大名盲目将扩军中动员制改为常备军制。此举不仅可以有限地保证部队的战斗力，更不会因为战争而荒芜国内的四季耕作，极大地提升了部队的机动性。不过武田氏也有自身的优势，多年以来与继承了"关东统领"之位的越后国大名上杉谦信围绕北信浓的恶斗，连续5次的"川中岛会战"，令本来就以精锐著称的甲斐武士锤炼成了一支百战之师。

公元1572年12月，在远江的三方原，武田军轻松地击溃了此时已经改姓德川的松平家康麾下"德川织田"联军。据说德川家康在战场上仓皇而逃，甚至被吓得尿

"墨俣一夜城"的遗迹石碑

兵农分离制下普通的日本农民也能拥有与武士相当的装备

了裤子。在躲进相对安全的滨松城后，德川家康立即找来画师，记录下自己落魄的样子，此后多年将这幅肖像挂于自己的卧室之内，以激励和鞭策自己。

对于年仅29岁的德川家康而言，三方原会战的失利无非是人生的一次历练。但是对于皈依佛门而改名信玄的武田晴信而言，这场辉煌的胜利却无法挽回他油尽灯枯的生命。公元1573年春季，在一时无力攻克德川氏遍布远江、三河大小据点的情况下，武田信玄的肺病日益恶化，不得不在三河国的长筱城休养一个月后放弃其"上洛"的雄心。

年仅53岁的武田信玄最终病死于撤军回甲斐的路上，他的死与其说是武田军功败垂成的偶然因素，不如说是一块遮羞布。毕竟此时的织田信长已经彻底击败了浅井、朝仓两家，长期秘密与织田氏为敌的比叡山延历寺也被烧光。所谓的"织田包围网"已然崩溃，而武田军历时4个月都未能瓦解德川家康在远江、三河的势力，而战争再继续进行下去，倾国而出的武田氏更有春耕荒芜的风险。

为了安抚军心，武田信玄临终前曾授意秘不发丧。因此织田信长通过"正亲町天皇"方仁与足利义昭的和解便成了武田氏撤军的绝佳借口。值得一提的是，此时的日本天皇和公卿势力几乎均穷途潦倒，极端匮乏。"正亲町天皇"方仁在继承大统之后，等了3年才从各地大名的捐助中攒够了举办即位仪式的钱。因此对接管京都后对自己生活颇多资助的织田信长"百依百顺"，每每在织田氏陷入困境时下达和谈敕命。

最早接到武田信玄病故消息的是他的宿敌——上杉谦信，据说这位近年来性别存疑的"战国军神"为此痛哭流涕，感叹地说："吾国之弓箭将不利矣。"并从此放弃了对甲斐的敌对政策。武田信玄和上杉谦信的形象长期以来被日本小说家无限拔高，但平心而论这对冤家尽管可谓一时瑜亮，但对日本列岛的实际影响却微乎其微，堪称"偶像派"大名。

面对德川家康对自己在骏河国势力范围的不断蚕食，武田信玄的继承者武田胜赖不顾自己老头子临终前"三年不离甲斐"的训诫，于公元1575年5月贸然出兵。最终于武田信玄昔日养病的长筱城下大败于织田德川联军。之后，由于织田、德川联军在此战中出动了3000挺以上的"铁炮"，而武田氏又长期以骑兵著称，因此"长筱会战"一度被日本史

长筱会战中所谓"热兵器对骑兵"的胜利其实并不存在

学界吹嘘为"世界历史上第一次大规模使用火枪"的战役。仿佛一夜之间日本便进入了"热兵器"时代。

事实上，早在"长筱会战"之前，雄踞东亚大陆的明帝国便组建了"专习枪炮"的"神机营"，并频繁将火器用于漠北等边境地区的冲突之中。而在西方公元1525年的"帕维亚战役"中，西班牙人便凭借火绳枪手和轻步兵的配合重创了横行欧洲多年的法兰西重甲骑兵和瑞士长矛手。而在"长筱会战"的时代，日本所谓的"骑兵"只不过是以马匹进行机动作战的步兵而已，而策马冲击只是少数武士才具有的特殊技能。真正击败武田氏的除了其自身对单兵素质的骄傲和迷信之外，主要还是织田、德川联军近三倍于敌的兵力优势和预设战场的木栅、壕沟工事。

自"长筱会战"击败武田氏之后，织田信长在日本列岛的扩张进入了"快车道"。在驱逐了足利义昭之后，室町幕府已然名存实亡。为了追求自己"天下布武"的梦想，织田信长于公元1575年，将家督之位传给自己的嫡子织田信忠。此后，便长期以隐居的方式，在琵琶湖畔修筑的安土城内遥控指挥自己麾下的各路战将向各个方向展开扩张。

面对织田氏一家独大的局面，日本各地的"大名"们虽然以上杉谦信及在本州岛西部崛起的毛利氏为首组建了"第二次信长包围网"。但是随着公元1578年长年嗜酒的上杉谦信死于脑溢血之后，上杉氏随即陷入了内讧。与此同时，尽管在尼子氏和大内氏苦斗中渔翁得利的毛利元就临终前对自己的三个儿子作出了"三矢之训"，但由于其继承人毛利隆元离奇病死，毛利远就一心期盼的"两川体系"（其次子元春、三子隆景分别以过继的形式执掌山阴名门吉川氏和竹原小早川氏）也逐渐走向了貌合神离。

公元1579年，在"第二次信长包围网"陷入崩溃的情况下，织田氏大军疯狂地涌入东、西两线战场。其中负责攻略毛利氏领土的正是改名为羽柴秀吉的木下藤吉郎。应该说以雄踞西国的毛利氏的力量要击败织田氏的一个方面军并非难事。但吉川元春和小早川隆景却始终无法形成合力，致使羽柴秀吉不断以"断粮"、"水淹"、迫降等方式逐步蚕食毛利氏的领地。

羽柴秀吉虽然连战告捷，但其在反复拉锯中所取得的战果显然无法令雄心万丈的织田信长感到满意。公元1581年，在京都进行了空前规模的阅兵式之后，织田军迅速席卷了武田和上杉两家的大片领土。在一派降者如潮的情况之下，武田氏几乎没有进行任何有组织的抵抗便归于灭亡，而上杉氏在内乱不断中也陷入了苟延残喘的窘境。

自诩天下无人能敌的织田信长于公元1582年下达扑杀武田遗臣的"狩猎武田令"后，便命令各路人马向京都集结，打算以同样的雷霆万钧之势支援羽柴秀吉，一举扑灭毛利家。但就在已经掌握日本列岛大半富庶之地的织田信长一路从甲斐回归安土城，并于公历1582年6月20日夜下榻京都本能寺之际，长期被织田信长委以重任的家臣明智光秀突然举起了叛旗，率军冲入本能寺中。身边仅有百余亲信的织田信长虽然亲自上阵，但最终仍因寡不敌众，被迫切腹自焚。史称"本能寺之变"。

关于"本能寺之变"，日本学者以各种笔记为出发点，拼凑出了一幅织田信长与明智光秀逐步结怨的长卷。但事实上，明智光秀不仅与信长的正室斋藤归蝶是表兄妹，更长期为织田氏东征西讨，发动"本能寺之变"时，明治氏已然从昔日的美浓土豪跃升为丹波一国的守护。应该说诸多所谓织田信长当众羞辱明智光秀的记载，无非是信长的性格使然，也是两人关系不凡的另类证明。真正促使明智光秀铤而走险的，并非是意气之争，而是赤裸裸的利益矛盾。

天下狂猿

—— 丰臣秀吉统一日本及对朝战争准备

丰臣秀吉在内政领域全面研习了织田信长"兵农分离"和鼓励商业的政策。但是在对外事务上却一改织田氏崇尚武力征服的思路，先后以接受名义上臣服，保证其独立性的方式收复了西国的毛利氏、四国岛的长宗我部氏以及九州岛的大友、岛津两家。并与雄踞关东的北条氏一度达成了平分日本列岛的协议。但丰臣秀吉的野心并不仅此而已。在一方面颁布"刀狩令"，镇压杂贺众等民间武装的同时，另一方面于公元1589年，丰臣秀吉借口北条氏家臣猪俣邦宪违反自己颁布的"关东总无事令"擅自出兵夺取名胡桃城，因而纠集各路大名所部20万人攻入北条氏的领地。

丰臣秀吉如此大张旗鼓地对关东用兵，固然有一举铲除异己，统一日本的意味，也不乏削弱德川家康等人，在战争中扶植自己号称"贱之岳七本枪"的核心家臣团及亲信石田三成的意味。所谓"贱之岳七本枪"，指的是丰臣秀吉与柴田胜家决战于贱之岳时表现出色的七名武将，其中以福岛正则与加藤清正两人最为有名，由于与丰臣秀吉沾亲带故而长期被视为丰臣系武将的核心。

石田三成出身不过是一个小沙弥，据说公元1574年左右，丰臣秀吉曾因外出打猎而在石田三成所在的寺院饮茶，结果石田三成先以凉茶相奉，再待以温茶，最后才献上热茶。丰臣秀吉深感此子心思缜密，随即将其引为心腹，常年侍奉于左右，参详军机大事。而事实证明石田三成也确有才干，其在丰臣秀吉麾下不仅成功地修建了被称为"战国无双"的大阪城，更在全国范围内推行了"太阁检地"。但是内政上的才能不等于军事上的天赋。在丰臣秀吉大军围攻北条氏的战场上，石田三成便

今天的小田原城

闹出了一个大笑话。

面对丰臣秀吉麾下的大军，北条氏放弃了野战，龟缩在以小田原为中心的城堡之中。此举不但令丰臣秀吉借机削弱各方大名力量的图谋落了空，更使战争有演变为长期对峙的局面。为了尽快解决问题，丰臣秀吉命石田三成率军攻占小田原的外线据点——忍城。北条氏长期豢养着一批名为"风魔"的忍者，由于其身份神秘且长于骑术，因此日本史学界有"风魔"忍者是大陆游牧民族后裔的说法，不过"忍城"与"风魔"忍者并没有什么关系，这座堡垒是关东地方豪族成田氏的居城。

在遭到石田三成2.7万大军围困之时，忍城内仅有3千多人的守军。石田三成如果按部就班展开进攻未必就不能取胜。但是在勘探了战场环境之后，石田三成灵光一闪，打算效仿丰臣秀吉在与毛利氏交战中的成名之役——水淹高松，在忍城周围筑坝，引荒川之水倒灌忍城。计划上报到丰臣秀吉的案头，这位已经63岁的关白当然击节叫好。但是真的实施起来，石田三成才发现困难重重，不过此时再向丰臣秀吉请示却已经为时晚矣！

在丰臣秀吉"有困难要上，没有困难也要上"的死命令之下，长达28公里的堤坝虽然在重金雇佣的民夫们努力之下建造了起来，但是瓢泼大雨之中守军却突然出击，掘开石田三成刚刚修筑好的工事，大水不仅溺死了丰臣秀吉方面的许多兵马，更令忍城周围成为一片泽国。好在此时关东各地以伊达政宗为首的各路豪强审时度势纷纷加入了丰臣秀吉一方，而北条氏内部也在长期围困中分崩离析。忍城才最终在小田原方面宣布投降之后向石田三成敞开了大门，但此战之后，石田三成也被丰臣系武将嘲笑为不擅掌兵的"战下手"。

北条氏的最终灭亡虽然标志着丰臣秀吉对日本列岛名义上的统一，但是利用此役削弱德川等大名，扶植自己亲信的目的却并未达到。怀着忿忿不平的心理，丰臣秀吉要求德川家康吐出包括世代盘踞的三河国在内的大片领土，代之以昔日北条氏的领土。德川家康虽然心有不甘，却最终选择了忍让。如塞翁失马，失去了昔日富庶之地的德川家康，不仅通过自身的努力迅速在关东积聚力量，更以讨伐"北条残党"为由，获准不出兵参与公元1592年丰臣秀吉对朝鲜所发动的倾国远征。

丰臣秀吉之所以敢于悍然入侵朝鲜，很大程度上是源于对当时朝鲜、大明国内政治形势的了解及自身军事能力的盲目自信。自公元1392年李成桂废黜高丽末代君主"恭让王"，建立朝鲜王国以来。为巩固自己的"僭主统治"，李成桂家族不得不通过以各种名目授予亲贵田地，以收买其忠诚，是为"科田制"。而除了授予亲贵、重臣的"勋田"和"科田"之外，朝鲜王国还将大量的土地切割成小块授予地方豪强，由于这些受领者有义务为国征战，因此又被称为"军田"。而这些拥有世袭私田的既得利益集团在朝鲜王朝时期因其"文东武西"而合称为"两班贵族"。

"科田制"和"两班贵族"这样的顶层制度设计，无疑是有利于最高统治者的。但朝鲜地狭民稠，在蛋糕无法持续做大的情况下，为了争夺"分蛋糕"的话语权，一系列"士祸"和"党争"也就在所难免了。而日本发动侵朝战争之际，正值朝鲜"东、西党人"之争未平，"南、北党人"之争又起的节骨眼上。和多数东亚地区的朋党之争一样，朝鲜的东、西、南、北四人党也是拿儒学经典和最高统治者的血统说事。当然他们争来争去也不是为了辨明程朱理学的核心是"性"还是"气"，又或者李成桂有没有汉族或者蒙古的血统。核心的目标还是要以大义的名分将对方赶出朝堂。

公元1591年，朝鲜东西两党为了国王李昖的"继承者们"又闹将起来。虽然这场"建储之争"以东人党的全面获胜而告终，但对"政治失足"的西人党究竟该赶尽杀绝还是"费厄泼赖"东人党内部又产生了分歧，进而分裂成了以李山海为首的北人党和以柳成龙为首的南人党。而就在这些番朋党之争中场休息之时，一年前出使日本的"黄金组合"回来了。

"黄金组合"指的是"西人党"的黄允吉和"东人党"的金诚一。既然党派不同，那么给出的日本国情通报自然也不可能是一样。黄允吉说日本"兵强马壮，武士当国"，金诚一就说不过是"色厉内荏，不足为患"；黄允吉说丰臣秀吉"深目星眸，闪闪射人"，金诚一就说那其实叫"目光如鼠"。从事态的后续发展来看，黄允吉的说法显然更符合当时日本的国情，但此时的朝堂之上都是他的政敌，又怎么会有人替他帮腔。于是在"弹丸岛国不足为虑"的"东人党"大合唱中，朝鲜国王李昖也觉得没必要庸人自扰。

不过丰臣秀吉命对马大名宗义智通告朝鲜国王宣祖李昖，表示"将于次年春天假道朝鲜进攻明朝，请予协助"的国书还是引起了朝鲜政府的重视，因为丰臣秀吉明确写明"吾欲假道贵国，超越山海，直入于明，使其四百州尽化我俗，以施王政于亿万斯年，是秀吉宿志也。凡海外诸藩，役至者皆在所不辞。贵国先修使币，帝甚嘉之。秀吉入明之日，其率士卒，会军营，以为我前导"。不过直到此时，朝鲜方面仍认为丰臣秀吉不过是虚言恫吓，因此一方面向明政府报告，一方面作书质问丰臣秀吉"辞旨张皇，欲超入上国，而望吾国为之党，不知此言悉为而至哉"。

金诚一在朝堂之上虽然有意摆出与同团出使的黄允吉一道，但私下却在第一时间将日本备战的消息通知自己的同乡、身居"右议政"高位的柳成龙。柳成龙深知事态严重，于是第一时间开始选派得力的亲信武人前往朝鲜半岛南部备战。其中最为著名的莫过于出任光州牧使的权栗和全罗左道水军节度使的李舜臣。

权栗根红苗正，老爸是前领议政权辙。不过权栗本人虽然早年参加武科考试，但并非投身军旅。此时无尺寸之功便成为了一州军政长官，

朝鲜古籍中的李舜臣画像

除了家族的荫蔽之外，自然少不得同乡柳成龙的推荐。与权栗相比，李舜臣的出身可谓"贫寒"。朝鲜史书上说他是德水李氏始祖李敦守的第12代孙，这过于遥远的记载是否属实姑且不论。即便李舜臣真是那个高丽王国时代神虎卫中郎将的后代，在朝鲜王国统治时期也没什么好自豪的。而在李舜臣的直系亲属之中只有曾祖父李琚做过兵曹参议，到了李舜臣的祖父辈更是家道中落。不过李舜臣的老爸李贞虽然是个布衣平民，但给几个儿子起名字倒是霸气侧漏。李舜臣的哥哥叫羲臣、尧臣，弟弟叫禹臣。如果再生一个不知道是不是要叫启臣。

国人读史有一个很有趣的现象，笔者将其称为"姓名印象"。如张飞正史中明明是一个擅画美人、立马书铭的才子，只是因为名字起的颇为跋扈，于是在演义中便成豹头环眼、燕颔虎须的莽夫，即便偶有良策，也不过是"粗中有细"而已。指挥水师与日本侵略者周旋于朝鲜半岛沿海的李舜臣本是武科及第出身的职业军官，但因为和宋、明时代的大儒同名，因此在后世形象中多是一副温文尔雅的儒将形象。

和中国古代"穷文富武、饱吹饿唱"的说法不同，在朝鲜王国"两班贵族"的把持之下，文科、武科都是有产阶层的特权（勋田、科田、军田的所有者），平民百姓只能参与杂科考试（易、医、阴阳学、法律学等）。李舜臣虽然有资格参与武科考试，但直到32岁才在屡试之下中举，也算是大器晚成。而与权栗这样的贵二代不喜为官的洒脱相比，李舜臣的前半生几乎都是在"为祖国边疆献青春"。公元1579年，李舜臣被调往今天因地下核试验而闻名的咸镜道抵抗女真部族的袭扰。这一待就是10年，期间还因兵败鹿屯岛而获罪被革职，以白衣从军。

柳成龙无疑是李舜臣生命中的贵人，但对于两人的关系，朝鲜史料却讳莫若深。只说两人是少年时的老相识。但成长于安东的柳成龙如何认识家住首尔的李舜臣，却实在令人难以信服，而值得注意的是，早在为柳成龙的慧眼所发掘之前，李舜臣已经为金海都护府使李庆禄推荐给了"东人党"的另一大佬——李山海。可以说早在柳成龙"不拘一格"用人才之前，李舜臣已经算是"东人党"的外围了。而几乎在同一时间，朝鲜王国南部三大水师指挥官系数换人，除了主持全罗左道的李舜臣之外，负责全罗右道的是王族旁支的李亿祺，接掌负责庆尚右道的是原咸镜道富宁都护府使元均。

而这两位和李舜臣最大的共同点便在于都曾在东北边境与女真族交战过，属于有实战经验的"军政复合型人才"。由此可见，朝鲜王国对抵御日本侵略的相关战备工作的启动，最迟不远于公元1591年。所谓朝鲜"人不知兵二百余年"、"如同无预警入侵"的说法并不成立。而之所以造成"壬辰朝鲜战争"初期朝鲜军队一溃千里的局面，则完全是由朝鲜国内的政治体制和战略误判造成的。

朝鲜和日本一衣带水，自古便摩擦不断。曾长期困扰大明帝国的"倭寇"，亦是朝鲜半岛的主要外患之一。朝鲜开国君主李成桂便曾三度领军大败日本海盗。而公元1389年和1419年，朝鲜军队两次远征对马岛，越境打击日本海盗。因此在朝鲜官方的概念中，日本对朝入侵的手段无非是海上袭扰加小规模的两栖突击而已，只要加强水师建设便足以应对了。

因此与朝鲜海军战备等级迅速提高形成鲜明对比的是朝鲜王国陆军方面的敷衍了事，派至南部三道备倭的金卒等3人，借修缮城池之机大肆搜刮民财，引起人民的强烈不满，怨声四起。而当时朝鲜的所谓的"名将"——申立和李溢，去各地视察武器，只重视弓、矢、刀、剑等，对新式武器如鸟铳却轻视地说："岂能尽中？"直到公元1592年4月14日，数万日军先锋于釜山一线卷海而来，朝鲜王国才知道自己错得有点离谱。

而在丰臣秀吉看来，经过战国时代的洗礼，日本海、陆军的战斗力

日本入侵时的朝鲜军队

均处于巅峰状态。作为一个岛国，日本自古便不缺少统称"水军"的海盗集团。而随着战国争雄的愈演愈烈。本无统属的各地水军纷纷为豪门收购，成为了各战国大名"株式会社"的"海上事业部"。一时间你方唱罢我登场，倒也非常的热闹。更促进了日本列岛造船工业和舰载武器的升级换代。公元1576年，从属于织田信长的纪州水军领袖九鬼嘉隆在织田氏的全力支持下，建造出了宽7间（约12米）、全长12间（约21米），以两层漆木为橹樯，上覆铁板，内列火炮的"大安宅船"。两年之后，九鬼嘉隆正是以6艘大安宅船击破称雄濑户内海30余年的毛利、村上水军联合舰队的600余艘木制战船。可谓一战便拉升了日本海战的档次。

作为织田信长政治遗产的继承者，丰臣秀吉并非不重视水军的建设。早在受织田信长之命攻略盘踞本州西部的毛利氏领地之时，丰臣秀吉便施展自己所擅长的招降纳叛手段，延揽以濑户内海芸予诸岛的村上水军。而此时本就是股权不清的村上水军内部也暗流汹涌。而首先背离毛利氏投向村上水军来岛一系的来岛通总和他的倒霉哥哥——得居通幸。

作为村上水军的一员，得居通幸和来岛通总两兄弟当然都本姓村上。不过公元1567年，两人的老爸村上通康去世之时，村上通幸不幸被嫡出的弟弟通总挤掉了继承家业的权力。当时年仅10岁的通幸干脆自暴自弃，号称是土居氏和得能氏的子孙，给自己编了一个得居的姓氏。而公元1582年，21岁的村上通总率先宣布背弃自己母亲所出的四国岛土豪河野氏，投靠丰臣秀吉之时，又遭到了村上水军其他几部的围攻。被打得一败涂地的村上通总只能逃往秀吉的军营避难。虽然村上通总能力一般，但出于千金买骨的目的，丰臣秀吉事后还是替他出头，不仅从毛利氏和村上水军手中要回了其根据地，更以其所盘踞的岛屿赐姓"来岛"。至此，原本相对齐心的"三岛村上"水军归于解体。

公元1585年，丰臣秀吉以与其结盟的毛利氏为前锋，大举侵入四国岛。得居通幸和来岛通总两兄弟亦负弩前驱。面对丰成氏压倒性的优势，被称为"土佐之蝙蝠"的长宗我部元亲很快便宣布降服。得居通幸和来岛通总因此分别获得了3千石和1.3万石的封地。算是跻身入了战国大名的行列。可不要小看这1.3万石，要知道日后以指挥水军参加对朝作战

大安宅船透视图

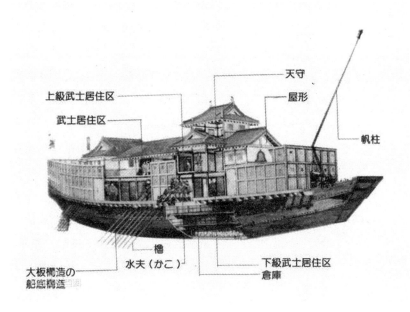

日本海盗集团"水军"之间也常年龌龊不断

的其他几位日军将领，藤堂高虎此时也不过2万石的封地，加藤嘉明此时仅3千石，要到一年之后才加封淡路城1.5万石。胁坂安治山城、摄津两领相加也不过1.3万石的封地。从这个角度来看来岛通总两兄弟可谓起点不低。

丰臣秀吉之所以肯给予来岛兄弟如此优厚的待遇，一方面固然是因为分割的是四国长宗我部家的地盘，属于慷他人之慨。另一方面也是考虑到收降四国之后即将要跨海远征九州，来岛兄弟麾下的水军可能会派上点用场。但在公元1586年末丰臣秀吉所发动的第一次九州征讨战中，来岛兄弟却根本没有发挥出自己水军的特长，只能担任接应被岛津军诱引至户次川所败的丰成系武将仙石秀久及长宗我部的残军撤回四国的任务而已。第一次九州征讨的失败令丰臣秀吉颇为不爽。公元1587年农历三月，他操控天皇宣布岛津氏为朝敌，一气动员22万大军杀奔九州。面对丰成系压倒性的实力优势，岛津氏稍作抵抗便宣布降服。

第二次九州征讨的成功，令丰臣秀吉开始迷信于泰山压卵式的大兵团作战。两年之后，他故技重施，再度动员丰成系本部人马及盟友大名所部25万大军，海陆并进，杀

214

向盘踞关东相模、伊豆等地已近百年的战国北条氏。来岛兄弟再度从军出征，但此时他们的风头不仅被曾经的织田系水军头领九鬼嘉隆盖住，甚至，连加藤嘉明、胁坂安治这些"半路出家"的水军将领也有所不如。毕竟加藤、胁坂两人自平定四国岛之后也受封于濑户内海沿海，造船募勇均有先天的便利。

声势浩大的北条氏讨伐战，最终以北条氏主城小田原在海陆包围下宣布开城投降而告终。至此，丰臣秀吉不仅完成形式上对日本列岛的统一，更令其形成了自己一整套对战争的看法。在丰臣秀吉看来，日本列岛经过百年战国的历练，早已形成了一套行之有效的战争动员体制。通过被称为"太阁检地"的日本全国经济大普查和土地所有制的调整，丰臣秀吉基本掌握了日本全国年生产力的经济数据。随后再依照每个大名、家臣所领有的石高数，去分配兵员和战争物资采购数，数十万大军便可以迅速完成集结和调遣。正是缘于对自己所建立的这套原始"总体战"体系的自信，在丰臣秀吉眼中，远征朝鲜将成功地复制九州、北条讨伐战的辉煌。

应该说丰臣秀吉的这套战争理论在陆战中确实行之有效，但丰臣秀吉将这套理论照搬到海战领域，却不得不说有胶柱鼓瑟之嫌。从公元1591年农历正月下达给各大名的水军征召动员令中，不难看出丰臣秀吉完全按照陆军的模式，进行着海战的动员：临海各国诸大名领地，每10万石准备大船两艘……各海港每百户出水手10人……秀吉本军所用船只，各国大名每10万石建大船3艘、中船5艘。所需建造费用，由秀吉拨给；各国大名将所需建造费用，以预算表呈报，先拨给一半，迨船建造完毕后，再行付清。

以当时日本全国的石高约2500万石，沿海约占一半计算，在丰臣秀吉的指挥棒下，为远征朝鲜征调、新建的战船可达700余艘，且自带水手。仅从数字上来看不可谓少，但是丰臣秀吉的征召令中并没有提及这些战船的武备问题。当时日本虽然已经实现了火绳枪的国产化，但大口径火炮则几乎全部依赖进口。换而言之，集中到远征军手中的这700艘战船上面连一门火炮都没有。

从各地征调的水手可以满足战船的正常航行需要，但一旦发生海上战斗仍需专业的水军。相对于第一波次投入朝鲜战场的15.8万陆军而言，首战朝鲜的日本水军仅有9200人，这个集合丰成系所有水军人马的数字，甚至远远低于战国时代鼎盛时期的村上水军一家的兵力。织田信长手中仍船坚炮利的日本水军，缘何在远征朝鲜之时缺兵少炮呢？出现这样的局面，不得不归咎于丰臣秀吉于1588年所颁布的《海贼停止令》。

仅从字面上看，天下已定，要求各地水军停止"海贼"行动无可厚非，但事实上日本各地的水军除了打家劫舍之外，更多的时候是扮演着海上收费站和镖局的角色。正因如此，日本水军的主力舰被称为"关船"，意即在海上的航行要道设置关卡，以收取"帆别钱"。而客户如果愿意以"警固料"的名义出钱，各水军也不介意用小型的快船（小早）提供武装护送的物流服务。从长远来看，帆别钱、警固料对日本国内贸易的发展都是有害的。但丰臣秀吉以行政手段将其一刀切，却不免操之过急。《海贼停止令》一出，各地的大小水军集团顿时星散，其中当然不乏好事者加入藤堂高虎、加藤嘉明、胁坂安治等人的水军远征朝鲜，但更多的人选择了就此从良，过上了打鱼经商的平和生活。从这一点来说，被编入四国诸大名组成的第五番队（兵团）渡海犯朝的来岛通总所部，可以说是九鬼嘉隆之外，唯一一支成建制参与远征朝鲜的战国水军余脉。

到了同年3月时，丰臣秀吉又颁布了陆军部队兵员的征召动员令，各国诸大名每万石应征召人数各地不同：四国、九州600人；中国、纪州500人；畿内五国400人；骏河、远江、三河、伊豆四国300人，由此以东200人；尾张、美浓、伊势、近江四国350人；若狭、越前、加贺、能登四国300人；越后、出羽200人。以忠于丰成系的各派人马总计千万石来计算，日本对朝远征军便可达30万以上。因此在此后漫长的"壬辰朝鲜战争"中，日本远征军始终保持着充沛的兵员，而国力远胜于其的大明帝国在兵力上反倒处于劣势。

昏君之名
——万历帝和群臣的拉锯及援朝决策

丰臣秀吉的自信同时还源于对明帝国此时内部政治格局的混乱。嘉靖四十五年（1566）十二月，明世宗朱厚熜病死，其子朱载垕继位，是为明穆宗，改翌年为隆庆元年（1567）。明穆宗朱载垕在位6年，醉心于玩乐挥霍，使嘉靖以来"帑藏匮竭"的财政危机进一步恶化，尖锐的社会阶级矛盾进一步激化，明帝国的社会政治经济已到了不改革则无以为继的地步。

明穆宗朱载垕于隆庆六年（1572）五月去世，其子朱翊钧即位，是为明神宗，诏改翌年为万历元年（1573）。不过登上皇位的明神宗朱翊钧此时只是一个10岁的孩子，政务由穆宗陈皇后及神宗生母李贵妃主持。穆宗去世后，阁臣张居正与司礼监秉笔太监冯保相结纳，冯保素与首辅高拱有郤，在太后面前诉说高拱擅权不可容，于是太后下旨，将高拱逐出朝堂，由张居正接任首辅。陈皇后与李贵妃"内任冯保，而大柄悉以委居正"。

张居正可以说是明皇朝最有权势的首辅，当时阁臣吕调阳、张四维皆"恂恂若属吏，不敢以僚自处"。李贵妃在训责明神宗朱翊钧时，则往往说："使张先生闻，奈何！"年幼的朱翊钧听了很害怕。当张居正父丧归乡时，朝廷大事专门派人"驰驿之江陵，听张先生处分"。张居正还朝，一路上，守臣率长跪，抚按大吏越界迎送，身为前驱。道经襄阳、南阳，藩王襄王、唐王俱抵郊外迎候，设宴款待。史称："帝虚己委居正，居正亦慨然以天下为己任，中外想望丰采。"张居正在万历初柄政的10年中，可以说是权相侔帝王了。正是凭借着这样的权势，张居正雷厉风行地推行了一系列的改革政策，对明皇朝的旧政积弊进行了大

明神宗朱翊钧

张居正

刀阔斧的革新。

为了改变"贪官为害"、"驱民为盗"、吏治腐败的局面，改变因循敷衍、没有实效的官场恶习，张居正创立了"考成法"，用以考核官吏的政绩。"考成法"规定评判官吏政绩好坏的标准以"安静宜民者"为上，"沿袭旧套虚心矫饰者"列下考。其方法是逐级考核，抚按以上述标准考核属吏，吏部以之考核抚按一级，朝廷以之考核吏部。如抚按不能悉心甄别、如实考核，则抚按为不称职，吏部应秉公汰黜之；如吏部未能精心核实处理，则吏部为不称职，朝廷宜秉公处置。

逐级考核之外，还有随事考成的制度，即规定六部都察院及各衙门之间来往公文、传达处理均根据"道里远近，事情缓急，立定程期，置立文簿存照"。如有延误者，各级官吏都有责举报。如此月考、岁考，建立了严密的考核制度，使得"纪纲法度莫不修明"。张居正据考成法裁革了一大批慵懒无能的官吏，奖励提拔了廉能有才干的官吏。考成法的实施也在组织制度上保证了其他各项改革措施的顺利推行。

为了增加田赋收入，缓解财政危机，张居正不得不接二连三地下令清理积欠的租赋。万历元年，诏令"自隆庆改元以前逋租，悉赐蠲除，四年以前免三征七"，第二年又规定，拖欠七分之中，每年带征三分。次年又规定"输不及额者，按抚听纠，郡县听调"。张居正将之列为官吏考成的一项内容，令"朝下而夕奉行"，迅速扭转了明皇朝财政窘迫的困境。至万历四年，"太仓粟充盈，可支十年"，"太仆寺亦积金四百余万"。

为了解决长期遗留的"豪民有田不赋，贫民曲输为累，民穷逃亡，故额顿减"的社会矛盾，张居正于万历六年（1578）下令在全国清丈田地，并严令强宗豪民不得挠法，否则严惩不贷。万历九年丈量完竣，计田地的总额比弘治时期多300万顷。这个数字中虽有个别官吏为邀功而改用小弓丈量以求田多的情况，但清查出来的田地大部分是强宗豪民的田地则是毫无疑问的。史称清丈以后"豪猾不得欺隐，里甲免赔累，而小民无虚报"。一条鞭法的赋役改革，嘉靖年间，在张璁的主持下，曾在一些地区推行过，但"数行数止，至万历九年乃尽行之"。

万历九年，张居正在全国范围内推行了一条鞭法的赋役制度改革。一条鞭法的内容为：将赋役以及土贡方物等杂征皆合并为一项，一律征银，按人丁和田亩分摊；赋役额数以州县为单位，原有赋役额不准减少；赋役额由地方官直接征收。一条鞭法统一了赋役，简化了征收项目和手续，减少了中间环节，便于管理，在一定程度上抑制了豪强漏税和官吏贪污的弊病，减轻了贫穷小民的负担，保证了朝廷的田赋收入。史称"赖行一条鞭法，无他科扰，民力不大绌"。

鉴于明中期以来"虏患日深，边事久废"，"守备单弱"的状况，张居正竭力整饬边防，擢用了一批有才干的将领守御边疆。如用名将李成梁镇辽，蒙古鞑靼"小王子"巴图蒙克率部众十余万数次入寇辽左，均被李成梁力战击败。戚继光镇蓟门16年，边备修饬，蓟门晏然。而在他之前17年间，"易大将十人，率以罪去"。由于张居正知人善任，努力整饬边防，故使这一时期"边境晏然"。

此外，张居正还在整理驿递、裁汰冗官、整理学校方面多有改革。张居正是一个务实的改革家，他的许多改革政策都是针对明皇朝历代积弊而制定的，他的改革也取得了很大的成效：由于吏治有了很大改变，号令一下，"虽万里外，朝下而夕奉行"；财政亏空变得绰有剩余；从"边事久废"基本达到"边境晏然"。然而在张居正去世后，由于改革触及了一些权贵的利益，招致他们的怨恨和非议，也由于其生前"威柄之操，几于震主，卒致祸发身后"。

从万历十年（1582）初开始，张居正病倒在床，明神宗朱翊钧仍频频遣使慰问、赐物。至同年六月十一日，张居正已危在旦夕。明神宗朱翊钧以论辽东战功,进他为太师,荫一子为锦衣卫世袭指挥同知。文臣没有生前加三公的,只有死后才能赠给。在明代,一人而独享三公之殊荣者,唯有张居正也。在此之前,明神宗朱翊钧还多次说过不仅要破例赏赐张居正,而且要特殊优待他的子子孙孙。六月二十日,张居正与世长辞,终年58岁。一代名相谢世,皇上悲痛,下令辍朝一日,举国哀悼,赐祭九坛,礼视国公兼师傅,赠上柱国,谥文忠。明代身后得赠上柱国者,只有洪武朝武臣江阴侯吴良、永乐朝僧人太子少师姚广孝和张居正3人。

张居正之所以成为中国古代史上伟大的政治家,是因为他在万历初年置生死于度外,"工于谋国,拙于谋身",为了富国强兵,进行政治经济改革。他业绩炳然,他的名字也可以说是当时"改革"的代名词。对此,国人有定论,明神宗更清楚:如果没有张居正,就没有他的新政,没有那时"太仓粟充盈,可支十年"的繁荣气象。然而,他终归是一个封建帝王。封建帝王共有的思想特征和心理状态,是喜怒无常,翻脸不认人,一切以实用为标准的。朱翊钧也是这样一个皇帝。他长大以后,越发感觉到张居正处处揽大权。为了防止今后再发生这种现象,张居正一死,他马上就来了个180度大转弯,于是生前"忠贞不贰"的"元辅张先生",死后反而变成了"谋国不忠"的"大奸"。

明神宗朱翊钧心里明白,张居正在世时,他是如何重用张居正,并许下了多少诺言。而今要实现这个转变,必须寻找时机,找到借口,不能平白无故地说张居正是坏人。而且要有计划,有步骤。问题是从哪里下手?明神宗朱翊钧素以"贪财好货"闻名。当时他的弟弟潞王朱翊镠即将结婚,需要一大笔开支。其母李氏为儿子的婚费焦急,多次催促神宗赶紧筹办。朱翊钧舍不得动用内府的丰富积蓄,又顾虑大臣再批评他天天随意挪用国库的钱,正巧,这时有一个名叫张诚的贴身太监向他秘密奏报,说经过长期暗中侦查,张居正和冯保"宝藏逾天府"。

朱翊钧一听,怦然"心动",而且怀疑张居正积蓄多于冯保。加上冯、张二人以前对他约束太严,使他时存反感,及渐长而"心厌之"。于是就不管什么冯"大伴"和"元辅张先生",也不顾不是"谋反、叛逆与奸党"不可抄家的祖宗法律了。经过权衡利害得失,决定先拿冯保开刀。

万历十年(1582)十二月,以"冯保欺君蠹国,罪恶深重",免去

220

东厂提督，押到南京软禁，抄家没产，神宗得到金银一百余万两，珠宝瑰异无数。当时，冯保和张居正是互为依存，生死与共，谁也离不开谁。冯保垮台，张居正必然在劫难逃。由于张居正生前是内阁首辅，又是太傅、太师，影响很大，所以在做法上有些不同。先大造舆论，形成"举朝争索其罪"的强大声势，将张居正重用的人统统罢去，同时为从前反对张居正的人——恢复名誉或官职。然后再步步升级，彻底搞臭张居正。万历十一年（1583）三月，诏夺张居正上柱国、太师兼太子太师。八月，复夺"文忠"谥号。

万历十二年（1584）四月，辽王朱宪的次妃王氏状告张居正强占辽王庄田和金宝万计。遂以侵盗王府资产罪，命抄张氏在京与江陵老家财产，总计得银十多万两、黄金数万。八月十三日，诏削张居正官秩，夺所赐玺书、四代诰命，公布罪状，曰："张居正诬蔑亲藩，侵夺王坟府第。钳制言官，蔽塞圣聪。私废辽王。假丈量田土，骚动海内。专权乱政，罔上负恩，谋国不忠。本当破棺戮尸，念效劳有年，姑免尽法。其弟都指挥居易，子编修嗣修，子张顺、张书，都着永远戍边。"自此开始，"终万历世，无敢白居正者"。张居正其人其事，成为禁区，谁也不得议论。张居正当然有不少过错，但他所从事的改革事业是进步的。明神宗朱翊钧不问青红皂白，一概加以否定，用心甚毒，却也因此走向了反面。这道诏令，是他自毁新政，全面扼杀他与张居正共同进行的改革成果的自

并不受宠的太子朱常洛

白书，也是他本人由勤变懒、全面废弃励精图治的标志。从此以后，明神宗朱翊钧已完全变成了另一个人。皇上怠荒，朝纲必坏，各种社会弊端开始全面复辟，地方秩序由相对稳定而走向混乱。

从万历十一年（1583）十二月初一日起，明神宗朱翊钧一面搞臭张居正，一面以"病"为借口，不亲郊庙，不见廷臣。内治不修，上梁不正下梁歪。继张居正为首辅的张四维，"及代柄，务倾江陵以自见，尽反其所为。所裁冗官秕政，一切复之"。而后主阁者申时行等人，"亦踵其故智，使纪纲陵迟，侵渔日恣，吏贪而民玩，将惰而兵骄，国储动荡"。万历十三年（1585）正月，四川建武所兵变。万历十四年十月，礼部主事卢洪春奏曰：明神宗"日夜纵饮作乐"。从同年起，为争立皇太子，演出了旷日持久的"国本之争"。

所谓"国本之争"，明神宗朱翊钧因册立太子的问题而与群臣的矛盾，由于中国古代有"太子者，国之根本"之说，所以被称为国本之争。明神宗的长子朱常洛，原为他与宫女王氏在偶然之下所生的，明神宗因为朱常洛为宫女所生，所以不喜欢他。王氏原为慈宁宫宫女，在张居正主政的万历九年（1581）的某一天，明神宗往慈宁宫向慈圣皇太后请安。当时太后不在，王氏端水让他洗手，他一时兴起，就宠幸了王氏，王氏受孕后，太后询问皇帝。皇帝起先不承认是他的作为，太后命人取《内起居注》查看，至此皇帝方勉强承认，后封王氏为恭妃。当时宫中称宫女为"都人"，明神宗朱翊钧因此也常称朱常洛为都人子，不是很喜欢他。

明神宗嫔妃众多，其中最宠爱郑氏，万历十年（1582）封为淑妃，次年进为德妃。到万历十四年（1586），郑氏生子，即朱常洵。明神宗大喜，有意晋封为皇贵妃，这对恭妃冷落的态度有了鲜明的对比。很快，有流言说明神宗与郑贵妃曾到大高玄殿祷神盟誓，相约立朱常洵为太子，并且将密誓御书封缄在玉匣内，由郑贵妃保管。

明朝大臣受到流言影响，纷纷建议尽早册立皇长子朱常洛为太子，以破除流言。万历十四年（1586）郑氏生子同年，首辅申时行上疏，列举明英宗两岁、明孝宗6岁被立皇太子为例，要求册立皇长子朱常洛为太子，明神宗以长子幼弱为由，等两三年后再举行。这加深群臣的不安，户科给事中姜应麟、吏部员外郎沈璟等人纷纷殊请册立东宫。其中姜应麟措辞激烈，让明神宗朱翊钧颇为激怒，将奏折扔在地上，对身边宦官说"册封贵妃，初非为东宫起见，科臣奈何讪朕"遂降旨："贵妃敬奉勤劳，特加殊封。立储自有长幼，姜应麟疑君卖直，可降极边杂职。"于是贬姜应麟为大同广昌典史。吏部员外郎沈璟、刑部主事孙如法相继上言，都被处罚。在明神宗朱翊钧处罚姜应麟的谕旨中，也指出立太子一定会依长幼顺序册立。

此后大臣仍然要求册立皇长子朱常洛为太子，并于万历十八年（1590）集体要求册立，并且杜门请辞，向明神宗朱翊钧施加压力。朱翊钧只好推至明年，或皇子15岁时，之后又推说延至万历二十年春举行。到次年八月，工部张有德提议需要动工准备，然而被明神宗以不准奏扰为由罚禄三个月。首辅申时行与大臣等人上疏反对，明神宗朱翊钧大怒，然而申时行又暗中表明辩白。此事曝光后申时行名誉扫地，被弹劾后只得辞职返家。众大臣或被辞职，或被廷杖。

万历二十一年（1593）年正月，明神宗朱翊钧加快了改立进程，下手诏给大学士王锡爵，要将皇长子朱常洛、皇三子朱常洵和皇五子朱常浩一并封王，以后再择其中善者为太子。王锡爵既怕得罪明神宗，又怕被朝臣攻讦，于是上疏请由皇后抚育长子，如此长子就是嫡子。然而神宗只以前谕示朝臣，继续准备行三王并封之礼，顿时朝中大哗。因为王锡爵这么一说，等于明指朱常洛还需要补办手续，质疑了朱常洛做太子的合法性，因此大臣们纷纷指责王锡爵阿谀顺上，王锡爵无奈自劾请辞，而朱翊钧也迫于众议收回了前命。

群臣请立朱常洛为太子一事，前后纷争凡15年之久，在慈圣皇太后的干预下，明神宗终于在万历二十九年（1601）让步，立虚龄已20的皇长子朱常洛为太子，朱常洵为福王，朱常浩为瑞王，朱常润为惠王，朱常瀛为桂王。朱常洛出阁读书时，正值寒冬，太监不给太子生火取暖。朱常洛冻得浑身发抖，讲官郭正域怒斥太监，太监们才给他生火。此后，福王又不赴封国长期逗留京师，于是大臣们又纷纷开始上书要求其按祖制离京赴封地居住，这其中以大学士叶向高、礼部右侍郎孙慎行争执得最为强项。直到万历四十二年（1614）三月，爆发了郑贵妃收买流浪汉张差欲行刺太子朱常洛的"梃击案"，在朝臣的压力下，福王朱常洵才勉强宣布离开北京前往自己的封国。

在"国本之争"持续发酵的同时，明帝国内部各种天灾人祸更不断上演。万历十六年（1588）八月，明神宗朱翊钧不顾南北各地大饥荒，为身后之计，大肆挥霍，加紧修建"寿宫"。十七年（1589）正月，太湖、宿松地方爆发农民起义，饥民数万闻风响应。三月，云南永昌卫士兵暴动。四月，广东白莲教起义。至同年十二月底，太仓外库银只剩下31万余两，"利孔已尽，无复可开"。初年改革的积蓄，用得近乎精光。这一年，明神宗因为有人批评他唯好酒色财货，暴跳如雷，大怒不止，从此章奏留中不发。万历十八年（1590）二月，再罢日讲，"自后讲筵遂永绝"。缺官严重而不补，也是从这一时期开始的。

万历十九年（1591）十月，京营武官闹事，直冲入长安门。举朝惊骇，人心不安。是时，明神宗朱翊钧也不得不承认这样严峻的现实"近年以来，人各有心，众思为政——以致国是纷纷，朝纲陵替，大臣解体，争欲乞身，国无其人，谁与共理。内治不举，外患渐生，四夷交侵"。可惜他非但不吸取教训，反而越走越远，继续大逞酒色之乐。万历二十年（1592）正月，御史冯从吾奏言：陛下郊庙不亲，朝讲不御，章奏不发，而"每夕必饮，每饮必醉，每醉必怒"，真是"内治不举，外患渐生"。同年二月，宁夏致仕副总兵官哱拜起兵反叛；五月，日本发动侵朝战争；其时西南又发生播州土司杨应龙之乱。也由此引发了所谓"万历三大征"——大明帝国长达十余年的三线作战。

次要战线

——与万历援朝战争同期的宁夏、播州之役

　　宁夏致仁副总兵哱拜原是蒙古鞑靼部的一个小酋长，因与部落酋长英台吉有矛盾，于"嘉靖中得罪其部长，父兄皆见杀，遂率领部众投奔宁夏官军"，因作战勇敢，从军功被提升为巡抚标下把总。后因屡建战功，渐渐由把总升至守备、游击、参将，并授宁夏卫世袭都指挥使。万历十七年（1589）二月，经宁夏巡抚梁问孟奏请，"加宁夏总兵标兵参将哱拜以副总兵衔致仕，许其子哱承恩袭职"。

　　哱拜原本为了逃命和报其父兄之仇而亡命投靠明军，始终心怀异志，居心叵测，所以在宁夏站稳脚跟之后，便招降纳叛，吸引地痞恶棍，并在家中豢养号称"苍头军"的武装家丁三千余名。他的长子哱承恩更是"独形枭啼，性狠戾"，在接替父职以后，也是"多畜亡命"，目无上司和法纪。所以哱拜依仗自家几个如狼似虎的儿子和一伙为非作歹的所谓的义子，凭借哱家苍头军的武力，已形成横行塞上的一个黑势力集团，地方官民避之不及，无人敢惹，官府为了息事宁人，都睁一眼闭一眼。

　　哱家父子不仅是一方人民的祸害，而且哱家军的实力日益膨胀，已形成尾大不掉之势，成为影响宁夏军镇安全的一大隐患。宁夏巡抚梁问孟正是出于这种忧虑才使用加官的办法，给予哱拜一个副总兵的头衔，让他交出兵权，离开军营。但是这丝毫没有解决问题，因为其子哱承恩承袭了父职，哱家的势力非但并未受到削弱，反而引起了哱拜的怨恨和警惕，促使他叛逆心理的滋长。

　　万历十九年（1591），鞑靼部西犯，甘肃临洮、河州一带报警。此前，御史周弘和巡按宁夏边务时，曾偏听偏信，"还朝，以将材荐哱承恩、土文秀、哱云"。今军情告急之际，又"举承恩及指挥土文秀，拜义子

哱云等"大可任用。而哱拜也不甘寂寞，遂自请率哱家父子和家兵出征甘肃。新任宁夏巡抚党馨早已了解到哱家军漫无纪律，平时经常出塞劫掠人畜金帛，恐战时更难驾驭，主要还是对哱家父子的不信任，便没有批准他的出征请求。

但是哱拜转而得到经略郑洛的批准，实现了自己的愿望。可是党馨非但未给他分拨军马，反而还给哱家军调换乏马。战事结束返宁以后，党馨又想清查哱拜虚报冒领的粮饷，并鼓动其部下检举哱家父子西征时的不法行为。哱承恩还因强娶民女为妾，被党馨鞭责20军棍。哱家父子对此怀恨在心，等待机会要向党馨报复。恰当此时，党馨拖欠粮饷，不能及时发放冬衣，而且催逼军兵们屯田赋税，引起广大饥寒交迫的士兵的怨恨。于是在下级军官刘东旸、许朝、刘川白、张文学等人的策划下，串联80多人，歃血为盟，准备举行兵变。

军中坐营江廷辅已察觉到军营要出事，就向党馨建议赶快补发所欠银两，以安定军心。但党馨不以为然，并进而威胁士兵说："想以作乱要挟上司，决不可答应。你们难道就不怕杀头灭族吗？"所以，士兵们到了忍无可忍的地步，宁夏镇城犹如一个巨大的火药桶，随时都有爆炸的可能。

万历二十年（1592）三月戊辰日，在哱家父子的进一步煽动之下，宁夏镇城兵暴发生了。"宁夏镇四营官军、家丁围杀巡抚党馨，副使石继芳，数其侵克残暴二十事，并杀卫官李承恩，供应官陈汉等于市，放狱囚，毁文卷"，"毁公署，据城门"，宁夏总兵官张继忠无奈自杀，刘东旸"自署总兵"，"奉哱为谋主，承恩、朝为左右副总兵，云、文秀为左右参将"。本来这仅是一场闹饷的哗变事件，哱家父子的煽动和加入，使得事态进一步扩大，形势更加恶化，并"勾结松虏"，使事件的性质也发生了变化，由原先少数人索饷闹事而转化为有政治目的的反叛暴动行为。

此时哱拜原形毕露，自称"哱王子"，宁夏叛乱，"实是哱拜主谋"，其子哱承恩、哱云和部将土文秀等成为叛军的主要首领，各率所部攻城略地，十分猖狂，当时宁夏全镇，除北路平虏所由于参将萧如薰坚守没有丢失外，其他大多数城池和河西47堡地方均被蹂躏，"且渡河，复诱河套著力兔、宰僧犯平虏，花马池。全皆

　　　　　　　　　　　　　　　　　　　　　　　　　东海博弈

震动"。

明帝国政府急命兵部尚书、总督魏学曾驰赴宁夏统一指挥征讨诸军，并升陕西副使朱正色为宁夏巡抚，升协守洮岷副总兵董一奎为宁夏镇总兵官。又破格提拔萧如薰为宁夏副总兵，暂管总兵事，与总督魏学曾共同办理宁夏平叛事宜。同时增调宣大兵六七千人星夜驰援宁夏，还命陕西巡抚沈思孝率部移驻下马关，作为声援。再特命御史梅国桢速赴前敌担任监军。与此同时，朝廷又高悬赏格"斩承恩头，许以侯伯延世"，有能擒献哱贼，"与世封"，"有能擒献哱拜父子，赏银二万，封龙虎将军；擒献刘东旸、许朝、土文秀，赏银一万两，封都指挥使"。明神宗朱翊钧还赐魏学曾尚方宝剑，享受"斩临阵不用命者，以肃军法"的特权。

明代边防骑兵

但是官军进展仍然缓慢，3个月后，于六月十八日才肃清宁夏镇外围，开始围攻镇城。此时有人建议水淹镇城，而魏学曾之所以不采用水淹镇城和武力强攻的办法，是不忍心看到城中"生齿三十万"无辜的生命财产受到重大损失，所以千方百计想以招抚和离间

反映宁夏之乱的《平藩得胜图》局部

的办法，促使城中叛军觉悟，自行从内部解决。魏学曾先后派叶得新入城，招谕刘东旸、许朝，想让他们杀哱家父子，主动赎罪立功；又派宁夏原总兵官张杰入城与哱拜叙旧，劝哱拜杀刘、许自新；还与城中百户姚钦、武生张遐龄等约为内应，但都没有成功。后来才不得已于八月决堤放水，淹灌宁夏镇城。叛军也加堤反水淹官军，故始终未能攻下宁夏镇城。

在久攻不下的情况下，朝廷认为前敌大将帅老无功，便下令撤换了三军总督魏学曾，"命锦衣卫逮系来京究问"，改以叶梦熊总统三珲，萧如薰总兵宁夏，调名将宁远伯李成梁之子李如松为提督陕西讨逆军务总兵官，统一指挥新增派的山西、辽东、浙江兵和南方苗兵，配合督抚各军通力合围宁镇。另一方面，边外著力兔、庄秃赖和十失兔各蒙部内犯援兵，也被总兵李如松、马孔英、杜桐等将分别击溃，大局已定。各路大军联合会攻宁城，"宁夏总兵董一奎攻其南，固原总兵攻其西，故总兵刘承嗣攻其北，朱秉忠攻其东，原总兵麻贵以游兵主策应"。

哱拜自出北门，想逃往蒙部，当即被游兵谢贵赶回城中。哱刘叛军困守城镇，粮草告尽，内部矛盾冲突不断，内外交困，已成瓮中之鳖。八月初，官军再次放水淹城，虽然水攻没有达到预想的目的，但却使得城中叛军人人自危，丧失了斗志，并彼此猜疑，互相残杀。先是刘东旸杀死哱拜部将土文秀，哱承恩又派人离间许朝和刘东旸，两人被杀。

哱承恩为了保全哱家的生命和地位，便将刘东旸、许朝和土文秀3人头颅悬挂于城头请降。九月十七日，官军最后发动总攻，哱承恩见势不妙，率所部冲出南门，被围城官军杨文登生擒，大军一举攻进城中，李如松、李如璋兄弟直扑哱拜第，将其包围，并用火攻，叛兵死伤过半。哱拜见大势已尽，在家中上吊自焚身死。十一月戊辰，皇帝亲登皇极门朝百官，举行宁夏大捷庆礼和献俘仪式，"命磔哱承恩、何应时、陈雷、白鸾、冯继武，斩哱承宠、哱洪大、王文德，各枭示九边"。并以宁夏大捷祭告郊庙和"逆贼荡平布告天下"。

"宁夏之役"表面上看是外籍军官领导之下的边防军哗变，但本质上仍是明帝国财政日益吃紧之下社会问题在军队中的集中爆发。而几乎同一时期爆发的"播州之乱"，则折射出明帝国长期以来在边境地区所奉行的"土司"制度所存在的弊病和危机。明代云南、贵州、两广、湖广以及四川等地，自然条件差别甚大，民族众多。除居有汉族之外，还有苗、瑶、彝、傣等少数民族，他们的社会发展也极不平衡。元帝国统治时期便在少数民族聚居区设立土司制度进行管理。土司的官职有宣慰使、宣抚使、安抚使、土知府、土知州、土知县等官职。这些土司官职，大多由各族的首领世袭。

明帝国建立之初，朱元璋以数十万兵力平定西南各省后，为控制这些地区，遂承袭元朝的统治制度。洪武初年，"西南夷来归者，即用原官授之。其土官衔号宣慰司，曰宣抚司，曰招讨司，曰安抚司，曰长官司。以劳绩之多寡，分尊卑之等差，而府州县之名亦往往有之"。关于土司的选任和袭替，"原俱属验封司掌行。洪武末年，以宣慰、宣抚、安抚长官等官皆领土兵，改隶兵部，其余守土者，仍隶验封司"。但明朝政府的这一规定，并没有贯彻始终。从天顺末年起，朝廷"威柄渐弛"。到嘉靖九年（1530）始复旧制，"以府州县等官隶验封，宣慰、招讨等官隶武选。隶验封者，布政司领之；隶武选者，都指挥领之。于是，文武相维，比于中土矣"。

明代推行的土司制度，对稳定南疆和对少数民族地区的统治，起了一定积极作用，但其弊端也日益显露。土司的世袭性造成割据势力的事实存在，土司间为争夺领地、承袭权而仇杀、内讧，于是明朝廷在一些矛盾比较突出的地区实行改土归流。改土归流的主要内容是改土司为府、州、县，由中央派官员治理，或废府、州、县中的土官，全部由流官统治。同时丈量土地，额定赋税，设兵防守等。

如永乐十一年（1413），思州宣慰使田琛和思南宣慰使田宗鼎因争地而仇杀，明成祖朱棣遣使臣蒋廷瓒前往勘查，田琛及田宗鼎被密捕来京斩首。于是裁撤土司，"分其地为八府四州，设贵州布政使司"，蒋廷瓒为左布政使。宣德初年，贵州永从蛮夷长官李瑛卒后，无人继嗣，改设流官。嘉靖末广西龙州土知州与副使仇杀被改土归流。但明朝在推行这一政策时，由于受到土官的抵制而不断反复。如马湖府在弘治时设流官，然而到嘉靖初，虽已有两次改流，但结果仍是"流官再设而土夷随叛，杀人夺地比昔更甚"。

播州杨氏可谓是西南地区土司世家的"金字招牌"，其历史甚至可以追溯到唐代。史料记载大中十三年（859），云南割据政权南诏出兵侵占播州地区。在唐帝国号召之下，山西太原人杨端与其舅谢氏率江西向氏、令狐氏、成氏、赵氏、犹氏、娄氏、梁氏、韦氏、谢氏九姓子弟组成的义勇军向播州进军，明攻娄山，暗渡赤水，收复播州。罗荣五世孙罗太汪偕同征战，杨、罗子孙遂家于播州。唐末乱世之中，杨氏家族开始实质上统治播州地区。历经两宋与元朝统治后，于明朝洪武五年（1372），首领杨铿降明，此后被视为苗疆土司，前后历经29代。

可以说在杨应龙继承播州土司之位后的相当一段时间内，其与大明帝国的关系非常融洽。万历十四年（1586），杨应龙还因向朝廷进献大木美材七十棵，而受赐飞鱼服与都指挥使职。时任四川总督的李化龙却私自增加播州的税赋，并要求杨应龙长年向其进贡。在李化龙看来播州虽为土司领导，但同样是大明的疆土，自己有权加税。但在杨应龙看来自己和明帝国实为藩属关系，此事需要外交磋商，因此便派其子前往四川谈判。

世人不清楚杨应龙的儿子和李化龙谈判的细节，但从后续李化龙所谓"贼杨应龙者，本以夷种，世厕汉官，披我冠裳，守彼爵土"的描述来看，这位四川总督对播州土司成见颇深。杨应龙的儿子前往成都谈判，却为李化龙处决，并将头悬挂于城门，杨应龙震怒，发兵讨伐李化龙。李化龙便向明帝国中枢报告杨应龙反叛，明神宗朱翊钧钦点李化龙挂帅，对杨应龙部进行围剿。三个月后，杨应龙兵败于海龙囤。至此播州的叛乱似乎已经被平定了。

不过杨氏在播州毕竟统治多年，明帝国诏命黔蜀两省会勘杨应龙叛乱一案，万历二十年（1592），杨应龙赴渝受审，依法当斩。但此时日本军队正大举入侵朝鲜，杨应龙请求献金赎罪并带兵征倭，朝廷允准。继任四川巡抚王继光坚持严提勘结，杨应龙却又抗命不出，明帝国只能再度下令进剿。万历二十一年（1593），王继光会兵进剿，抵达娄山关。杨应龙诈降，暗地遣兵据关冲杀，官军大败且死伤过半，王继光被革职。

万历二十三年（1595），兵部侍郎邢玠命重庆知府王士请令杨应龙至秦江听勘。杨应龙缚献黄元等12人抵斩，并请纳银四万两助采木赎罪。朝廷允准，以子杨朝栋代其职、次子杨可栋留渝作人质。不久，杨应龙闻次子死，拒缴赎金。万历二十四年（1596），杨应龙派兵袭掠余

庆、大呼、都坝，焚劫草塘二司及兴隆、都匀各卫，围黄平，戮重安长官家。万历二十五年（1597），杨应龙又流劫四川江津、南川诸邑，袭击贵州洪头、高坪、新村诸屯，并侵扰湖广48屯，明帝国终于彻底被震怒。

万历二十七年（1599），贵州巡抚江东之等率兵3000进剿。杨应龙令其弟杨兆龙、子杨朝栋至飞练堡迎战，官军无一生还，江东之被革职。此时，明朝援朝战事已经结束，明神宗朱翊钧决心平定杨应龙叛乱。同年五月，李化龙再度出山，奉命节制川、黔、湖广三省军务，主持平播战事。杨应龙于官军集结前率兵8万陷案江，纵兵血洗秦江城。

万历二十八年（1600）初春，明军各路兵马陆续汇集播州附近。李化龙持尚方宝剑，主持讨伐全局，坐镇重庆；郭子章以贵州巡抚坐镇贵阳；湖广巡抚支大可移驻沅江。明军分兵8路进剿：总兵刘𫟹出綦江；总兵马礼英出南川；总兵吴广出合江；副总兵曹希彬出永宁；总兵童无镇出乌江；参将朱鹤龄出沙溪；总兵李应祥出兴隆卫；总兵陈璘出白泥。每路兵马3万，共计20余万人。这种安排，足以说明神宗对于剿灭杨应龙的决心。

八路大军中，刘綎绰号刘大刀，是平倭名将，夙有威名，所部骁勇善战。綦江在播州的北面，杨应龙也以重点屯兵于此，以其子杨朝栋亲领苗兵数万进行防守。然而，苗兵畏惧刘綎，一听"刘大刀至矣"，往往不战而溃。罗古池一战，杨朝栋差点被俘。刘綎率军一直攻到了娄山关下。娄山关是杨应龙老巢海龙囤的门户，与海龙囤并称天险，易守难攻，但是，却被刘綎在四月至六月两个月内连续攻破。六月初六日，杨应龙见败局已定，与爱妾周氏、何氏关门自缢，儿子杨朝栋、弟杨兆龙被俘。战役前后历时114天，斩杀杨应龙的部队2万人。万历二十八年（1600）十二月，李化龙班师回朝，并将杨朝栋等69人押解到京师，磔于闹市。至此，明帝国平定播州叛乱的战事以完胜结束。

宁夏、播州两地的战事相较于明帝国的援朝抗日战事，影响似乎相对较小。但明帝国投入的兵力却丝毫不少于朝鲜战场。明史记载"宁夏用兵，费帑金二百余万。其冬，朝鲜用兵，首尾八年，费帑金七百余万。廿七年，播州用兵，又费帑金二三百万。三大征踵接，国

纵横朝鲜战场的刘綎

用大匮"。据此可以粗略统计出这8年间国家的军事开支高达1160余万两白银。而宁夏、播州两线更极大地牵制了明帝国军队在朝鲜战场上的行动，从某种意义上制约了明帝国方面诸多战略计划的开展和实施。

半岛破竹

——日本侵朝战争前期辉煌胜利的原因试探

天正二十年（1592）三月，丰臣秀吉动员了日本全国30余万兵力，以其中西国部队为主的15.87万人编成9个军团渡海至朝鲜作战；宇喜多秀家为总大将，石田三成、增田长盛、大谷吉继等为总奉行。辅以水军9200人、船只700艘。另命东日本大名德川家康、前田利家、上杉景胜、蒲生氏乡、伊达政宗等将其旗下部队集结在肥前国名护屋城（位于今佐贺县唐津市）作为预备队，总兵力计约10.5万人。

在一切工作准备就绪后，丰臣秀吉以朝鲜拒绝攻明为由，于四月正式开始了对朝鲜的战争。四月十二日日本远征军第一军团由小西行长率领1.87万人先渡海至对马岛待命。四月十三日丰臣秀吉下达"九军出发"之命传达军前，小西行长所部随即乘船驶抵釜山，次日天明攻城，揭开了侵朝战争的序幕。

小西行长本是界町商人小西隆佐的义子，幼年跟随养父经营药草生意，一个偶然的机会在冈山鱼服屋处与备前大名宇喜多直家进行贸易时，击退了前来行刺宇喜多直家的刺客。从此被由商人破格拔擢为武士。小西行长天资聪慧，加入宇喜多氏之后，他随即向武将远藤又次郎学习火枪及水军战法。在横行濑户内海的海贼村上武吉宣告依附严岛海战后势力大增的安艺毛利家后，为了应付毛利家逐渐逼近的威胁，直家起用远藤又次郎和小西行长组织宇喜多家的水军以巩固冈山城的安全。

在小寺家家老黑田官兵卫的引导下，织田家以羽柴秀吉为总大将出兵山阳道，夹在织田与毛利两大强豪之间，据有备前、美作两国的宇喜多直家虽在第二次上月城之战时，借毛利家的兵力夺回被秀吉两大军师黑田官兵卫和竹中半兵卫所攻下的上月城。但是第一次上月城之战时，不论是小西行长与远藤又次郎，还是一代奸雄宇喜多直家，都被织田家强大的武威所慑，所以在第二次上月城之战宇喜多直家故意称病不出，并且在战后派能言善道的行长为使与秀吉进行交涉，令人意想不到的是这项任务竟是小西行长一生的转折点。

为了完成这项任务，小西行长彻底发挥商人这个角色的外交天赋。他让义父小西隆佐借出大笔金钱予秀吉资助军费，并换得日后播摩和但马的优先经商权，使小西隆佐大大获利，然后以"药商小西隆佐义子"的名分晋见秀吉，转达宇喜多直家的心意，顺利和织田方达到一定的协议，同时也避免毛利家察觉直家的二心。行长圆融的手法令直家十分满意，慢慢地将小西行长提升到与三家老相当的地位。

当织田家扫荡了三木城别所家军团长荒木村重的反叛后，直家正式投入织田家阵营，在羽柴秀吉的努力下宇喜多家保住全领部领土。天正九年直家重病去世，他逝世前，秀吉带了成为人质的宇喜多秀家到冈山城在直家面前替他元服，并让小西行长担任他的太傅。随着宇喜多秀家质于姬路城，小西行长也与丰臣秀吉接近频繁，从另一角度来看，小西行长已等若丰臣秀吉的家臣，在天正九年时于丰臣秀吉攻打播摩宝津时被任命为水上兵站奉行，即水军后方补给司令官，负责维持和增进水军参战部队的战斗力和支援作战的工作。

日本军队登陆釜山

商人之子小西行长

织田信长死后，秀吉击败柴田胜家登上天下人的宝座，小西行长在他麾下担任水军将领，水攻太田城时，使用安宅船与大炮动员攻击。他也负责管理小豆岛及濑户内海一带水上输送的职务，之后官拜从五位下摄津守，得到两万石的领地，被赐丰臣姓。同时在高山重友的劝说下改信天主教。小西行长于1587年跟随秀吉进行九州征伐，翌年由于肥后国主佐佐成政治理不力，领内引发一揆动乱，丰臣秀吉派出小西行长与加藤清正共同前往镇压，因功得到肥后南半国宇土郡、益城郡、八代郡24万石领地。

小西行长作为北九州地区的新兴势力，显然比其他的武士集团更渴望战功。公元1592年四月十三日清晨，由对马岛宗义智所率领的日军前锋到达釜山浦。之前，宗义智先致书于釜山镇守将郑拨，要求假道入明，遭到郑拨严词拒绝。双方随即兵戎相见，日军使用装备先进的火绳枪，进行一轮又一轮的攻击，郑拨率军退守第二道防线，重新组织了弓箭手进行反击，但仍被日军击败，被迫退守第三道防线。数个时辰之后，郑拨中弹身亡，朝鲜方面随即军心涣散。翌日早晨，日军全面占领釜山城，并以此作为日后侵略朝鲜的"兵员、粮草"重要中转站。

宗义智率军攻打釜山镇的时候，小西行长也率大约7000人在釜山镇附近的多大浦登陆。朝鲜军队在多大浦佥使尹兴信的率领下抵抗日军的进攻，其弟尹兴梯也参加了战斗。朝鲜军队登上城墙守卫，小西行长则率日军在城下挖掘战壕，以战壕为掩护，使用火绳枪对城上的守军发起一轮又一轮的攻击。朝鲜守军则用箭和投石进行反击。日军最后使用攻城塔和梯子，在火绳枪的掩护下登上了城楼。

尹兴信在第一道防线被攻破之后假装撤退，随即对入城的日军发起奇袭。激战过后，朝鲜军战败，尹兴信阵亡。日军占领多大镇，对城中的居民进行屠杀。随后日军陆陆续续上岸，驻守多大镇。小西行长以多大镇为据点，重组军队，向汉城方向进军。

稳固了对釜山镇的控制，日军决定攻取釜山镇以北数公里处的东莱城。而这座东莱城也是釜山镇通往汉城的必经之路。日军的第一军在休息了一个晚上后，于十四日清晨从釜山镇出发，一个时辰后到达东莱城下。城内对日军的突然到来措手不及，东莱府使宋象贤急至街上召集民兵，登城抗击。梁山郡守赵英珪等人也纠集军队前来支援。

日军将东莱城重重包围。东莱城是一个近乎平地之处建起的城池，日军便围困东莱城，等待突袭部队的到来。宋象贤亲自登上城楼，击打大太鼓来激励士气。小西行长遣人致书于宋象贤，称"战则战矣，不战则假道"，提出日军要假道入明。宋象贤答复称"战死易，假道难"，严词拒绝了这个要求。十五日晚饭之后，小西行长率军攻城，并下达生擒宋象贤、不可害他性命的命令。庆尚道左兵使李珏，得知日军攻城，率庆尚道的援兵南下来到战场，但由于畏敌，在战场以北20里处的善山（今龟尾市善山邑）扎营。

城内的朝鲜军得不到支援，使用长长的木板作为盾牌，抵御日军火绳枪的攻击。日军架起梯子攻城，朝鲜军用弓箭和瓦砾迎战。日军奋力登城，并在一个时辰内完全控制了东莱城。宋象贤、赵英珪巷战而死。李珏得知东莱城陷落的消息后，率军逃离了战场。日军在东莱城进行大屠杀，并接收了城中的武器、兵粮、牛马。小西行长在城中休养两天，再度率兵北上。

东莱城之战后，巡边使李镒驻守尚州，在城中召集了一千余名农民抵抗日军。为避免军队在城中全军覆没的教训，李镒在附近的小山丘上也布置了兵力。使者报称日军即将迫近城池，李镒以扰乱军心之罪，将其斩首号令，稳定了军心。李镒遣人侦察日军的动向，但不幸的是，派出的侦察兵都被日军射杀。因此李镒完全无法得到有关日军的情报。

四月二十四日，小西行长率日军到达尚州附近时，命足轻兵使用火绳枪对朝鲜军进行攻击，但随后发现弹药不足。此后又突袭朝鲜军的小山丘阵地。李镒据守山丘，下令射箭还击，但朝鲜军的弓箭射程太近，无法伤及日军。日军开始试图包围朝鲜军阵地，李镒自知必败，连忙上马，率部撤退。小西行长最终攻取尚州，向忠州方向进兵。

面对不断恶化的局势朝鲜国王李昖急命左议政金命元为都元帅，坐镇王京汉城之内，节制全国兵马。又增设三道巡边使，由曾经大破女真人的名将北道兵马节度使申砬担任，负责庆尚、全罗和忠清三道防务。在申砬离开汉城的时候，李昖把自己的佩剑赐予了他，授予他调动禁军并沿途招募了弓手的全权。

大明背负名将之誉的申砬，在战场上却表现得刚愎自用。当部下建议在庆尚道和忠清道交界的要塞鸟岭遏制日军的进兵时，但申砬认为驻守鸟岭无法遏制日军，因此拒绝采纳这个建议，决定在忠州附近的平原上交战。在得知日军的迫近之后，申砬在忠州附近的弹琴台布置骑兵，背靠汉江，希望通过背水之阵来激励朝鲜骑兵的士气，而后使用骑兵迅速冲破日军的火绳枪阵地。但申砬忽略了朝鲜军装备落后、日军装备优良这一点。朝鲜军使用的是弓箭，而日军使用的是火绳枪，因此朝鲜军很难取胜。

四月二十七日，一名朝鲜士兵发现敌人，并报告申砬。但申砬认为他扰乱军心，当即斩首示众。而此时日军将领小西行长侦知朝鲜军的战略后，当即决定对忠州的朝鲜军发起攻击。廿八日，小西行长派有马晴信、大村喜前、后藤纯玄率3700人偷袭忠州城。其余日军突袭弹琴台；由小西行长率领7000人，对弹琴台的朝鲜军发起正面攻击；宗义智、松浦镇信分别率领3000人，沿着汉江江岸对朝鲜军进行夹击。小西行长的正面部队偃旗息鼓，其行迹被弹琴台的树木挡住，故而朝鲜军难以发现。等到朝鲜军发现时为时已晚，三路日军已对朝鲜军完成包围。

申砬的自负断送了朝鲜王国最为精锐的骑兵部队

申砬下令朝鲜骑兵冲击日军阵地。但三路日军使用火绳枪对朝鲜军进行猛烈射击，并使用长刀奋勇向前。朝鲜军战心顿失，许多朝鲜骑兵跳入汉江被溺死。申砬奋力杀出重围，逃往忠州城下，但发现忠州城已被日军占领，自感愧对宣祖，便自杀身亡。

忠州被日军攻陷，李镒逃往王京汉城报败讯，此时日军已经逼近重镇稷山，王京汉城已难以固守，朝鲜国王李昖在柳成龙等朝臣的建议下，放弃都城、出奔平壤。五月二日日军攻克朝鲜王京汉城，俘虏朝鲜王子。在战略上，日本军采用了德川家康的提案，确定了"陆海并进"、"以强凌弱"、"速战速决"的战略方针；以水军保证陆军的战略物资供应，陆军分三路齐头并进，计划一举占领朝鲜，然后将朝鲜八道分别交给各军团长统治。

但此时除了小西行长所部之外，其余诸路日军进展并不顺利。面对日军的大举侵略，朝鲜各地的有力乡士自立组织义军，如庆尚道星州的郭再祐于4月21日组织义兵，屡次击败日军安国寺惠琼所部，使其无法顺利进入全罗道。面对郭再佑的游击战术，日军方面很不适应。不仅后方不稳，甚至正面作战也颇有影响。为了攻取全罗道的门户晋州，同时也对隐藏在丛林中的郭再祐义军能够有效打击，日本方面投入了作为预备队的宇喜多秀家所部第八军和细川忠兴所部第九军，下达了先攻取昌原、再攻略晋州的指令。

朝鲜庆尚右兵使兼咸安郡守柳崇仁死战防卫咸安，被日军击败，出奔晋州，希望晋州牧使金时敏开城接纳。柳崇仁是金时敏的上

装备日式火枪的朝鲜士兵

司，金时敏得知日军迫近晋州的消息后，担心柳崇仁入城后会导致城中守军号令不一，便拒绝了这个要求。柳崇仁最终力战而死。金时敏研究了日军的火绳枪，并仿制了170支分配给守城的朝鲜军，让他们多次训练，并坚定朝鲜军能够打败日军的信心。

十月五日，细川忠兴率日军兵临晋州城下。当得知城中只有3000多名守军的时候，细川忠兴非常高兴，认为又将是一次轻而易举的胜利。日军架起梯子攻城时，朝鲜军使用大炮、弓箭、火绳枪对攻城日军发起猛烈攻击，使日军伤亡惨重。细川忠兴甚为震惊，下令使用火绳枪的火力掩护日军攻城。但守城的朝鲜军冒着弹雨，使用石块和斧头摧毁了攻城梯。攻城梯被摧毁后，朝鲜军在城楼上，使用火绳枪居高临下地对日军发起攻击，日军伤亡更加惨重。

在战斗的第三天，金时敏被子弹击中头部，伤重无法继续指挥战斗。细川忠兴探知后，发起更为猛烈的攻城，试图借此机会摧毁朝鲜守军的斗志。虽然朝鲜守军坚持奋战，但没有统一的领导，处于非常不利的地位。此时，郭再祐得知日军攻打晋州之事，率领二千余人的义兵驰赴晋州，发起游击战，趁夜偷袭日军营地。郭再祐身穿红色绯缎所织成的战袍，率义兵迅速闯入日军营地，突袭毫无防备的日军，并故意发出巨大声响以制造恐慌，随后便消失得无影无踪。日军对郭再祐十分畏惧，称他为"天降红衣将军"。细川忠兴意识到如此下去日军必然损失惨重，只得下令撤退。朝鲜军队成功守住晋州。

除了郭再祐之外，此时朝鲜半岛南部还有郑仁弘、孙仁甲、金沔等人也组织义军令日本第七军毛利辉元所部无法顺利占领庆尚道。全罗道光州的金千镒、全州高敬命、李基鲁、洪彦秀父子也于6月1日组织义兵，忠清道公州出身的赵宪、僧人灵圭则于7月3日整顿兵力，联合抵抗小早川隆景、立花宗茂等率领的日军第6军。另外还有京畿道海州的李延馣也有效地对抗日本方面黑田长政所部第3军，以上战事皆阻碍了日军的进军。

陆路进展不顺对于丰臣秀吉而言或许还能接受，但海路的日军连遭败绩却令其依赖海路提供陆军补给的计划归为泡影。最早与对手交锋于海上的朝鲜水军将领是庆尚右道水军节度使（朝鲜方面简称为右水使）元均。面对来势汹汹的日本海军主力，元均虽然屡战不利，被迫放弃战

朝鲜海军的板屋船

略要冲巨济岛，但毕竟也算是敢于亮剑，比起一炮未放便"敌前转进"的左水使朴泓已经算是不错的了。当然朴泓也并非全无贡献，他至少在跑路之前凿沉了自己麾下所有的战舰。毕竟当时朝鲜水师所使用的主力舰——板屋船，无论是吨位还是火力均强于日本方面大量使用的"关船"，即便面对十万石大名才能建造的安宅船也并非不能一战。

元均兵败之际，首先想到的自然是呼叫支援。但近在丽水港的李舜臣却发挥了"友军有难，不动如山"的精神，不仅自己不出兵，还派人告诫元均"勿令妄动"。当然李舜臣的行为后来被朝鲜王国官方认定为属于"大将气度，伺机而动"。可怜的元均带着庆尚道残存的4艘板屋船在巨济岛附近徘徊了近半个月，李舜臣的援军终于到了。此时距离日军登陆釜山，已经过去了整整一个月的时间。不过在李舜臣看来自己的战机恰恰就在此时，毕竟日军主力已经北上汉城，巨济岛一线留下的不过是负责掩护后方兵站的少数警戒部队。在会合元均所部之后，公元1592年农历五月七日，李舜臣集中24艘板屋船、57艘小型战舰（挟船、鲍作船）冲入藤堂高虎所部泊停的玉浦港。

必须指出的是初次出兵朝鲜之时的藤堂高虎领下不过两万石，因此全力动员也不过出兵2000人，根本不好意思在前线冲锋陷阵，只能以水军的身份在后方打打秋风。而正在他率部上岸扫讨（抢劫）之时，李舜臣的大军突然杀到。停泊于岸边的30艘日军战舰根本来不及还手就被李舜臣以舰炮、火箭击毁了24艘。以几乎零伤亡的代价打了这样一场奇袭战固然是大捷。但事后朝鲜方面宣传毙伤日军4000人左右却显然有些不厚道。

成功奇袭玉浦之后，李舜臣随即打算将舰队临时停泊在巨济岛的永登浦过夜，但侦察船又传来了有小股日军正从附近经过的消息前往合浦。李舜臣随即又率队前往截杀，又一气击沉了对方6艘战舰中的4艘（一说5艘）。连胜两阵的李舜臣显然有些亢奋，第二天又按照此前侦查所获的情况，率军突袭了巨济岛对面的固城赤珍浦，又故技重施地击沉了13艘处于停泊状态下的日军船只。不过此时汉城陷落的消息传来，一扫李舜臣、元均所部原本高昂的士气，于是在"诸将放声痛哭"的情况下，两道水师联合舰队宣布解散，各回本镇。

应该说李舜臣所在的丽水港此时远离日军的进攻轴线，相对安全。

龟船作战模式想象图

东海博弈

而元均所统率的庆尚右道水军不仅船少兵寡，而且防区内的大多数良港、锚地均已落入敌手，在一线与敌周旋的难度可想而知。但正是得益于元均所部始终活跃于前线，才能使李舜臣于丽水安心休整一个月，并根据战场需要建造了第一艘"龟船"。

根据李舜臣《乱中日记》的记载来看，朝鲜水师很早便已有过使用龟船的历史。而其更为古老的名字——"蒙冲"则似乎暗示了这种战船有着中国血统。而结合中国古籍中关于艨艟（蒙冲）的记载更不难发现两者之间的传承关系"此船（艨艟）以生牛皮蒙船覆背，两厢开掣棹孔，左右前后有弩窗矛穴，敌不得进，矢石不能败"。基本上与龟船的设计理念别无二致。那么为什么这种战舰在中国战场被淘汰后会在朝鲜以龟船之名复活呢？笔者认为主要还是缘于自宋元以来，中国造船工业及火器运用日益发达。曾在冷兵器时代具有良好防护性的艨艟由于不利于架设多重帆橹机动性不强，且在大口径火器面前生存能力堪忧而逐渐淡出一线。而在朝鲜战场之上，由于日军缺乏火器且主战场集中于沿海港汊而重新给予了一展拳脚的机会。

中远距离以弓矢、火绳枪射击，近距离投掷被称为"焙烙"的火药罐杀伤对手甲班的有生力量，最后以水

日本海军的传统战术对龟船效果并不好

手跳帮，白刃肉搏结束战斗的模式堪称战国日本水军的"三板斧"。但这些战术在面对李舜臣的龟船面前显然都很难奏效。龟船的上半部包覆的六角形的甲片，可以有效地抵御日方的中远程投射武器的攻击，而甲片上林立的铁锥也能令对手英勇的跳帮成为一场可怜的自杀。不过和大众传统的理解相悖的是，事实上在抗击日本侵略的过程中，朝鲜水军所投入的龟船总数不过3到5艘。

李舜臣首次投入龟船的战斗是在1592年农历五月二十九日的泗川浦海战之中。根据元均从前方传来的情报，李舜臣于当天率军突袭泗川浦的日军。不过日本方面显然吸取了此前的教训，始终将舰队停留在狭窄的港区之内。面对近两百挺铁炮（火绳枪）组成的日军火力网，初次上阵的龟船不负众望，突入港内一举击沉了对手大半的战舰。当然这种明显已经落后于时代的武器，如果面对的是大明水师，可能还没靠近就被弗朗机炮打成了筛子。

泗川浦之战的胜利和龟船的实战表现，极大地增强了李舜臣的信心，何况此时全罗右道水军节度使李亿祺正率部赶来会师。兵强马壮的李舜臣决定以固城外海的蛇梁岛为基地对日军进行长期作战，农历六月初二，李舜臣率部进击固城唐浦，首次遭遇了日军主力战舰安宅船。而这艘战舰的主人正是颇受丰臣秀吉宠幸的龟井兹矩。由于长期为丰成氏经营银山，因此据说早年枪术过人的龟井兹矩在日本国内战功寥寥，可能是为了安慰其作为武士的面子，丰臣秀吉此时给他的官位有些吓人——琉球守、台州守（没错，就是中国浙江的台州）。可惜名号吓不死人，在朝鲜军的猛攻之下龟井兹矩所部兵败如山倒，他本人一把写着"龟井琉求守殿"的军配（扇子）也成为了李舜臣的战利品。于是逃回国内一直活到江户时代的龟井兹矩，便稀里糊涂地成为了中朝两国眼中首个阵斩的日本大名了。

在随后的几天里，李舜臣又连续于唐项浦和永登浦击败了赶来支援的日本海军。来岛通总的哥哥得居通幸便在此两役中座舰被击沉，无奈只好于附近陆地登陆后自尽。更为悲剧的是得居通幸死后，他的领地还被丰臣秀吉没收，转授给了他的弟弟来岛通总。而此时李亿祺的加入，令朝鲜水军三道联合军队已经拥有了近百艘战舰的实力。正是有了如此雄厚的兵力为后盾，李舜臣才敢与集结于巨济岛的日军主力正面决战。

而颇具讽刺的是，此战日方虽然投入了胁坂安治、九鬼嘉隆、加藤嘉明三大水军主力，但在战场之上却始终只有胁坂安治所部。这场被称为闲山岛海战的大捷，宛如一支功效强劲的鸡血，令李舜臣发动了自己统率海军以来最大的冒险行动——突袭釜山。

公元1592年农历九月一日，李舜臣集结三道水师74艘板屋船辅以挟船92只。大举冲入釜山港。但此时釜山集结的日本水军的船舰已经超过四百只，且已做好防御的准备。朝鲜水军奇袭失败遭遇日军的强大反击，朝鲜将领郑运被击杀，朝鲜水师损失惨重，甚至连李舜臣险些被俘虏。此战之后，李舜臣不敢再轻言出击，而转为攻击没有战船防护的运输船团。当然这样的失败是不会出现在伟大光明的朝鲜史料之中的，于是釜山之战的经过被修正为"舜臣与元均悉舟师进攻、贼敛兵不战、登高放丸。水兵不能下陆、乃烧空船四百余艘而退"。而李舜臣反击釜山失败的同时，朝鲜王国也已经被逼到了退无可退的绝境之中。

朝鲜君臣仓皇北撤时，小西行长和加藤清正所率的日军，一路未遇激烈抵抗，分别于五月二日和三日进入京城。七日，第3军黑田长政军亦进入京城。从小西行长攻入釜山到京城陷落，为期不过20天，朝鲜大半河山即为日军占领。日军在朝鲜首都汉城，大肆劫掠："焚宗庙宫厥、公私家舍，括索弩藏，日输其国。"

五月十六日，丰臣秀吉得到占领京城的捷报后，认为战争的胜利已成定局，他的目的即将实现。为此，他踌躇满志地作了下述三件事：第一，厚赏小西行长、加藤清正并指示速遣使劝诱朝鲜投降，以减少进攻大明时的阻力。第二，决意亲征。命令小西行长迅速探明通往明朝的道路、里程及详细地图。丰臣秀吉狂妄地认为，用兵20日已攻陷朝鲜京城，下一步攻入明国的日期不会太久。第三，制定征服朝鲜及明朝的计划25条。试择引几条，以看其狂妄的野心：高丽都城已于（五月）二日攻克，所以，近期内需迅速渡海。此次如能席卷大明，当以大唐（明）关白之职授汝（指养子丰成秀次）。宜准备奉圣驾于大唐之京城，可于后年行幸，届时将以京城附近10国，作为圣上之领地。诸公卿之俸禄亦将增加，其中下位者将增加10倍，上位者将视其人物地位而增。

这是丰臣秀吉于五月十八日给其养子丰臣秀次的备忘录。丰臣秀吉已经被占领朝鲜京城的胜利冲昏了头脑，不仅把朝鲜看作他治下的领地，甚至连一兵一卒也未进入的明朝，仿佛也在他的统治之下了。他忙不迭地在那里任命统治明朝的官吏，授给功臣封地并把日本天皇安置在明朝北京，而自己则坐镇宁波。可是没用多久，他就明白了其所谓的宏图大略不过是一枕黄粱而已。

第五章　辉煌与落寞

明军入朝
——大视野下的万历援朝战争（上）

丰臣秀吉的犒赏极大地鼓舞了前线的日军诸将，其中最为激进的莫过于与丰臣秀吉沾亲带故的加藤清正。加藤清正出生于尾张国爱知郡中村，父亲是当地锻冶屋老板加藤五郎助，母亲则是丰臣秀吉母亲的从姊妹。因此从血统上来说，加藤清正是丰臣秀吉的表弟。但由于加藤清正的父亲早亡，其很早便生活在丰臣秀吉的家中，因此又可以被视为养子。有了这样的双重关系。丰臣秀吉对加藤清正信赖有加，公元1585年，当丰臣秀吉就任关白一职的同时，加藤清正获封从五位下主计头一职。公元1586年，丰臣秀吉完成对九州的征伐后，于公元1587年以加藤清正取代施政失败的佐佐成政，从此加藤清正与小西行长受封新领地，两人各分得半个肥后国。

虽然民间有"远亲不如近邻"的说法，但比邻而居的小西行长与加藤清正关系却并不融洽。加藤清正一向就瞧不起商家出身的小西行长，而远征朝鲜以来，两人更在汉城为了战利品和战功发生过争吵，加藤清正还一刀劈碎了小西视若神明的天主圣像，两人大起争端。五月十五日加藤清正率先出兵抵达临津江，因北岸江防较严，加之水深江阔而舟船皆为朝鲜军所收藏起来，难以渡江，遂在南岸待命。而小西行长因执行丰臣秀吉的诱降命令，没有迅速北上，但三次派使均未到达朝鲜国王李昖处。

好不容易加藤清正击败渡江出击的朝鲜将领申吉所部，成功强渡临津江。不久小西行长亦率军渡江。五月二十七日加藤清正与小西行长所部攻入开城。但此后便分道扬镳，小西行长军向平壤推进，加藤清正部向咸镜道进军，而紧随其后的黑田长政部则向黄海道开进。

丰臣秀吉在得到占领开城的捷报后，立即准备进入朝鲜。但在德川家康与前田利家的极力劝阻下，加之朝鲜方面又传来李舜臣率领的朝鲜海军击败了日本海军的消息，丰臣秀吉才停止出发。他对侵朝日军进行了重新部署，命8位将领分领朝鲜八道，以便征收税赋补充军用。自此以后，朝鲜各道的中心城市，相继落入日军之手。

加藤清正

小西行长进入平壤后，暂时没有继续向北推进。但日本开始在朝鲜八道的占领区以四公六民制向农民强行征收赋税和军粮，拟征数字达191.6188万石，这几乎等于朝鲜八道全年贡赋收入的综合。但如果考虑到日军所占领的地方不过是朝鲜的一些主要城市，尚有大片领土来不及占领，而四处出现的义兵也使他们难以派出征收官吏。不难想象，在这些地方征收这样数目的赋税，其残酷性是不言而喻的。与此同时，日本占领军还在所占领的各地强制推行日语，培养走狗，进行残酷的殖民统治。各路日军，在军事行动中，劫掠财物，奸淫妇女，焚烧村庄，镇压反抗者，甚至掘坟墓，剽府库，强征暴敛，不一而足，朝鲜人民恨之切齿。日本占领军的小股斥候、向导、零散兵卒，不断地失踪或被杀。

朝鲜抗倭民兵

但此时朝鲜全国八道仅剩平安道以北，以及靠近辽东半岛的义州一带尚未为日军攻占，无论是以李昖为首的朝鲜

政府还是活跃于各地的民间力量，都认为如果要收复国土，必须要仰赖明帝国的支援，因此便派了几批使者去向明朝求救。朝鲜使臣们除向万历皇帝递交正式国书外，又分别游说了明朝的阁臣、尚书、侍郎、御史、宦官等，甚至表示愿内附，力图促使明帝国尽快出兵援朝。

由于朝鲜王国的崩溃速度实在太快，因此大明帝国起初对日本入侵一事诸多狐疑，甚至遣使询问说："贵国向为东国之强者，为什么突然失陷于倭贼？"倒是建州女真部首领努尔哈赤颇为积极地向朝鲜王国表示愿意出兵助战。不过出于对努尔哈赤所谓"建州马军三四万，步兵四五万，皆精勇惯战"这一夸张说法的怀疑，朝鲜王国最终还是拒绝了这位"急公尽义"的酋长，继续耐心地向大明帝国求援。

明帝国方面之所以迟迟没有做出援助朝鲜的举措，除了外交上的狐疑之外，更多的是源于国内局势的无奈。此时"宁夏之乱"方兴未艾，辽东和北京一带明军主力被抽调往西北平叛，根本抽不出援朝兵力。明神宗朱翊钧对朝鲜方面的求援一直犹豫不决。而明廷的官吏也因之分为只加强辽东防务的"主守派"和主张立即出兵的"主战派"。对此主战派的兵部左侍郎宋应昌上疏说："关白之图朝鲜，意实在中国。我救朝鲜，非止为属国也。朝鲜固，则东保辽东，京师巩于泰山矣。"

明神宗朱翊钧和兵部尚书石星采纳了主战派的意见，决定援朝以巩固辽东和京师。庭议决策后，立即拨银二万两犒赏朝鲜将士，以鼓舞士气，并允许朝鲜国王李昖在危险时可以渡鸭绿江居于宽甸堡。六月下旬，辽东副总兵祖承训率领五千明军开赴朝鲜。七月至义州时，祖承训接到顺安郡郡守黄瑗的报告：平壤日军大部队调去京城，城中留守部队极少。祖承训对此情报未作认真调查，立即率军进逼平壤。祖承训素称辽东勇将，但对侵朝日军状况和武器特点不加以了解，也没有做任何研究，将倭寇的战斗力视作日军正规军的战斗力。轻举冒进乃兵家之所忌，这是祖承训与日军初战失利的主要原因。

祖承训兵至嘉山时，问当地人：平壤日军尚在否？回答：尚在。祖承训举杯仰天祝之曰：贼尤在，必天使我成大功也。七月十五日，祖承训从安顺连夜抵达平壤，十六日黎明，乘日军无备，从七星门突入，同日军展开巷战。明军清一色的为骑兵，巷战极为不利，日军依险放枪，明军死伤极重。除祖承训外，所带的几个游击、千总皆战死。明、日两

朝鲜士兵的远距离武器以弓箭为主

军第一次交战，以祖承训的傲慢轻敌而招致惨败。

祖承训兵败之后，一日之内败退过大定江，朝鲜急派兵曹参知沈喜寿往九连城，希望杨绍勋总兵能命令祖承训暂时留守在朝鲜境内，但祖承训撤退过速，已经渡过鸭绿江。对于自己的失败祖承训在其后上呈给杨绍勋的报告里面，为自己找了以下几个理由：粮草不继，朝鲜无法提供足够的粮草够军队食用。军情不实，朝鲜情报指出平壤只有1000多名日军，实际交战后估计日军有上万人。指挥权不专，朝鲜群臣一直希望明军能由朝鲜将领指挥，并且迫使明军在天时不利的情况下出兵。明军对朝鲜军缺乏信赖，祖承训副总兵指出同时去平壤的也有500名的朝鲜军，结果临交战时，400名朝鲜军先溃逃，剩下的100名则是与对方有所交谈。同时，明军多有遭弓箭射伤与射死，根据朝鲜的情报，日军只有铁炮与长枪，所以怀疑射箭的是朝鲜人。

祖承训的这番说辞可能有其客观依据。但却极大地挫伤了当时仍相对脆弱的中朝同盟关系。朝鲜使臣不得不反复申辩：军情是由朝鲜的节度使提供的，可能侦查有误，关于射箭一事可能是因为朝鲜兵器落入倭军手中，或者是因为有朝鲜人遭到俘虏，才受到倭军指使。但在明帝国的廷议中，议和派开始抬头，不领兵的兵部尚书石星转向议和派，并向明神宗朱翊钧推荐据称沈惟敬充当议和使。明神宗朱翊钧授沈惟敬以神机营游击将军军衔，令其赴朝鲜对日交涉。

关于来自嘉兴人沈惟敬的出身来历，中国史料上众说纷纭，但世人大多采信其"市中无赖"的说法。但通过福建巡抚许孚远在其奏折《请计处倭酋疏》，我们却似乎看到了沈惟敬可能存在的另一种身份。自隆庆年间重新放松海禁以来，明帝国与日本的民间往来始终没有中断过。随着日本侵朝行动进入高峰，明帝国开始筹划向日本方面派遣间谍。而福建巡抚许孚远正是这一行动的具体负责人，在向明神宗朱翊钧的汇报的奏折中，许孚远这样写道："臣于万历二十年（1592）二月内钦奉简命巡抚福建地方。入境之初，据名色指挥沈秉懿、史世用先后见臣，俱称奉兵部石尚书密遣前往外国打探倭情。臣看得沈秉懿，老而黠，不可使，随令还报石尚书。其史世用，貌颇魁梧，才亦倜傥，遂于二十一年四月内密行泉州府同安县选取海商许豫船只，令世用扮作商人同往日本萨摩州。"

显然许孚远所接待的沈秉懿、史世用两人均为兵部尚书石星所派遣而来的，其后史世用一行于该年七月四日驶入日本庄内国的内浦港。此后，他潜入名护屋城，搜寻万历十九年将日本情报书送呈明朝的在日明人许仪后的行踪。八月二十七日，史世用和许仪后一道回到内浦港。九月三日，史世用与许豫通过许仪后的引进，面见了萨摩藩岛津家的重臣伊集院忠栋（幸侃）。十月，史世用扬帆归国，不幸在海上遭遇暴风，延误了归期。

万历二十二年（1594）八月，往赴日本萨摩的琉球使者一行与两名遭遇海难的明朝间谍邂逅。关于当时的情形，琉球方面的报告书中如是描写:"有中国二人,身服敝衣,蓬头跣足",称该使臣指挥史世用、承差郑士元,奉差日本侦探,遇汛,船幸免死,脱至琉球。这两名间谍系明朝派往日本搜集情报的"指挥史世用"和"承差郑士元"。"指挥史世用"即是《请计处倭酋疏》中所记录的"名色指挥史世用","承差郑士元"当系随行史世用的一名明朝间谍。从内浦出发回帆明朝的途中,史世用一行遭遇暴风,船上的其他乘员似乎都已遇难,惟史世用和郑士元两人侥幸生还,在萨摩州过着"身服敝衣,蓬头跣足"的流浪生活。

为了帮助史世用如期回国汇报日本情报,明朝朝贡国琉球特意派遣使者,以朝贡船将史世用等人护送回国。但是,护送史世用回国的琉球使者一行在驶抵中国海岸时再次遭遇暴风,漂流到了福建泉州府的平湖山地区。史世用一行于万历二十一年(1593)六月自福建出航日本,次年一月完成在日本的侦察倭情任务,同月出帆归国,却不幸遭遇海难,在日本的萨摩州流浪长达7个月之久。他们最终在琉球的帮助之下,于万历二十二年十二月驶抵明朝。史世用潜入日本的间谍活动,费时一年半之久,总算大功告成。

史世用所带回的日本情报。虽然在明朝史籍中概无所见,但是在琉球和朝鲜的史料中都留下了部分记录。琉球史料《历代宝案》记录了史世用回国后所汇报的部分情报内容:又据兵部原差指挥史世用呈称,琉球壹国,劫顺贰百余载,朝贡不绝,必倚册封,方敢称王,屡岁为关白扰害,因地势联属,倚山而行,风顺开洋逆收山,无波涛之险。由萨摩发船,四日可到。琉球北山,其山延寰300余里,为日本琉球之界,三日可到琉球国,随路有山,早行夜宿,关白见其路顺,欺其国弱,所以声言发船来伐,要在北山屯兵,若果据北山,则琉球必为所得,而闽广为其出没之地,盘据骚扰,将无宁岁。今中山王世子尚宁,年参拾岁,容貌英伟,颇有力量,不肯臣事关白,一意向化天朝,其年大为世子不敢请封者,因旧时封王官贰员随从五百余人,在彼半年,食费供给,最是浩繁,又连年为关白所扰,国贫民困,故力不能请,恳乞酌处奏请敕谕加封国王。

据上可知,史世用在其汇报中,极力强调邻接日本琉球北山地方地理的重要性。他指出,倘琉球的北山地方被日本所据,其国土势必为日本所吞，如日本以琉球为据点，则其将会频繁侵犯明朝东南沿海地区。因此，史世用强烈建议明朝拉拢琉球中山王世子尚宁，迅速派遣使者册封其为国王，以确保琉球坚决倒向明朝，保证其东南翼的安全。关于琉球北山地区的相关内容，可以说是史世用取道琉球回国时所获取的一份额外情报。他在逗留日本一年多时间内所从事的间谍活动成果，在明朝和琉球史籍中皆未得以记载。所幸的是，史世用后来赴朝鲜参战，将其所掌握的日本情报带入了朝鲜。

在明日两国于朝鲜半岛交锋之际，像史世用这样的间谍并非个案。参加明朝间谍活动的福建海商许豫、张一学等人便潜入丰臣秀吉所住城郭，调查当地的地理情况以及丰臣秀吉的相关情报，还以商人的身份与以幸侃（伊集院忠栋）为首的萨摩州高层进行了交涉。那么同样曾以商贾身份前往过日本的沈惟敬，似乎也并非无赖那么简单。

沈惟敬于万历二十年（1592）九月初一抵平壤城外，在城北10里外的乾福山下与日军将领小西行长会谈。此时的战场态势是小西行长虽依旧驻军平壤，但加藤清正却率锅岛直茂、相良赖房在海汀仓打败朝鲜将领韩克诚所部，俘房了朝鲜王子临海君与顺和君。七月二十七日越过豆满江（中国称图们江），侵攻臣属于明朝的兀良哈建州女真的扈伦四部及海西女真各部落，加藤清正攻拔女真五营，女真余营皆遁去。八月，加藤清正再大破女真酋长卜占台，斩敌900人，攻破其部。丰臣秀吉得知加藤清正战果后，写书状给加藤清正指示"今略明地"。如果此时小西行长所部同时于平壤一线发难，那么朝鲜流亡政府的处境自然将更为危急。

而恰在此时沈惟敬抵达前线，以商人谈交易的方式与小西漫天要价落地还钱。无独有偶，出身于界町商人家庭的小西行长，也同样擅长商业诈术，当时的谈判，虽然并没有留下任何记录，综合沈惟敬回北京的汇报和小西行长对丰臣秀吉的汇报，其主要内容如下：1. 以大同江为界，平壤以西属朝鲜，以东归日本。2. 明朝准许日本封贡。3. 要求与日本和亲。4. 暂时双方于平壤城北十里处，立一界标，日本军、朝鲜军均不得越过此线。5. 回国汇报以50日为期。

单纯从这些条款来看，沈惟敬并未过多地出让明帝国主权，而小西行长也受制于后方补给不畅的压力，愿意接受以目前的战场态势为日朝边境的方案。而正是由于小西行长的按兵不动，加藤清正放弃丰臣秀吉假道建州入侵中国之战略，令锅岛直茂前往支援小西行长。加藤清正自己率远征军返回朝鲜咸镜道。

沈惟敬回北京后未敢如实汇报，只将日本侵朝意在封贡的情节告示了石星。但是，在这时，明政府中主战派又占有了优势，八月十九日，明神宗朱翊钧任宋应昌为兵部右侍郎兼都御使，经略蓟、辽、山东、保定各处海防备倭军务。宋应昌于九月离京，一路调兵遣将，巩固沿途防务。十月李如松自西北回师，明神宗朱翊钧任命他为提督蓟、辽、山东、保定军务总兵官，与宋应昌共同指挥赴朝大军。宋、李大军至辽阳时，沈惟敬从石星处回到朝鲜亦至辽阳。宋应昌命令他告诉小西行长：如要封贡，必须先行退兵。　◆

另一方面，小西行长也将会谈内容向同僚宇喜多秀家和丰臣秀吉作了汇报，因原定不再向北推进，故会谈内容与日军行动无抵触。但是，由于朝鲜义兵的活跃以及天气逐渐转冷，国内运输困难，供应紧张，严重影响了日军的士气。高级将领毛利辉元生病回国，士卒病、死和开小差者不断出现，军马也多有饿死。平壤日军几乎人人盼望沈惟敬早日回到平壤实现和平，以便早点回家。有的日军士卒甚至登上平壤城头北望，希望能早些发现沈惟敬。

西方画家笔下在朝鲜冬季作战的日军将领

十一月下旬，沈惟敬来到平壤，与小西行长举行第二次会谈。沈惟敬向小西提出宋应昌的三项议和条件是：1. 日军撤退至釜山；2. 丰臣秀吉递降表称臣；3. 返还占领的土地、城池以及被俘虏的朝鲜国二王子。履行了以上条款后，方才准许封贡。而小西提出的修正案是：二王子在咸镜道加藤清正部日军手中，交回肯定有困难；平壤可以交回明国，但大同江以南的庆尚、全罗、忠清、京畿四道，暂时由日本辖属；封贡后从日商船到达浙江之日起，日本开始总撤军。沈惟敬便带着小西行长的修正案回辽东，向宋应昌作汇报。李如松对沈惟敬带回这样一个丧失原则的条约极度不满，欲斩之。被随军参谋李应试劝阻，并说利用日军奢望和谈之际，予以偷袭，是一奇计。李如松方才留沈惟敬于军中，并开始调度各路大军，准备进击日军。

碧蹄踏血

——大视野下的万历援朝战争（中）

李如松率领明军左、中、右三协共4.3万余人的大军，于万历二十一年（1593）正月初二日抵达安州。这时朝鲜大臣柳成龙来迎，李如松就柳成龙所进献的平壤地图，详细地了解了敌我两军的形势。为了说明平壤和碧蹄馆战争的胜负原因，这里将明日两军的军事素质和武器装备略作一下说明。

明军的军制为募兵制，军队分步、骑两个兵种。步兵多为南方人，按戚继光所创兵制，步兵一营二千余人，其中铳手占半数。骑兵多为北方人，其中快炮手和铳手占百分之四十。明军的铳和快炮的射程和威力远不如日军的鸟枪，尽管铳类所占的比例大于日军，但威力略逊于日军。但明军所使用攻城及野战大炮，远较日军为多而且杀伤力大，对日军颇有威慑力。

李如松了解到上述情况后，对柳成龙说：日军倚仗鸟枪，我用大炮，当可战胜日军。正月初四日，李如松大军至肃州，令参将李宁至顺安，告知小西行长：沈惟敬来，宜迎接。小西行长信以为真，派20人至顺安，李宁设伏捉获3人，其余逃回。小西方才知道明朝大军已至，但犹未作战斗准备。六日，小西于平壤风月楼率众着花衣迎接明使，但来者却是李如松的大军。

七日天明时分，李如松亲率大军攻城，这是明日两军主力的第一次激烈战斗。平壤攻坚战，明军打得极其英勇顽强，李如松坐骑中弹死，换马再战，游击、参将等中弹负伤，仍坚持指挥作战，终于在气势上压倒了日军，战斗了整整一天，将日军压到了城内一角的几个土窑内。这一仗，阵斩1285级，生擒2名，夺马2985匹，救出被俘虏的朝鲜男女

西方画家笔下在朝鲜冬季作战的以虎蹲炮轰击平壤的明朝军队日军将领

朝鲜人眼中的李如松

1225名。日军伤亡惨重，士气低落，明军虽胜伤亡亦多，但士气高涨，志在夺取平壤全地。

八日夜，小西行长与日军诸将商议，军粮、兵营悉数被明军焚毁，外援又久候不至，无法固守，决心连夜撤回京城。小西撤退到凤山时，才知道负责增援的大友义统居然在听见明军大炮声后，惊恐非常，先行逃回了京城。正月十二日，小西行长兵败平壤的消息传到了京城，宇喜多秀家急忙着令有关将领和三奉行开会商议对策。会议决定，日军全线撤退到京城，集中兵力以便与明军决战。十七日，小西败军退至京城，十八日开城日军撤回，至京城集结。这时，京城日军的数量超过了5万人。

李如松九日收复平壤，十九日先遣部队进至开城，二十四日李如松率大军进至开城。在开城，李如松召集了各路将领会议，研究下一步的作战计划，由于各路将领意见不统一，作战计划暂未确定。李如松派副总兵查大受等率三千明军向京城方向前进，搜索敌情，探勘沿途地形，以便于制订进攻京城的军事计划。查大受军队在二十七日于高阳迎曙驿与日军北上搜索部队加藤光泰部相遭遇，双方展开战斗，明军斩首600余级，日军败退。

自平壤胜利后，明军已开始滋生轻视日军之意，迎曙驿的轻取日军，更助长了查大受的轻敌之心。因此，他既未认真搜索敌情，又未探察日军败退的方向，是否还有后续部队等，依然盲目前进。其实，加藤光泰败退后，立刻报告了主力部队将领小早川隆景。小早川率领二万日军赶来进行会战，当查大受发现时，想摆脱已经来不及了。于是退守碧蹄馆（距离京城50华里），被日军包围。

李如松得知先锋已经交战，迅速转为鹤翼之阵，在望客砚迎接查大受军队后于碧蹄馆重整军阵。此时已近中午时分，由小早川隆景、毛利元康、小早川秀包、吉川广家等率领的2万名日军先锋突然出现，并占领望客砚，后面还有由宇喜多秀家、黑田长政率领的日军本队2万人正在进军。

由于碧蹄馆地形狭隘，又多泥泞水田，不利骑兵行动。于是李如松且战且退，退往北方高阳市的出口惠阴岭，并急忙传令中军主力急速进兵。虽然明军先锋在开战初期成功击退了小早川隆景的左翼粟屋景雄所率3000人，但小早川隆景右翼先锋井上景贞3000兵却反包夹了明军先锋。不过总体战况仍是明军占优。

于此同时，立花宗茂领3000兵从日军左翼，移动至明军右侧山上隐兵埋伏伺机出战，先命部将立花成家率铁炮队速射三回后，以"示强之计"突然立出多数军旗并击鸣战鼓，全军举起长枪拔刀反射日光令敌兵敞目，一举斩入突击进至明军本阵处，此时宗茂挥刀甚急连斩15人。立花军中其中一位金甲武将安东常久与李如松单挑时，被李如梅射杀，同时明军左翼也遭到毛利元康、小早川秀包、筑紫广门的突击，正面则被小早川隆景压制，明军顿时陷入了被围之势。

李如柏、李宁、查大受、张世爵、方时辉、王问等明将皆亲自提刀奋战。其中，明将李有声为护卫落马的李如松而遭到隆景部将井上景贞击杀，如松的亲卫队也战死80余人。而立花军中也有小野久八郎、小串成重、小野成幸战死，小早川秀包麾下也有八名家臣先后身亡。不久小早川隆景派出吉川广家、宇喜多秀家（实则为其重臣户川达安所率）、黑田长政率部对明军进行包围。两军从午后开战已逾6个小时。至黄昏时分，明军终于等到左协大将副总兵杨元率援军到来。

杨元奋勇冲破日军包围，抢占李如松右方阵地，并和李宁的炮营共同发炮轰击日军，掩护明军撤退。立花宗茂、宇喜多秀家派出部队猛烈

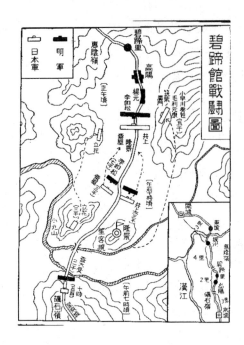

碧蹄馆交战略图

日本方面对朝鲜半岛的八道分割计划

追击至惠阴岭，立花一族之户次镇林在追击时奋勇战死。而小早川隆景则担忧明军撤退会设伏，劝追击的日军开始退兵。李如松收拾残军回到了开城后，听风传加藤清正将从咸镜道进攻平壤，便于二月十六日离开开城回到了平壤。明军虽然有碧蹄馆之败，但入朝不到2个月，便收复平壤到开城失地五百余里，甲方四道22府县，不能不说是个巨大的胜利。

对于碧蹄馆战役，中、日、朝三国文献的记载不尽相同。日本方面文献一再强调日军的胜利，并引用明人的记述为证。然而，明代记述此战役的文献，多半立足于弹劾李如松，对于失败的情况有所夸大。而朝鲜方面的文献如《李朝宣祖实录》以及柳成龙、伊根寿、李德馨等人的报告，大体上均是接近事实的。李如松在此战役中的失误，不在于碧蹄馆战斗的失败，而是在于失败之后，应该迅速整军再战，而不是匆忙撤回平壤。

由于明军平壤大捷和向京城进军等一系列动作，朝鲜南方各道的义兵与朝鲜政府军都积极响应，全力与日军作战。权栗率领的义兵曾一度战胜增田长政率领的日军并攻克幸州（距离京城不远），而李如松一退回平壤，失去了明军的保护，权栗也只好放弃了幸州。甚至当李如松得知幸州被攻克的消息后，亦后悔后撤太操之过急，忙又向开城派出军队。如果当时李如松继续坚持进攻京城，不仅会对义兵的战斗起到鼓舞作用，而且会进一步加深日军的困难，日军将更难守住京城。

在同一时期，日军的困境更甚于明军。孤军深入的加藤清正部在明军攻克平壤的形势逼迫下，被迫于二月底撤退到京城驻防。由于天气逐渐转冷和义兵活动进一步活跃，日军运输困难一再加剧，士兵死、逃亡不断发生。日军将领伊达政宗在其给母亲的信中说："在这个国家里，人们由于水土不服，死亡相继。"由此可知，日军的减员情况极大。初入朝鲜时日军数量为9.6万余人，当各队重新集结于京城时，只有不到5.3万人，减员4.3万余人，占总数的百分之四十五。平壤战役后，小西行长减员1.13万余名，只余6600人，减员近三分之二。

部队的严重减员，日军将领和士兵都逐渐产生了厌战情绪，甚至连极端主战派的加藤清正，在咸镜道时也接见了宋应昌派去要求释放朝鲜国二王子的使者，并约定回京城后再行接触。当集结于京城的日军将领向丰臣秀吉汇报了日军的困境后，丰臣秀吉被迫作出撤退，巩固沿海根据地，并自蔚山经东莱至巨济岛一线，修筑十八城堡以作久留之计。同时，准许其部下与明军进行议和交涉。

明军碧蹄馆的失利，挫伤了李如松的锐气，不思进攻也没有注意研究日军的困境，特别是根本不了解日军将要自京城撤退的情况，相反地，在宋应昌的影响下，开始倾向于议和。有利于议和的气氛，促使明政府中的"议和派"开始再次抬头，于是被李如松扣留的沈惟敬重新以代表身份赴京城，再次与日军进行交涉。

三月十五日，沈惟敬至京城，正在进行撤退准备的日军，高兴地利用了沈惟敬，以免在撤退时遭到明军的进攻。小西行长与沈惟敬约定了四点：1. 明派使节去名护屋会见丰臣秀吉；2. 明军撤出朝鲜；3. 日军从京都撤军；4. 交还二王子及其被俘官吏。这个约定对日本来说，等于是什么都没有放弃，因为日军正要从京城撤退，而对明朝来说，等于是放弃了援朝战争，把朝鲜拱手让与日本，沈惟敬带着这个以四月八日为期的约定，回到平壤向宋应昌和李如松作了汇报，而宋应昌却完全同意了这些条件。同时，宋应昌还以参将谢用锌、游击徐一贯等伪称明政府使节带百余随从，同沈惟敬至京城，随日军南撤。这等于是给南撤日军做掩护，以免朝鲜军队追击。

四月十八日，日军撤离京城，李如松于十九日率明军及朝鲜军进入京城，五月十五日渡汉江进至庆州。李如松在庆州对明军、朝鲜军和朝鲜义兵作了部署之后，便返回京城。至此，除全罗和庆尚二道部分沿海地区为日军占领外，其余各地全部收复。

六月中旬，按丰臣秀吉的命令，日军集中9万人的兵力围攻晋州。日本方面之所以选择晋州下手，主要是缘于朝鲜军实力较弱且守备地点较为突出。从釜山到晋州一带地势相对平坦，容易进军。且晋州是进入全罗道的重要门户，战略意义明显。李如松派使者前去质问，指责其违反议和协定，日军根本不予以理会。晋州城内义兵及政府军约7千人，加上男女市民可守城者约6万余人，抗击9万日军攻城15日。各地前来支援的义兵受阻，难以靠近晋州，而明军刘挺等部队害怕日军进攻各自防地，坐视不救。六月二十就日城陷，守军将领金千镒以下全部战死，日军在晋州开始惨绝人寰的大屠杀。包括义兵在内守城兵力为7千人，而日军割下请功首级达2万余颗，被屠杀的超过6万人。

在《日本战史·朝鲜战役》一书中，著者如是说："然而，这是鲜将自遭祸，累及城中士女。我军欲脱无辜生灵之惨祸，六月二十七日以宇喜多秀家的名义，切实劝告开城，可顽泯之鲜将不听，遂蒙玉石俱焚之灾害，日军一面在玩弄和谈手段欺骗明军，一面修筑城堡清楚占领区内的反抗据点，力图长期巩固沿海所占地盘。"

万历二十一年（1593）五月八日，在小西行长等的引导下，伪明使谢、徐和沈惟敬一行，去名护屋会见丰臣秀吉，进行明日和谈的第一次正式接触。实际上，会议仍由小西行长和沈惟敬操纵。沈惟敬以"丰臣修机原称臣和退兵以及请求封贡的调子"告诉伪明使，而小西行长则以"明遣使谢罪求和的调子"向丰臣秀吉汇报。丰臣秀吉就在这样议和基调的基础上，达成"议和七条"交于燃放赴明谈判代表小西如安，与伪明使谢、徐一道去北京。这七条要点如下：1. 迎明帝公主为日本天皇后；2. 发展勘合贸易；3. 明日两国武官永誓盟好；4. 京城及四道归还朝鲜，另外四道割让于日本；5. 朝鲜送一王子至日作为人质；6. 交还所俘虏的朝鲜国二王子及其他朝鲜官吏；7. 朝鲜大臣永誓不叛日本。

由于沈惟敬的捣鬼，宋应昌不知有七条议和要点，仍以丰臣秀吉"愿顺天朝"，日已退兵，只小西行长驻海岛西生浦，等待日使议和回音的调子上报明神宗朱翊钧，同时又将派伪明使至日，将日使小西如安已至京城的情报，告诉兵部尚书石星，求其周旋使议和成功。尽管明政府主战派力争封贡之不可和议和实为日本诱我撤军以利其再犯朝鲜的手段，但明神宗朱翊钧惑于石星等人的说辞，遂同意议和。

明政府既然同意议和，宋应昌和李如松的目的已经实现，遂以"师久在外，势必难以长驻，宜留少部兵力驻朝，其余班师"的理由上报。神宗批准，七月底李如松即自朝回师，明、日第一阶段的战争暂时告结束。石星、沈惟敬等虽然以欺骗手段，取得神宗同意议和，但无丰臣秀吉的降表，日使小西如安难以进京，一直留在朝鲜京城。石星知无降表难以实现议和，于九月命沈惟敬去日催要降表，十一月日本的小西行长也因为日使小西如安不能赴京，而至书质问沈惟敬。十二月沈惟敬至熊川，与小西行长密议一月之久，于万历二十三年（1594）正月下旬取得丰臣秀吉的"降表"回国。明政府对丰臣秀吉的降表毫不怀疑，但对封、贡二事却引起一场争论。最后决定，贡议暂停，先行册封。廷议既定，日使小西如安于十二月七日入京，石星礼待其厚。

十二月十九日，石星与小西如安会谈。石星提出议和的三项条款：1.日军在受封后迅速撤离朝鲜和对马；2.只册封而不准求贡；3.与朝鲜修好不得侵犯。日使小西如安件件依从，这个态度连明神宗朱翊钧都怀疑不解，因此命人询问小西如安。石星邀大学士赵志皋等数人，于二十日在兵部衙门和小西如安面谈共问答16条。小西如安钻了明政府官员对日本毫无了解的空子，信口回答。石星将回答情况如实上报，明神宗朱翊钧看了颇为满意，立即册封丰臣秀吉为日本国王，并按小西提供的名单册封了日本国大臣。但是，与小西行长不睦的加藤清正和黑田长政等人，却被排除在册封名单之外。

釜山之围
——大视野下的万历援朝战争（下）

在双方使节往来3年之后，丰臣秀吉最终换来的不过是一纸"日本国王"的册封。对于比肩足利义满的待遇，丰臣秀吉虽然当场发飙说："吾掌握日本，欲王则王，何待髯虏之封哉！"但第二天却"身穿明朝冠服，在大阪城设宴招待明朝使节"。显然对于丰臣秀吉而言，如果能依靠大明帝国的册封，将自己家族对日本列岛的统治权固化下来，也未尝不是一件好事。

册封终究只是一个形式，在日本军队执意不肯从釜山撤退的情况之下，公元1597年，中日两国围绕朝鲜半岛南端的战事再度打响。而恰恰就在日本积极筹划再度进攻朝鲜的前夜，朝鲜国王李昖突然宣布将李舜臣下狱。事后，朝鲜官方的说法是中了小西行长的反间之计，元均等军中将领诬陷李舜臣阴谋篡权，朝鲜国王李昖激愤之下失去了理智，才会行此昏招。这个说法虽然流行，但却很难令人信服。首先小西行长要散布李舜臣谋反的谣言不难，难的是这个谣言要有人肯相信才行。要知道当时的李舜臣已升任三道水军统治使之一，但比其位高权重的职权大有人在。其次就算李舜臣要谋反，以其手中那区区数千人的水军登陆之后也难成大事。显然事情的真相其实并非那么简单。

要搞清楚李舜臣"冤狱"的真实原委，当然首先要回顾一下"壬辰朝鲜战争"爆发以来，朝鲜王国中枢的党争态势。虽然经过战前的巧妙布局，身为"南人党"领袖的柳成龙拥有着最为稳固的政治基本盘，但战争初期各条战线的节节败退还是令他和"北人党"领袖李山海双双引咎辞职。不过李山海外放之后仍然多次遭到南人党的弹劾，很快就丢失了所有的官职，变成了一介白丁。而柳成龙虽然被下放到外职，但以招募义军的能力取得了一定的兵权。同时在海、陆两军之中有李舜臣、权栗这样的潜力股。派往明廷求援的李德馨也是柳成龙的亲信，果然大明帝国援军一到，主将李如松便点名要柳成龙前来助阵。

一时间"南人党"声势大振，俨然成为了朝堂的主宰。但"月盈则亏"的道理，自古便是官场颠扑不破的铁律。就在朝鲜宫廷重回汉城，柳成龙官复原职的同时，"南人党"也成了朝野上下的众矢之的。为了能把南人党打倒，北人党试图抓住南人党的根基予以沉重打击。在明军主力撤出朝鲜后，支撑南人党的主要军事力量就是屡立战功的李舜臣领导的朝鲜水军了。因此，在"北人党"看来要除掉柳成龙，首先就要先把李舜臣给除掉。

而所谓的"小西行长反间计"也并非是说李舜臣谋反。当时小西行长有一个名为"要时罗"的部下早年便诈降卧底于朝鲜军中。小西行长通过其传递假情报给朝鲜军方说"日军主力某天将会通过海路抵达朝鲜"。朝鲜政府随即要求李舜臣出兵截杀。而李舜臣不知道是看破了这一诡计还是老成持重，总之未按令出兵。"北人党"趁势攻击李舜臣公然违抗军令导致丧失破敌良机。柳成龙考虑到大局初定，不想与"北人党"产生大规模冲突，因此弃车保帅，没有积极阻止北人党弹劾李舜臣。

公元1597年农历二月二十六日，三道水军统制使李舜臣被革职治罪押送到了义禁府。朝鲜国王李昖下令"国罪不容恕"要求"鞫问至自白为止"。因此李舜臣多次受到了严刑逼供，但好在"南人党"在朝堂之上仍占据主要席位，朝鲜水军诸将如李亿祺、忠清道水军节度崔湖等人也为其鸣不平。最终朝鲜官方也觉得对李舜臣通敌、谋反的指控有些站不住脚。于是免其死罪，再度让他白衣从军。而柳成龙在关键时刻没有保护自己心腹的行为也令"南人党"上下寒心，为其最终失势埋下了隐患。

李舜臣下狱的这段时间，正值明日和平交涉正式决裂，丰臣秀吉随即向部下再度发出了出阵朝鲜的动员令，而此次的计划不再是好高骛远的一举征服朝鲜甚至要将战火烧过鸭绿江。丰臣秀吉认为"全罗道是否压制事关全局成败，此后再行攻略忠清道及其他地区"。因而日军首要目标便是扫荡朝鲜水军。而此时朝鲜水军前线最高指挥官已经由元均担任。元均和李舜臣私交甚恶，李舜臣甚至在自己的《乱中日记》中写道："在天地之间，像元均这样凶恶的人实在是非常少有的。"但常年与日军周旋的经验还是令其认识到朝鲜水军的长处在于机动游击，正面与日军交锋并非取胜之道。但是在上峰的严令之下，元均还是不得不硬着头皮率军出击。

公元1597年农历六月十九日，朝鲜水军与进攻安骨浦和加德岛的日军船队首次遭遇。多年的养精蓄锐和不断加封早已令藤堂高虎、加藤嘉明成为领有10万石的大名。面对兵强马壮的对手，朝鲜水军很快便败下阵来。半个月之后元均裹伤再战，将朝军水军分为两队再度出击，但仍以失败而告终。为此，元均被已经升任朝军最高指挥官——都元帅权栗的严厉斥责并遭到了杖刑。无奈之下元均再次从闲山岛的本营出击，农历七月十五日夜晚，朝鲜水军主力停留在巨济岛跟漆川岛之间的漆川梁。得到消息的日本水军决定主动出击，藤堂高虎率领水军从海上包围朝鲜水师，而岛津义弘率陆军狙击逃亡的朝鲜士兵。海战一爆发朝鲜水师便溃不成军，上千人被斩首数千人跳船逃亡，朝鲜水师的船舰约160只被日本俘虏，元均、李亿祺、崔湖皆战死，除了庆尚右水使裴楔所部的12艘板屋船外，朝鲜水军几乎全军覆没。

朝鲜发行的鸣梁海战邮票

随着日军全罗道平定的顺利推进，到农历九月中旬，全罗道残存的朝军控制地区仅剩全罗道南部一隅。朝军在漆川梁海战大败后，其水军遭到了毁灭性的打击，再度启用李舜臣为三道水军统制使也无法挽回战力上明显的差距。为此，日军陆军继续向全罗道南部进军，水军则沿海一路西进，从水陆两路迫近鸣梁海峡一带。

发生于1597年10月26日的"鸣梁海战"，由于参战双方事后各执一辞的说法和对战局后续影响的不同看法，早已演化成了一出"罗生门"。朝鲜王国方面宣称，此役击沉日军战舰31艘，重创92艘，给对方造成了超过8000人的伤亡；而己方无战舰损失，付出的兵员代价更微弱到几乎不值一提，因此鸣梁之战堪称旷世大捷。但对于这个说法，日本方面则认为此战不过是一场根本不需要记入战史的小规模遭遇战而已，己方舰队的确吃了点亏，但不过损失了几十人而已；何况战后日军还成功地控制了战场，攻占了李舜臣的水师基地。俨然一副"对我不利的事物都不存在，我才是胜利者"的模样。

综合各方史料来看，朝鲜王国的捷报固然注水不少，毕竟日方投入扫荡全罗南道的水军总计不过7000之众。但日本方面也无法解释仅仅损失几十人的战斗为什么会出现前锋来岛通总战死，后援毛利高政落水，主将藤堂高虎负伤的情况。因此要揭开"鸣梁海战"的真相仍需要一番抽丝剥茧的梳理。结合鸣梁之战前的战局态势来看，整体形势无疑是有利于日本方面的。自明日谈判正式破裂，日军主力重返朝鲜战场以来，日军不仅在漆川梁重创朝鲜水师主力，在地面战方面也是一路凯歌。

8月15日，丰臣秀吉的义子宇喜多秀家率军攻破地处小白山脉要冲的南原城，直趋全罗南道首府全州。在攻占全州之后，日军征朝诸将定议三路分兵：北上汉阳、东攻庆尚、扫荡沿海。必须指出的是对于以上三个战略目标，日军的兵力配属是倒置的。北上汉阳的任务由黑田长政、毛利秀元两人担当，此二人虽然都与丰臣秀吉沾亲带故（一个是秀吉的养女婿，一个是秀吉的侄女婿），但此时却都已经淡出了丰臣系核心。以石高计算，两人合计32万石，所部兵力不超过3万。此次北上与其说是准备再度攻占汉城，不如说是攻敌所必救，牵制中朝联军主力。

而负责向东攻略庆尚道的小早川秀秋、加藤清正等人，由于深得丰臣秀吉的宠信而兵强马壮。其中加藤清正由于长期独占九州对外贸易的肥水，据说隐藏石高达 75 万石。而日军真正的战略重点仍在巩固对全罗南道沿海的控制上，并为此集中了一半以上的陆军（7.87 万人）和水军 7000 人主力。而其中李舜臣位于全罗南道海南郡的海军基地自然是首选目标。

1597 年 10 月 17 日，黑田长政、毛利秀元于朝鲜天安郡稷山，莫名其妙与明帝国援朝军队发生接触。面对明帝国大炮轰击、骑兵冲击的东亚大陆正统战法，在日本内战中自诩兵法出众的黑田长政显得很不适应。甚至有参战的日军写家书说"明军铁骑其势如长筱武田大军，望之极恐"，但其实对面所部明军一共才 500 骑兵。明军痛击日军后，因为兵力单薄而后撤了。而凭借兵力优势控制了战场的日军，因为伤亡惨重已无力继续北进。因此"稷山之战"事实上已经缓解了汉阳方面的危机。

朝鲜国运转危为安的同时，李舜臣本人却不得不面对一场生死考验。外线日军的步步紧逼和内部的军心涣散，特别是朝鲜水师，此时剩余的 18 艘船舰均为庆尚右水使裴楔所率。对于裴楔这个元均旧部，李舜臣自然有些指挥不动。而根据李舜臣本人《乱中日记》的记载，裴楔是在"鸣梁战役"前半个月为了治疗疾病，在得到自己的准许后离开军队的，但不知道为什么两年之后裴楔还是以临阵脱逃的罪名在自己的故乡被问斩。他的离去究竟是个人的胆怯还是"被病假"，或许永远没有了答案。

请走了裴楔之后，李舜臣基本接管了其舰队。但下一步何去何从却并不那么容易决定。放弃军港远走固然是一个不错的选择，但不战而退不仅有损士气，更可能会在撤退时遭到日军追击。因此在水文条件复杂且不利于大舰队展开的鸣梁海峡与日军一战，这不仅不是李舜臣一时激昂的奋袂而起，反而是当时战场条件下唯一的合理选择。

关于具体战斗的经过，朝鲜方面的记述是：10 月 26 日的清晨，李舜臣派出一艘军舰引诱敌军进入事先设好的圈套。在日本军舰驶入鸣梁海峡时，隐蔽于海峡内岛屿附近的朝鲜水师发起猛烈的炮轰。日军舰船在湍急的海流中摇晃不定，而李舜臣海军使用的是平底船，船身平稳因此炮火命中率高。入侵的日军被打得措手不及，前锋来岛通总被击毙。而随着鸣梁海峡的海流开始逆转，日方的战舰开始相互磕磕碰碰，陷入混乱。李舜臣趁乱率领海军对日军展开猛烈攻势。大量的日舰挤在狭窄的鸣梁海峡内，成了极其被动的目标。李舜臣虽然只有 12 艘军舰，但凭借着天时地利击沉了日军 31 艘军舰，另有大约 92 艘被损毁到丧失战斗力。

日本方面对此战的记述是：当时水陆两军已形成对李舜臣海军基地的合围。日军前锋抵达兰浦达洋面，遭遇李舜臣所部，朝鲜水师不战而逃，藤堂高虎随即带领数十艘关船甩开大部队开始追击，被对手引诱到鸣梁海域，遭到朝鲜方面 12 艘板屋船及数百艘民船的围攻。此时海水退潮，日军战舰为对手埋在浅海底的铁索和木桩所制，无法后撤。激战中前锋来岛通总力战而死，主帅藤堂高虎轻伤不下火线，副将毛利高政英勇反击敌舰不慎坠入海中。随后藤堂水军大举来援击退对手，但由于不熟路况，藤堂高虎下令暂不追击。次日藤堂高虎和胁坂安治所部会合，再次抵达鸣梁海峡，但朝鲜水军早已不知所踪。日军随即攻克朝鲜水师根据地右水营，扫荡全罗道朝鲜水师的任务基本宣告完成。

至此结合双方所述，不难拼凑出此战的真相。10 月 26 日清晨，担任警戒任务的朝鲜战舰发现日军主力来袭的消息，李舜臣所部整个舰队随即进入战备状态。考虑到鸣梁海峡的宽度及认定朝鲜水师残余兵力不堪一击，担任日方水军前锋的来岛通总草率地突入敌阵，藤堂高虎、毛利高政率几十艘关船紧随其后。但在鸣梁海峡复杂的地形和水文条件下，来岛水军显得很不适应，加上两军战法的差异，日军前锋接战不利，在藤堂高虎、毛利高政救援不及的情况下，来岛通总与侄子得居通年战死。

对来岛水军的一击得手之后，李舜臣一边继续围攻前出的藤堂高虎、毛利高政所部关船，一边掩护自己基地内的后勤及家眷乘小船突围。这一幕被日方记述为数百民船加入围攻，傍晚时分，在日军后援抵达战场和疏散工作大体完成的情况下，李舜臣主动撤出了战场。一路北行，躲避日军的兵锋。而藤堂高虎等人则忙着捣毁敌方基地也无暇继续追击。"鸣梁海战"至此宣告结束。

综合全局来看，李舜臣水师无疑取得了"鸣梁之役"战术上的胜利：不仅成功地突破了对手海陆并进的围剿之局，还取下了来岛通总的首级以鼓舞士气并作吹谈之资。而站在丰臣秀吉的角度来看，以一个海贼大名的性命把李舜臣赶到远离名护屋—对马—釜山运输线的朝鲜西海岸也

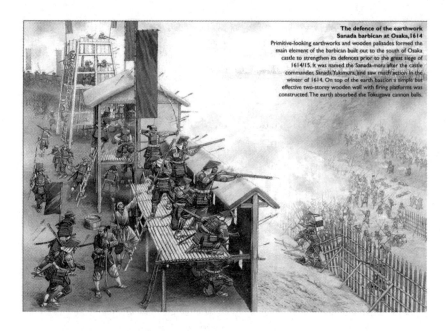

The defence of the earthwork
Sanada barbican at Osaka,1614
Primitive-looking earthworks and wooden palisades formed the
main element of the barbican built out to the south of Osaka
castle to strengthen its defences prior to the great siege of
1614/15. It was named the Sanada-moru after the castle
commander, Sanada, Yukimura, and saw much action. In the
winter of 1614. On top of the earth bastion a simple but
effective two-storey wooden wall with firing platforms was
constructed. The earth absorbed the Tokugawa cannon balls.

战国时代的锤炼令日本军队在据点防御中颇有心得

并非不能接受。毕竟在发动第二次侵朝之役时，丰臣秀吉已经清醒地认识到，在大明帝国的阴影之下，日本鲸吞朝鲜半岛已成黄粱一梦，日本唯一取胜的机会便是在明帝国主力重新大举来援之前，扩大朝鲜半岛南部的占领区并将其要塞化，以期望国力远胜于己的大明帝国能够投鼠忌器，承认其实际控制区域为法定领土。

数以万计的日本士兵和朝鲜劳工在在泗川、固城、蔚山等地修筑倭城要塞的景象，与"二战"中后期日本不惜国力在太平洋诸岛修筑永备工事可谓别无二致。可惜的是历代日本统治者永远无法理解超级大国的思维模式：那些为了将对手赶出自己势力范围所付出的代价，永远谈不上高昂。

当明军看到日军无力前进，企图巩固沿海一带阵地的意图后，便制订了一个断其一臂的"蔚山战役"计划。万历二十五年（1597）十一月，明军以三协：左协杨镐、李如梅率明军1.2万，朝鲜军四千；右协麻贵、李芳春率明军1.1万，朝鲜军三千；中协高策率明军1.1万，朝鲜军五千，分三路向南推进。左、右协奔庆州进攻加藤清正，中协驻宣宁阻

　　　　　　　　　　　　　　　　　　　　　　　东海博弈

止小西行长的支援，并抽出部分军队向全州、南原推进，以牵制小西行长。不难看出，这是个颇为周密的进攻计划，而且是自碧蹄馆之败以来，明军首次由被动转变为主动的军事行动。它预示出战争的结局，即使丰臣秀吉不死，日本也不会是战胜的一方，只不过战争时间将会延长一点而已。

由于明军截断了蔚山的水粮供给，城内日军每天都有大批军兵因为饥渴倒毙。城中干涸的蓄水池里堆满了尸体，原本不食畜肉的日军官兵也因饥饿难忍，将城中为数不多的牛马全部吃光。但就是在这样山穷水尽的情况下，加藤清正还是支撑到了援军的抵达，不过他的这份执著更可以理解为恐惧。因为在朝鲜半岛，加藤清正杀人如麻，一旦落入中朝军民的手中，等待他的自然将是死无全尸。这时，毛利辉元率5万日军来援，杨镐惊惧首先逃跑，明军不战而溃。神宗大怒，革杨镐职以万世德代之。日军虽然解蔚山之围，但却也无力向外扩张，而且出现了"撤退派"。撤退派主张自蔚山等突出阵地撤退，集中兵力重点放手。丰臣秀吉不准，命令加藤清正与小西行长坚守，其余将领回国过冬，等明年

蔚山之战还原图

在明帝国军的强攻之下，只有少数日军堡垒可以长期抵抗

春暖花开再返回朝鲜指挥作战。

　　日本庆长三年（1598）三月，丰臣秀吉感到他的身体开始逐渐衰弱，这时他最关心的不是朝鲜战场上的胜负，而是他的幼子能否牢固地继承他的事业。他心里最明白，幼子丰臣秀赖的最大政敌，就是德川家康。六月，他决定在五奉行之外，另立五大老：德川家康、前田利家、毛利辉元、上杉景胜、宇喜多秀家，总揽国政，发号施令。以五奉行成为政务的执行者。在二者之间，又设立了三中老，起调解作用。丰臣秀吉企

图以这些互相掣肘的职位，使幼子秀赖得以安然地继承他的事业。

七月十五日，他召集重要大名至他病榻前宣誓，像忠于他那样忠于秀赖。八月五日，他感到这样也不保险，又召集五大老和五奉行交换誓言书，发誓忠于秀赖。最后，又决定让秀赖娶德川家康子秀忠的女儿，要求家康善视孙婿。同时，又私下对前田利家说："秀赖就拜托你了。"八月十六日，丰臣秀吉自知不起，召集各大老托孤。十八日，63岁的丰臣秀吉死去了。

丰臣秀吉一死，在伏见的四大老（上杉景胜回自领不在）立即决定：密不发丧、自朝鲜撤军，并命令毛利秀元等三人赴博多掌握撤军事宜。九月五日，五大老以丰臣秀吉名义，指示在朝各军，争取最体面的议和。这个指示一到朝鲜，原来就相当厌战的日军，不愿再为体面的议和付出任何代价了，纷纷准备撤退。

在丰臣秀吉为其子秀赖安排继承统治日本宝座的时期，明军又计划了一次新的战役。这次战役，一直准备到八月，方才就绪。麻贵鉴于"蔚山战役"过于集中一地，使日军可以抽出兵力支援，这次兵分三路，同

明军围困下的釜山

时进攻，使日军无力分兵支援，加上海军从海上配合策应，以期必胜。三路进攻目标为，东路：蔚山；中路：泗川；西路：顺天。麻贵率明军2.4万，朝鲜军五千进攻蔚山；董一元率明军1.3万，朝鲜军两千进攻泗川；刘挺率领明军1.3万，朝鲜军1万进攻顺天；明海军将领陈磷率军1.3万，李舜臣率朝鲜海军7千。于万历二十六年（1598）八月，向各自的目标挺进。

九月二十日，麻贵至蔚山，加藤清正坚守不出，双方无大战争。九月下旬，董一元进攻泗川，二十七日攻克旧城，日军逃入新筑的日式堡垒内坚守。董一元率军以炮火攻城，正在城墙已有数次坍塌，城陷在即。突然明军阵内大炮爆炸，引起火药爆发，出现大量伤亡，明军进攻将士不明所以，遂停止攻城。日军抓住这一千载难逢的时机，开城出击，明军由胜利转为溃败。九月，中路军抵达顺天，小西行长亦坚守不出，刘挺虽遣使联系，并无结果。十月，闻泗川失利，东、西两路军皆退兵。问题在于，此时，朝鲜当局已得到丰臣秀吉病死的消息，虽然尚未证实，但明军却丝毫无加以利用之心。而且在董一元失利，日军亦无力反击的情况下，三路明军全部撤退，准备近一年的攻势，以一无战果而告终。

明军停止攻势后，西路军刘挺部队与小西行长的接触，未曾间断过。中路军的董一元亦与泗川日军发生联系，明显地感到日军愿意结束战争的意向。这时，日军已确定于十一月十五日（万历二十六年公元1598年）全线撤军。而明军却毫无察觉，甚至刘挺部队还同小西部日军达成协议：（一）日军拆除工事；（二）明军送人质于日军，日军撤退。就这样，援朝明军与侵略日军进行的长达7年的战争，竟然在一个方面军的前沿阵地上，达成了和平协议，同意撤军。

朝鲜民族英雄李舜臣是不会轻易放走屠杀朝鲜人民近7个年头的日本侵略军的。自九月起，李舜臣和明朝海军将领陈磷，率领海军在海上堵截日军舰队，焚烧日军粮草，使日军遭受巨大损失。十一月十五日的撤退日期已至，但小西行长被李舜臣海军截住，难以回国。十一月十八日，岛津义弘率数百艘船只乘夜来接小西行长及日军，李舜臣得知，立刻与陈磷海军合围击溃日海军舰队，但在明军海军指挥陈磷所乘战舰被日海军包围时，李舜臣指挥朝鲜海军前去解救，不幸在解围战斗激烈进行时，李舜臣左腋中流弹，伤势甚重。李舜臣惟恐影响正在进行的战斗，告诉

李舜臣之死

其部下："战方急，勿言我死。"说完之后，就死去了。部下遵其言，秘不宣布，奋击日军，终于救出了陈磷，焚毁日舰200余只，岛津义弘只率50余只逃走。战争结束后，明海军指挥陈磷方才知道李舜臣战死。而小西行长则乘李舜臣战死之机，偷渡回国。

万历二十七年（1599），明军自朝鲜全部撤出。日本侵朝和明军援朝战争，一共进行了7年。其间，损失最大的是朝鲜。明军扶弱伐强支援朝鲜，取得道义上的胜利。但是由于明政府政治腐败，明军将领无能，战争7载，"丧师数十万，糜饷数百万，中国与朝鲜一无胜算，至关白死，兵祸始休"，实际的损失是难以估算的。日本方面的损失也不下于明朝，各大名造船糜饷，人力、物力的耗损同样是难以估计的。丰臣秀吉一手创造的一统局面，在其死后不久即被德川家康所取代，与发动这场侵略战争是极有相关的。

人间关原
——丰臣系的崩溃和德川家康所建立的江户幕府

　　远征朝鲜与其说是丰臣秀吉自我膨胀的必然产物，不如说是在日本根基不稳的丰臣家族的一次豪赌，而伴随着这场赌博的终结，日本列岛再度出现了群雄并立的局面。德川家康虽然接受丰臣秀吉的托孤，但是内心深处却无日不想取而代之。在石田三成与福岛正则、加藤清正等人反目的情况，德川家康动员日本列岛的各派势力，以讨伐悖逆谋反的上杉氏的名义起兵。石田三成嗅到对手"项庄舞剑，意在沛公"的危险，于是迅速联合了与上杉氏同为丰臣秀吉托孤重臣的毛利氏、宇喜多氏，一起向关东进军。在美浓群山环抱的关原盆地，一场决定日本列岛命运的恶战悄然揭开了序幕。

　　公元1885年，为了与"国际接轨"，明治维新后的日本政府聘请了当时代表世界先进水平的德国陆军现役军官前来执教。对于日本方面多次热情的邀请，德国政府却是敷衍了事，最终挑选了仅擅长战史研究、却缺乏实战经验的少校——克莱门·梅克尔。而梅克尔少校本人也对位于远东的这个无名小国兴趣索然，甚至一度表示自己只打算在日本待一年。

　　梅克尔少校抵达日本之后的执教生涯也谈不上愉快，他刚一出现在日本陆军大学，其秃顶长须的造型就招来了"涩柿大叔"的外号。面对学员的嘲弄，梅克尔少校也随即反唇相讥，公然在课堂上表示："（自己）只需一个德国步兵军的兵力，便可以轻松击溃日本全国陆军。"如此气焰嚣张的言论，随即引来了学生们的反弹。尽管最终这场"纠纷"，以学生"刺头"根津被勒令退学而化解，但是恶劣的"师生关系"却并未得到根本的改善，最终产生了著名的笑话——"西军必胜"。

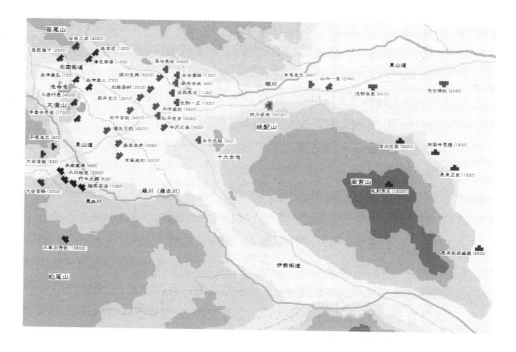

关原合战布阵图

据说有一次在为学员讲课的过程中，梅克尔少校被临时要求讲解一次日本历史上著名的会战。梅克尔少校虽然以战史见长，但显然对日本的历史缺乏研究。他大略地看了一下沙盘上两军的布阵和兵力对比，便凭着多年的经验，草率地发表了占据战场西侧笹尾山、松尾山，呈"鹤翼阵"展开的"西军"必胜的论断。

梅克尔少校的这一论断随即成为了日本学员的笑柄，因为在日本这场"决定天下的会战"的结果，早已家喻户晓。不过梅克尔少校这次"老猫烧须"，并非是其基本功不过关，而是因为他并不清楚公元1600年关原会战前后的日本列岛政局，恰如其同胞克劳塞维茨所言："战争无非是政治通过另一种手段的继续。"

丰臣秀吉逝世之时，日本列岛表面上形成了以其独子丰臣秀赖为"天下共主"的均衡局面。但丰臣秀赖不满6岁，丰臣氏内部很快便形成了秀吉正室"北政所"宁宁和秀赖生母"淀殿"浅井茶茶对立的局面。宁宁与丰臣秀吉相逢于未起之时，可谓"糟糠之妻"，但其多年未曾生育的现实以及秀吉好色的性格，却令这对夫妻的感情迅速走向破裂。以至于织田信长生前也特意写信安抚宁宁说："像你这样才貌兼备的美女，藤吉郎还一再抱怨有所不足，实在是胡言乱语。你们家那只秃头老鼠（秀吉）是再怎么找也不可能找到第二个如你一般的妻室了。"向来特立独行的信长不仅在信中恭维宁宁说："在我印象中本就是十分美丽的你，现在已经是二十分的美人了。"更有意表示："你可以把这封信拿给秀吉看！"

织田信长虽然力挺宁宁，但却最终无法阻止丰臣秀吉在得势之后大肆"扩编"自己的妻妾，甚至在信长死后迎娶了比自己小31岁的浅井茶茶。从血统上来说，浅井茶茶是织田信长的侄女。由于浅井茶茶的母亲阿市号称"战国第一美女"，因此浅井茶茶自然也被好事人描述成了倾国倾城的美人。而丰臣秀吉虽然妻妾众多，但最终诞下子嗣的却仅有浅井茶茶一人而已，不禁令人产生了专宠的感觉。当然随着丰臣氏日后的衰弱，也有将浅井茶茶之所以受孕，归功于其两位政治助手——石田三成和大野治长。

宁宁和浅井茶茶之间所上演的"宫斗剧"，其幕后实则是丰臣家族内部武将系与文官派的内讧。以"贱之岳七本枪"为首的丰臣氏武将大多参与了远征朝鲜之役。和大多数日本武士一样，加藤清正等人从来不肯检讨自己在朝鲜的滥杀和冒进，而将矛头指向了负责远征军后勤和撤退事宜的石田三成。而也曾在朝鲜战场上亲冒矢石而负伤的石田三成，也多次向丰臣秀吉弹劾过加藤清正等人在朝鲜的暴行，于是丰臣秀吉原本寄希望于巩固家族势力的两次征朝之役，反倒埋下了文武决裂的导火索。

年幼的丰臣秀赖自然无力修补家臣团的矛盾，而本应"母仪天下"的宁宁和浅井茶茶又水火不容。公元1599年，随着丰臣秀吉的老友、实力派大名前田利家去世，福岛正则、加藤清正等人随即包围了石田三成的府邸。就在丰臣家一场空前恶斗在所难免之时，德川家康却出面调停。石田三成虽然保住了性命，但却也不得不退出中枢，引退佐和山城。

德川家康之所以为石田三成作保，无非是不想这场内斗如此迅速地落幕而已。在不到半年之后，借口大野治长等人预谋利用公元1599年"重阳节"当日，各地大名朝见丰臣秀赖之际刺杀自己。德川氏的军队正式进驻大阪。昔日执掌日本的丰臣氏俨然已经落入了德川家康的操控之中。甚至出兵讨伐上杉氏，德川家康也打着丰臣氏的名义。虽然作为儿子丰臣秀赖代言人的浅井茶茶以"这是家臣之间的争斗，主家不便参与"的名义高高挂起，但福岛正则、加藤清正等人却无一不为德川氏负弩前驱。

眼见德川家康"挟丰臣以令天下"的局面已然无可挽回，被逼到墙角的石田三成只能铤而走险。公元1600年七月十五日，石田三成会合宇喜多秀家所部4万大军，率先围攻德川氏控制大阪一线的伏见城。石田三成自认此举必然打乱对手的全盘部署，不料却恰恰落入了德川家康这只"老狐狸"的谋算中。在关东经营多年的德川家康要收拾上杉氏本不用亲自上阵，仅由德川家康三子秀忠所指挥的3万精兵配合关东地区的伊达政宗等大名的部队已足以应付了。德川家康之所以大张旗鼓地率军出击，无非是"引蛇出洞"而已。考虑到作为诱饵的伏见城守军必然会被石田三成一举吃掉，因此据说在出兵之前，德川家康已然与重臣鸟居元忠作了不再相见的诀别。

自幼与德川家康一起长大的鸟居元忠的确没有辜负德川家康的期望，在仅有1800人的情况下，仍死守伏见城15天之久。石田三成虽然最终在甲贺忍者的帮助下攻克了这座丰臣秀吉所修筑的名城，但在61岁的鸟居元忠战死时的所谓"血天井"中那句"主公，祝您武运昌隆"的呢喃却如同一个魔咒。石田三成的行动非但没有给德川家康带来困扰，反倒令他们从容地集结原本用于讨伐上杉的大军转向西进。

据说在伏见城陷落的消息传到德川家康的军营之后，德川家康曾故作大方地向麾下云集的各路大名说："各位的妻女都在大阪城中做人质，恐怕现在已经落到了叛贼三成手中。我决定要不顾生死讨伐叛逆，你们是去是留，完全自主决定。"此语一出，与石田三成势同水火的丰臣系武将无不慷慨请战。而得知德川家康引兵西去的消息，上杉氏内部则无不欣喜若狂。唯有少数清醒者黯然表示："如果将德川方的这次退兵视为害怕我上杉家的话，那就太不了解家康公了。家康公此次带领诸将回军西上讨伐石田殿，十之八九石田殿下会败。到时剩下我主公一人如何对抗家康公。德川没有进攻我们而选择了退兵，这才是我们的不幸吧！"

所谓"上兵伐谋"，对决尚未展开，石田三成一方已然失去了主动权。

"关原之战"名义上是石田三成与德川家康的较量，但实质上却是日本列岛"反德川"系大名与"反三成"派人马的交锋。作为昔日丰臣秀吉的家臣，石田三成的封地有限，所能动员的兵马仅所部6000余人而已。加入所谓"西军"的诸路大名之中，有些是与石田三成沾亲带故的，如在"关原之战"中奋死力战的"麻风病人"大谷吉继，本是率军响应德川家康的，只是路过佐和山城才碍于情面，临时"转会"的。而"西军"之中兵力最强的毛利氏人马、小早川秀秋、宇喜多秀家等人则是不满德川家康大权独揽，期盼在这场战争中获得更多的实惠而已。

为了笼络这些人，石田三成不得不在政治上做出让步，如将"西军"主帅的位置让与毛利辉元，还开出诸多无力兑现的空头支票，如向本为丰臣秀吉养子的小早川秀秋承诺可以在丰臣秀赖成年之前，由其继承丰臣氏"关白"的头衔。不过比起石田三成来，德川家康开出的条件却更令人心动，同样是对小早川秀秋的拉拢，德川家康开出的价码是更为实惠的封地和石高。早年在朝鲜战场上曾亲自手持长枪与明军恶斗，却遭遇过石田三成弹劾的小早川秀秋何去何从自然不难判断。《孙子兵法》中的"次者伐交"，德川家康同样玩得游刃有余。

江户时代描述"关原之战"的屏风

唯一令石田三成感到欣慰的是，扼守德川大军西进要道的美浓国此时由对德川家康心怀不满的织田秀信执掌。身为枭雄织田信长的嫡孙，如今沦为边缘势力的织田信秀自然也站在德川氏这个"既得利益集团"的对立面，石田三成如能第一时间与织田信秀会合，仍有机会将德川家康阻挡于近畿之外。但掌握"西军"指挥权的毛利氏却选择向伊势国进军，最终在一个次要战场又白白浪费了近半个月的时间，最终织田信秀兵败之后被迫隐居，德川家康的"东军"顺利进入了尾张。在自己的封地福岛正则颇为慷慨地拿出了30万石的储粮，长途奔袭的"东军"各部得以在衣食无缺的情况下，与石田三成展开了长期对峙。

　　眼见自己所打造的同盟在德川家康的渗透之下有分崩离析的趋势，石田三成不得不于公元1600年10月20日主动出击。在名为"杭濑川之战"的前哨交锋中，"西军"意外地获得堪称完胜的战果。备受鼓舞的石田三成得知德川家康有意绕道突入近江，随即移师关原。以中山道为中间，依托两翼的笹尾山和松尾山为中心，"西军"布置成中央收缩，两侧展开的"鹤翼之阵"。因此说，仅从地理上来看，占据制高点的石田三成，的确对只能在平缓开阔地上展开的德川家康占据一定的优势。

　　除了地形的不利因素之外，德川家康还要面对兵力上的捉襟见肘。由于遭到信浓土豪真田昌幸、真田幸村父子的阻击，德川氏最精锐的3万大军迟迟无法抵达战场。真田昌幸曾是武田氏的家臣，在武田氏灭亡之后，真田氏虽然自立门户但却始终过着朝秦暮楚、依附强权的日子。真田昌幸之所以敢于凭借不足3000人马阻击德川氏的大军，一方面固然是由于其家族曾受过丰臣秀吉的恩惠，真田昌幸本人和石田三成是连襟关系，而更重要的是真田昌幸的长子信幸已然加入了德川家康的麾下，在局势仍未明了的情况下，分头下注显然是最为稳妥的举动。

　　在总兵力远少于对手的情况下，德川家康只能将本阵前移。10月20日，德川家康抵达了距离前线仅两公里的桃配山，但德川家康很快便发现自己此举有些荒唐。因为就在桃配山东南的南宫山上部署有毛利氏的两万余人马，这样一来"东军"不仅在正面战场要遭遇对手的左右夹击，更在战略上陷入了顾此失彼的尴尬之中。但事已至此，德川家康只能硬着头皮命令麾下的7.5万大军于10月21日清晨的浓雾细雨中向对手发起进攻。

尽管担任"东军"前锋的福岛正则叫嚣着要与石田三成一决生死，但是面对"西军"居高临下的火力优势，德川家康的第一轮进攻非但没有讨到什么便宜，反而陷入了混乱之中。石田三成以日本列岛罕见的大口径火绳枪"大筒"向对手射击（"大筒"并非火炮，类似大明帝国所列装的"佛郎机炮"，在日本战国被称为"国崩"），一边传令点燃狼烟，号召各部展开总攻。

　　毫无疑问石田三成最期待的是驻守南宫山的毛利军可以投入战斗，但是担任毛利军前锋的吉川广家却不仅不为所动，还有意阻挡堂弟毛利秀元的行动。客观地说，吉川广家并非贪生怕死之徒，在远征朝鲜的战役中，吉川广家在碧蹄馆、蔚山等战役中均有不俗的表现，真正导致其作壁上观的还是其对天下局势的判断。关原之战前夕，身为"西军"主帅的毛利辉元曾在大阪城力劝浅井茶茶抱着儿子丰臣秀赖前往石田三成的本城佐和山，然后在关原前线树立起丰臣氏的战旗，但浅井茶茶却搬出一大堆理由，表示"不能擅离大阪"。既然有着切身利益的丰臣氏都如此首鼠两端，毛利家自然也大可不必为之卖命。吉川广家按兵不动，毛利秀元干脆要吃罢早饭再行冲锋，不过这顿饭一直从上午吃到正午，由此日本列岛多了一个"宰相殿下空便当"的典故。

　　毛利氏大军尽管"不动如山"，但至少还是牵制了"东军"方面的上万人马。真正令石田三成功败垂成的还是小早川秀秋的迟疑和倒戈。占据松尾山的小早川秀秋不仅握有1.5万人的生力军，更直指德川军虚弱的侧翼。面对在"关白"之位和封地实惠间左右徘徊的小早川秀秋，德川家康终于失去了耐心。命令麾下的"铁炮大将"布施孙兵卫率部对松尾山射击。被枪声惊醒的小早川秀秋随即倒戈相向，冲入了友军大谷吉继的阵中。

　　小早川秀秋最终决定站在德川家康一侧之时，石田三成方面的核心战力事实上已经消耗殆尽。大谷吉继虽然事先已然对小早川氏可能的异动做好了准备，但在数倍于己的敌军合围之下，大谷吉继所部很快便全军覆没。而随着这一块多米诺骨牌的倒下，整个西军随即陷入了总崩溃之中。由于遭到德川氏的全力追击，石田三成的本部人马很快便全军覆没，一心还想东山再起的石田三成逃入伊吹山中，最终为当地的农民所俘。

　　　　　　　　　　　　　　　　　　　　　　　　　　东海博弈

据说石田三成被俘之后，德川家康对他颇为客气，还待之以诸侯之礼。但昔日同殿为臣的福岛正则却在马上呵斥云："你掀起无益之乱，今天落到如此地步有何脸面？"石田三成却反唇相讥道："是我武运不好，不能活捉你而感到遗憾。"尽管表面上看福岛正则和石田三成在战场上分属不同的阵营，但是关原之战最终败北的却是整个丰臣系人马。随着石田三成和小西行长等人在大阪等地游街后，最终人头落地。世人眼中丰臣家昔日无上的威望也跟着落到了谷底。而再度率军进入大阪的德川家康更挥舞起"改易"的大棒，开始重新划分日本列岛的政治版图。

所谓"改易"，顾名思义便是调整各大名的所属封地，"关原之战"中从属与德川家康的各路大名包括临阵倒戈的小早川秀秋、按兵不动的吉川广家等人自然要论功行赏，但是这些土地不可能由德川氏来自掏腰包。于是乎从属于西军的大名们便集体倒霉，宇喜多氏的领地被全部没收，毛利秀元虽然忙于吃盒饭，但毛利氏毕竟顶着"西军"主帅的头衔，其原有的 8 国 120 万石的领地被削减到 2 国 37 万石。为此，吉川广家日后在毛利氏受尽了白眼。

有趣的是上杉氏虽然长期与德川家康敌对，但由于其奉行"战是死，不战亦是死"的顽抗政策，最终于公元 1601 年宣布降服之后，倒也保留了米泽藩 30 万石的领地，其境遇与毛利氏不相上下。而在"关原之战"始终抱着"今日胜败虽属未知之数，岛津却自有岛津的进退"打酱油的岛津义弘，虽然从属"西军"，且在撤退的过程中连伤德川家松平忠吉、井伊直政两员大将，却也只是让出家督之位，提前退休而已，岛津氏在萨摩的领地没有受到丝毫的影响。

尽管从战败者的头上掠走了近 600 万石的土地，但是由于德川秀忠所指挥的 3 万关东劲旅未能及时赶到战场，因此这些战果德川家康必须首先用来安抚福岛正则、加藤清正等人。德川家康自己的家臣反倒所获寥寥，面对这种局面德川家康只能另辟蹊径。一方面德川家康虽然无力削减封地的数量，但却能决定封地的位置，于是乎丰臣秀吉昔日以大阪、伏见两城为中心分封于近畿的家臣，纷纷被调往本州岛西部、四国、九州等地。日本列岛形成以关东江户为中心的德川系一家独大的局面。

除了将丰臣系人马"改易"之外，德川家康的另一手削弱对手的"高招"则是"筑城"。在骏府、广岛、名古屋等一系列新型城市的建筑过

晚年的德川家康

　　程中，福岛正则、加藤清正等人无不出钱出力，在大兴土木的过程中耗
尽了自己的实力。公元1603年，在大局已定的情况下，德川家康正式接
受"阳成天皇"周仁的册封，成为"江户幕府"的首任"征夷大将军"，
借着这个由头，德川家康更进一步将自己的领地扩充至400万石，而丰
臣氏所有领地则由名义上的1000万石（实际约200万石）削减至65万石。

　　同时德川家康还顺手接管了丰臣秀吉生前引为禁脔的堺町、长崎
等地的商业收入，委托武田氏旧臣大久保长安统一管理日本的金、银
矿山收入。而丰臣氏唯一得到的保障，仅有德川家康将7岁的孙女千姬
嫁给丰臣秀赖的政治联姻而已。德川家康虽然于公元1605年宣布退休，
将"征夷大将军"之位传给儿子德川秀忠，但是对丰臣系的打压却从未
停止。

　　由于不清楚向来喜欢敛财的丰臣秀吉在大阪城预留了多少遗产，德
川家康以祈求国泰民安的名义，要求丰臣氏独力出资重修京都因地震而
倒塌的方广寺。应该说，身为一介女流的浅井茶茶在"老狐狸"德川家

康面前，显得实在"很傻很天真"，不仅为了修筑金身大佛而耗费无数金钱，还将丰臣秀吉当年推行"刀狩令"而收缴的民间武器也一并熔作大佛殿之钉锔，但即便如此德川家康仍不满意。

公元1614年，负责承建方广寺的丰臣氏家臣片桐且元将精通汉学的南禅寺住持清韩长老所著的梵钟铭文送交德川家康过目。此时即将在方广寺举行佛堂供养典礼的消息已然在日本不胫而走，各地的善男信女纷纷向京都集中。可是在仪式开始的前一天，江户方面突然宣布"梵钟的铭文和栋札有可疑之处"，要求中止典礼，史称"方广寺钟铭事件"。

方广寺的钟铭总计36句，144个字。却被德川家康麾下的心学大儒挑出了诸多问题。其中最为著名的便是"国家安康"和"君臣丰乐"被指有"将德川家康腰斩，丰臣氏君臣齐乐"的含义。甚至连"东迎素月，西送斜阳"也被理解为是编排关东江户为"阴"，关西大阪为阳。如此牵强的理解恐怕连日后向来擅长制造"文字狱"的满清君臣都要拜服了。

德川家康无端指责丰臣氏包藏祸心，最终目的无非是逼迫丰臣秀赖母子铤而走险。果然浅井茶茶得到消息后，先是拒绝前往江户充当人质，随后又以片桐且元暗中勾结家康为由将其逐出大阪。片桐且元身为昔日"贱之岳七本枪"之一，长期深受丰臣氏的信任，在"关原之战"后担负着与德川家康交涉的重任。浅井茶茶此举虽然还谈不上自毁长城，却也令德川家康通过收容片桐且元进一步了解了大阪方面的虚实。

事实上，自"关原之战"后，德川家康对丰臣氏的敲打便从未中断过。公元1611年，德川家康曾傲慢地在京都召见丰臣秀赖，俨然已将丰臣氏视为普通的大名。浅井茶茶担心德川家康会暗下杀手，一度阻止自己的儿子前往。但是在福岛正则、加藤清正等人的力保之下，丰臣秀赖还是平安地抵达了二条城。但此时的福岛正则等人已然深知丰臣氏再无与德川家康对抗的实力。据说怀揣匕首的加藤清正在丰臣秀赖结束了与德川家康的会晤后，竟黯然落泪说："今日终于报了太阁殿下（丰臣秀吉）的恩典。"而福岛正则更做好了一旦德川家康反目，便在大阪引火自焚的准备，可见丰臣氏当时的绝望。

丰臣秀赖在二条城会晤德川家康后不久加藤清正便离奇去世，后世不乏阴谋论者推测死因是德川氏下毒。但客观地说，在德川家康的不断打压和削弱之下，加藤清正等丰臣系武将早已无力与之对抗。加藤清

大阪战役期间的德川家康

正之死反倒避免了自己子孙日后的尴尬，得以让他们心安理得地坐视德川家康于公元1614年冬动员16万大军扑向大阪。面对丰臣氏危在旦夕的局面，早已不复昔日之勇的福岛正则除了徒呼"调解"之外，并无实际的举动，而其子福岛忠胜更赫然在德川大军之中出力。显然比起所谓的"忠义"来，力量的对比更能决定日本武士的从属。昔日与德川家康势同水火的上杉景胜、佐竹义宣等人此时不也改投江户幕府的旗下了吗？

面对被夸耀为"神武天皇东征以来最多武士"的德川大军，丰臣氏只能靠招揽"浪人"勉强应战。不过自"关原之战"以来，日本列岛上被德川家康剥夺了领地和生计的失意武士众多，一时之间在大阪倒也云集了诸如真田幸村等昔日名将，在丰臣氏庞大财力的支持之下，大阪城内不仅聚集了近10万人马，更开始修筑了"真田丸"等外围据点。

尽管在兵力上处于劣势，但丰臣氏麾下的"浪人"大多已被命运逼到了墙角，因此在战场无不奋勇死战。而德川氏麾下的大名大多养尊处优，更不希望死在太平盛世的前夜，因此在将丰臣氏的军队逼入大阪城，对"真田丸"等外围据点攻坚失利之后，德川家康巧妙地利用了浅井茶茶怕事的特点，以拆毁"真田丸"等工事为条件与丰臣氏议和。一再被忽悠的浅井茶茶母子再次吞下了对手精心准备的"香饵"。在德川氏撤军之后，不仅允许对手拆毁大阪的城防工事，还解雇了部分浪人。

公元1614年的"大阪冬之阵"后，德川家康却丝毫没有懈怠，针对大阪城的防御特点，德川氏大量囤积粮草和大炮。公元1615年4月，德川家康借口出席自己九子德川义直的婚礼，再次抵达京都。随后各地大名接到出征的号令，15万大军很快又在二条城一线集结起来。感到巨大压力的丰臣氏此时反倒积极了起来，主动向大阪周边进击。但是在野战之中，以浪人为主力的丰臣军无论兵力还是装备均不足与对手抗衡。最终试图一战翻身的真田幸村率领5万人马于大阪城南的天王寺对幕府军展开主力决战。尽管真田幸村凭借个人的武勇在敌阵中纵横驰骋，一度令家康本人也不得不仓皇后撤，但最终被后世推崇为"战国第一强兵"的真田幸村还是倒在了血泊之中，德川大军随即攻入了大阪城内。

在激烈的巷战中，浅井茶茶还指望让自己的儿媳——德川家康的孙女千姬为丰臣氏求情，但德川家康不仅没有丝毫的怜悯之情，反而公然指责丰臣秀赖不过是浅井茶茶私通家臣所生下的野种。在万念俱灰之下，浅井茶茶母子与一干丰臣氏家臣只能相继自刃。有趣的是，日本民间为了反击德川家康这种不厚道的"八卦精神"，日后编纂出了一个"吉田御殿"的故事，说的是被德川家康从大阪接回江户的千姬，每每在夜间引男子到御殿之前，玩弄之后加以毒杀。但无论如何，随着"大阪夏之阵"的终结，自"应仁之乱"以来的日本内战不断的战国时代总算是画上了一个不算完美的句号。

神州陆沉
——大明帝国末叶的乱象和最终的灭亡

　　明神宗"好货成癖"，张居正死后，他再无约束，不放过任何机会聚敛钱财。臣僚们不断上本，请他豁免房税，停买金珠，减免织造。他一概留中，不予理睬。万历二十四年（1596），坤宁宫发生火灾，扑灭不及，连乾清宫一起烧为灰烬。修复两宫是一项很大的工程，需要大笔经费。

　　在此之前，有人报告阜平、房山等地有矿，请派官开采，因内阁大臣申时行、王锡爵等反对，未能实施。而对于开矿取利，神宗一直跃跃欲试。两宫火灾后，府军前卫副千户仲春建议开矿以助"大工"，正中他的下怀。神宗派户部郎中戴绍科、锦衣卫指挥张懋、太监王虎随仲春在京畿地区开矿，由王虎总领其事。仲春得计，锦衣卫和其他卫所的军官，各衙门的下层官僚，纷纷效仿，争走阙下。神宗有请必准，先后派太监到北直隶地区的真定、保定、昌黎、迁安、昌平、涞水，以及山东、湖广、辽东、江西、浙江、陕西等地开矿，开矿太监遍布各省。

　　万历二十六年（1598），神宗又向各通衢大邑派设税监。矿使、税监往往是二位一体，主持开矿者，同时兼征税收。此外，有的太监专职征税：梁永为陕西税监，马堂为天津税监（兼辖临清），杨荣为云南税监，高寀为福建税监。从万历二十五年（1597）到三十三年（1605），各路矿使、税监共进银三百万两，并不时奉献金珠、貂皮、名马等。在聚敛财富的过程中，报矿者经常是无中生有，矿使不管有无，据其所报，便招矿徒开采，编富民为矿头，并随意征用民夫。陈增在益都县境内开矿，每天征用民夫上千人，许多人无辜而死，富民也很快成为盘剥的对象。税监则到处树旗建厂，巧立名目，穷乡僻壤，米盐鸡豕，无不征税。

奉派太监的骄横，激起朝野官僚的激烈反对。吏部尚书李戴揭露，矿使、税监聚敛财富，以十分计算，为皇帝所用的不过一分，矿使税监本人私入腰包的二分，他们的随从人员就地瓜分三分，当地土豪恶棍中饱私囊，占去了四分。凤阳巡抚李三才说："陛下爱珠玉，民亦慕温饱；陛下爱子孙，民亦恋妻孥。奈何陛下欲崇敛财贿，而不使小民享升斗之需；欲绵祚万年，而不使小民适朝夕之乐？"直把派遣税监、矿使比作暴秦。有些地方官吏对差派的太监采取强硬的措施。太监潘相去上饶县查勘矿洞，事先通知知县李鸿，希望有所照应。李鸿却禁止百姓供给食物，违令者论死。潘相在山上奔走终日，饥渴难忍，疲惫而归。像李鸿这样的官员在当时十分难得。

公然对抗矿使税监是要准备吃苦的，只要被指控阻挠开矿，轻则降职罢官，重则下狱治罪。万历三十年（1602）二月，神宗患病，一度曾想罢去矿使税监。他把首辅沈一贯召入后殿，谈及要把派出的内监全部传回："矿税因大工权宜，今宜传谕，及各处织造，陶器具停。"沈一贯忙回内阁拟旨，庆幸几年来的苦谏有了效果。谁知第二天神宗身体康复，又派宦官二十多人到内阁追索前旨。

竭泽而渔的政策和令人发指的暴行更激起了民众的强烈反抗。万夫所指，人同一心，武昌、苏州、景德镇、临清等地群众相继发动"民变"，驱除和制裁矿使税监。万历二十七年（1599）二月，御马监六品奉御陈泰被派到湖广地区，兼理矿税。他僭称"千岁"，胁迫官吏，纵容随从人员劫掠行旅、坑害商贾，还闯入民家奸淫妇女。人心大恨，到了"时日曷丧，予及汝偕亡"的程度。一日，陈奉从武昌去荆州，商民数千人聚于途经之处，投掷瓦石袭击陈奉一行，势不可当。地方官吏拼死掩护，陈奉才得逃脱。他非但不知感谢，反而利用这一事件打击府、州官员。首当其冲的是蕲州知州华钰，因为他曾经鞭挞陈奉的仆从，事件发生时又不在现场，有失维护之责；其次是襄阳知府李商耕，他曾治办过陈奉的参随人员。华钰被关押了好几年，李商耕被贬官，其他受牵连的府、州、县官员有数十人。

事后，有人告发兴国州民徐鼎等挖掘唐朝宰相李林甫妻墓，得黄金万计。神宗闻讯，命陈奉将这笔财富送进内库。陈奉有恃无恐，在境内大掘古墓，毒刑拷打被告，刀剖孕妇，溺死婴儿，激起更大的动荡。这期间，汉口、黄州、宝庆、德安、湘潭等处，都发生小规模的反抗。年底，被辱诸生之妻赴官哭诉，万余市民尾随其后。巡抚等衙门不敢受理，愤怒的人群转向矿税监衙门，以巨石为武器，击伤了陈奉。官衙派甲士千人前来保护，陈奉气焰复嚣张。他发射火箭火炮烧毁民宅，许多市民死于甲士手下，造成严重的流血事件。

分巡武昌、汉阳、黄州三府的按察司佥事冯应京公开站在市民一边，逮捕了陈奉的爪牙。事变后，他愤然上疏，陈述陈奉的十大罪状。结果，他反被陈奉告倒，贬官调职。万历二十九年（1601）三月，朝廷派缇骑到武汉，捉拿冯应京进京问罪。陈奉得意之余，在交通要道上张贴榜文，罗列冯应京"罪状"。武汉市民聚众数万攻打陈奉宅第。陈奉躲进楚王府，一个多月不敢出门。市民们抓住陈奉左右16人，投入长江；因巡抚支可大助恶，市民又放火烧了巡抚衙门。

武昌民变虽未使神宗有所改变，但多少也使他震动，加上太监内部的矛盾，江西税监李道告发陈奉侵吞财物，神宗终于把他召回。临清民变天津税监马堂和山东矿监陈增为抢夺地盘发生争执。神宗为二人调解，命马堂在临清征税，陈增在东昌征税。临清州虽然属东昌府，但处水陆交通冲要，一直是重要钞关。说起来，马堂并未失利。

马堂到临清，所带随从数百人，非偷盗之徒即市井无赖。他们手持锁链镣铐，白日夺人资财，遇有抗拒者，乱加违禁的罪名，锁起来就走。马堂还规定，家僮告发主人，没收财物，七分归官，三分归告者。临清州中产之家多破产，远近罢市抗议。一日，万余州民放火烧了马堂的税监衙门，击毙他的随从37人。守备王炀率士卒二十多人冲入，背负马堂而出，马堂的手下反告他肇事，将他逮捕。王炀最后死于狱中。官府追拿参与事变的人，州民王朝佐挺身而出，自认发难者，英勇就戮。临清人民曾建立祠堂来纪念他。

万历二十七年（1599），太监杨荣往云南采矿。他在云南虐待诸生，结下了第一层怨；诬告云南府知府蔡如、赵州知州甘学书等，将二人下诏入狱，结下了第二层怨；要丽江土知府退出他所管辖的地盘，以便开矿，结下了第三层怨。万历三十年（1602）三月，云南腾越（今云南腾冲）民众聚众起事，烧毁厂房，杀死税监衙门驻腾越代理人张安民。这是一个警告信号。但杨荣有恃无恐，继续作恶，杖毙民众。因为卫所军官不那么听话，他把一个指挥使戴枷示众，把另一个指挥使关押起来，并扬言要把卫所军官全部逮捕，使人人自危。

万历三十四年（1606）三月，指挥贺世勋、韩光大等率市民万人冲入杨荣府第，放火烧房。在混乱中杀死杨荣，将其尸首投入大火。杨荣随从两百多人丧命。在诸多民变中，税监矿使虽都像惊弓之鸟，但只有杨荣当即被杀。他初到云南时，密奏神宗，说阿瓦、猛密等地有宝井，一经开采，每月可增加收入几十万，这当然有很大的诱惑力。对于他的死，神宗深感悲戚。

孙隆是苏、杭织造太监，署衙在苏州，万历二十七年（1599）又受命带收该处税课。万历中期苏、杭织造不断增加征收，已是不小的负担。织造太监对当地人民，特别是对织工的盘剥，已很严重；再兼税监，孙隆更成为群众所痛恨的人物。万历二十九年（1601），为反对加税，苏州市民蜂拥而起，包围了税监衙门，杀死孙隆随从6人。孙隆狼狈逃往杭州。参加这次事变的主要是机工。神宗命抚、按衙门追捕"乱民"，织工葛成（又名诚、贤）独赴官府，一力承担。他被判死刑，关在狱中，但没有执行，十多年后被放出。清朝初期，苏州人民在苏州虎丘为他立了一块碑，题名"吴将军葛贤墓"。

尚膳监监丞高淮出任辽东税使，恣横不法，每开马市，强夺好马，逼令驻军以高价购买次马，吏民稍不合意，全家受累。他甚至调动兵将，干预军事。万历三十一年（1603）夏，高淮率家丁300人，打出将军旗号，击鼓鸣金，扬言要入京谒见皇帝。该队驻扎广渠门外，京师大为震惊。大臣们说，高淮擅离职守，挟兵潜往京师，是数百年来未有之事；他自称镇守，协同关务，也是荒唐至极。神宗不但不降罪，反而存心袒护，说高淮是奉他的命令行事，使得高淮更无忌惮。他肆意招募死士，出塞射猎，与边将争功，扣除军士粮饷，山海关内外无不受害。

万历三十六年（1608）四月，前屯卫发生骚乱，士卒齐声呼喊："愿食高淮肉而甘。"六月，高淮派人去锦州等地向军户索贿，军户愤怒，杀来人，聚众千余人围攻高淮衙门。高淮恐惧，奔入关内，告同知、参将逐杀钦使、劫夺御用钱粮，在边民间造成更大的动乱。因局面完全无法收拾，神宗才把高淮召回。

万历年间的民变遍布各地，规模巨大，动辄万人，表明"市民"的

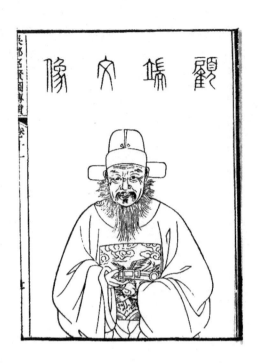

东林党领袖顾宪成

力量有了很大的增长，其中城市的劳动者（如机工）和商人占有相当大的比重。这是一个值得注意的历史现象。另一方面，民变是市民各阶层和反对宦官集团的封建士大夫阶层的联合行动，起重大作用的往往是诸生、乡绅，或者受欺凌的中下层军官。

明中叶以后，士大夫以不依附权臣、敢于批评内阁部院为清高。东林党基本上站在批评执政大臣的立场，以清流自命。顾宪成去官以前，与首辅王锡爵对话，王锡爵说："当今所最怪者，庙堂之是非，天下必欲反之。"顾宪成针锋相对地回答说："吾见天下之是非，庙堂必欲反之耳！"鲜明地表示出他的反对派立场。所谓反对派，当然不是针对某一个人，而是针对朝廷的政策。因此，东林党人的概念也扩大了，凡是批评朝廷的腐败，凡是为清流所承认的正派大臣辩护，凡是主张在官僚考察中去奸留贤，凡是在国本之争中批评万历皇帝和郑贵妃，凡是在三案中敢于力争的，都被视作东林党人。以东林书院为基地而形成的政治团体与其他地区反对朝廷政策的士大夫，在当时的政治斗争中浑然一体，形成一股社会力量。顾宪成和江西吉水人邹元标、北直隶高邑人赵南星被海内幕为"三君"。

以清流自命的士大夫，都希望名列东林。那些行有劣迹，或被认为有劣迹的，不为东林接受的官僚，因地域而分，

东海博弈

各立党派，彼此为援，与东林党人相对抗。这些官僚主要形成三大党派：一是山东人组成的齐党，一是湖广人组成的楚党，一是浙党。三党成员交往甚密，一意攻击东林党，今日指其乱政，明日责其擅权。但后来，在三党的关系中出现裂痕，力量削弱。

天启初年，一些东林党成员陆续被起用。赵南星任吏部尚书，邹元标、高攀龙先后任都御史，由在野派变成在朝派。天启三年（1623），赵南星等利用京察的机会，尽力罢免浙、齐、楚党成员和品行不好的官员，把东林党人及正派官员升至重要职位。有些官员，不见容于清流，便去投靠掌握大权的宦官魏忠贤，后来被人们称为"阉党"。此后，官僚集团内部的党争为东林党人与"阉党"之间的斗争所取代。

魏忠贤是北直隶肃宁县的一名无赖，虽目不识丁，但颇有心计。少年时在赌场上不得意，家境日益贫困，他一怒之下净身入宫，改姓名为李进忠。地位改变后，他才恢复魏姓，皇帝赐名忠贤。初入宫时，他管过甲字库，结识了太监魏朝，转为朱常洛的才人王氏典膳。王才人是皇长孙朱由校的生母。魏忠贤小心侍奉，得到大太监的称赞。

明朝习俗，宦官在宫中有相好的女人，可结为"对食"。魏朝与朱由校乳母客氏原为一对，但因闲暇不多，魏忠贤乘虚而入。客氏移爱于魏忠贤，感情日笃。朱由校即位后，封客氏为奉圣夫人，给田20顷为护坟香火资。保持和客氏的关系，不但是感情的需要，而且是在皇帝面前邀宠的重要手段。魏忠贤首先假传圣旨，把魏朝排斥到凤阳去，并在途中把他杀死。接着又除掉对手大太监王安。魏忠贤指使外朝弹劾王安，把他降至南海子净军，并派亲信在该地杀了他。

天启元年（1621）的冬天，魏忠贤升司礼秉笔太监。魏忠贤不识字，"例不当入司礼，以客氏故，得之"。当时的司礼监掌印太监是王体乾，地位虽在魏忠贤之上，可他一切唯魏忠贤马首是瞻。另一秉笔太监李永贞，更是魏氏死党。王、李二人颇通文义，通过他们，魏忠贤完全可以自如地处置大臣章奏。

魏忠贤还试图建立一支私人武装，杀王安后，设内标万人，全副装备。这支队伍在宫禁之内操练，鼓声震天；一次试用枪铳，不慎炸开，几乎伤及前来观看的皇帝朱由校。御史刘之凤提醒朱由校说："虎符重兵，何可倒戈授巷伯之手？假令刘瑾拥甲士三千，能束手就擒乎？"这话的意思已很明白了。

天启三年（1623），魏忠贤提督东厂。东厂和锦衣卫是控制内朝、监视官僚系统的重要机构。万历时热衷于派遣官员向外勒取，放松了对厂卫的管理。魏忠贤任事以来，安排他的亲信田尔耕掌握锦衣卫，许显纯掌握镇抚司，屡兴大狱，打击异己。他们派出大批密探，四处活动；镇抚司狱中刑具齐备，一旦被捉入狱，则势难生还。

对于魏忠贤专权，外朝官僚分为两大派，反对魏忠贤的官僚称依附魏忠贤的官僚为"阉党"，依附魏忠贤的官僚把反对魏忠贤的官僚通划为"东林党"。魏忠贤得势之初，正是部分东林党人得到重用之时，魏忠贤曾想笼络他们，遭到严厉拒绝，从此，魏忠贤便与东林党形同水火。

天启四年（1624）六月，副都御史杨涟上疏，罗列魏忠贤的24大罪状，包括拟旨内批、玩弄机权、翦除异己、兴狱滥刑等内容。要求把他交刑部严讯以正国法。杨涟的奏疏掀起反对魏忠贤专权的高潮。一两个月内，弹劾章奏不下百余道。魏忠贤在惊恐之余，忙采取应对措施。十月，将赵南星、高攀龙罢免，十一月，将杨涟、左光斗等削籍。天启五年三月，伪造罪名，将反对自己的杨涟、左光斗、魏大中等6人下狱，赵南星等15人削籍。杨涟最为魏忠贤痛恨，被施以各种酷刑，土囊压身，铁钉贯耳而死；左光斗、魏大中也被打得体无完肤，与他同日而死。

依附魏忠贤的官僚趁势助虐，其亲信阁臣魏广微撰《缙绅便览》一书，把前阁臣叶向高、韩爌以下百余人列为奸党，而把阉党王永光、黄光缵等60多人列为正人。魏忠贤把这份名单当作用人的标准。新都御史王绍徽编纂《东林点将录》，仿照民间流传的水浒故事中"三十六天罡"和"七十二地煞"，列东林党名单。吏部尚书崔呈秀编《东林同志录》，按词林、部院、卿寺、台省、部属顺序，开列东林党人名单，编《天鉴录》，开列不附东林党官员的名单。魏忠贤对东林党人的打击迫害持续数年，直到他垮台才停止。

魏忠贤的权势膨胀，致有"九千岁"的称号。权势的无限度发展，也导致了他的灭亡。天启七年，朱由校病死。因为无子，他的异母兄弟信王朱由检被推上了皇位，年号崇祯（1628—1644）。此后，朝内外重新发起对魏忠贤的攻击。朱由检召魏入宫，命内侍宣读嘉兴贡生钱嘉徵劾魏忠贤的十大罪。魏忠贤知道大势已去，在被发配去凤阳的途中自杀。

崇祯二年（1629），朱由检定逆案，尽数驱除魏忠贤党徒。魏忠贤专权是明朝宦官专权的最高峰，它集中反映了明朝后期的政治危机。

由于对土地的大肆兼并和矿使税监的疯狂掠夺，给社会经济造成了严重的破坏，而明朝后期战事频繁，用度巨大，明朝廷不得不采取"竭泽而渔"的政策。万历年间，明皇朝四面用兵。中期，有被称作"万历三大征"的宁夏之役、播州之役和援朝抗倭的战争；万历末年以后，明朝与后金政权，进行了旷日持久的战争。

万历三大征的性质各不相同，有一点却是相同的，即都要耗费巨额的钱财。据统计，明朝廷用于三项战事的白银超过了1000万两。万历四十六年，当辽东战争发生，已是库府空虚，难以支应。当时大臣合议，安排辽东的防务，需军费百万，但因筹措不及，朱翊钧只准与十万，且要延迟拨给。

明廷多方筹措军饷，以应付战争之需。五个月后，明廷议决，除贵州外，全国亩加征田赋三厘五毫，后又加征三厘五毫。万历四十八年，再增二厘。连续三年，先后三增赋，合计九厘，共得银520万两。这宗以"辽饷"名目加征的田赋，被朝廷固定下来，成为常赋。

崇祯十年，与清军和农民军两面作战的明朝廷，为了一举消灭农民军，根据杨嗣昌"因粮加赋"的倡议，再次加派。其主要措施是，在旧额田赋的基础上，每亩

明代最后一位皇帝崇祯

加粮六合，而以每石折银八钱的比率输官，计可得银近200万两。加上民间田土溢额者，核实输赋，以充饷；按照事例，富民输资为监生的银两，以充饷；全国邮驿裁省的银两，以充饷，估计共可得银280万两。这宗加派被称作"剿饷"。朱由检明确表示，这次的加派是临时性的："勉从廷议，暂累吾民一年。"可在第二年，仍然征收了其半数。

崇祯十二年，延臣议练边兵，杨嗣昌筹划，东而辽东、蓟镇，中而畿辅，西而陕西三边，共练兵73万。练兵需饷，遂于天下田土中，亩加赋银一分，计得730余万两。这宗加派称作"练饷"。此后，"练饷"又成为明朝廷的另一宗常赋。辽饷、剿饷、练饷，合称三饷。有御史称："一年而括二千万以输京师，又括京师二千万以输边"，是亘古未有之事。如果说万历年间的危机，是因朱翊钧"非但内者不出，且欲外者复入"，尚有回旋的余地，那么，到了崇祯年间，则是外库内库俱空，不依靠一宗又一宗的加派，便无法维持。加派三饷是明朝廷将财政危机转嫁于小民的措施，这些措施不过是剜肉医疮。归根结底，只是加速了明皇朝的灭亡。

尾声　天朝遗民

中日之间的外交关系在德川幕府时代则更为复杂，德川幕府在东亚大陆明清交替之际，曾长期支持以福建郑氏集团为首的南明势力。在公元1660年，甚至有"大举兵，随汉人之客于日本者以向北京矣"的军事动作，但是德川一系的武士向来不擅长航海之道，在遭遇了日本列岛夏季常见的台风之后，还未与八旗子弟相见于战场，便白白在海难中损失了几千精锐。

　　这一股不为人所知的"神风"同样改变了东亚的历史，不仅自诩将统帅"不期而会者海外一十四国"北伐的郑成功，最终由于兵力不足而兵败南京。德川幕府从此视干预中国内政为危途。此后，郑氏及南明其他势力多次派代表到日本"乞师"皆以"其前出兵损失，坚意不允"。但这种视满清为"夷狄"的态度，最终还是在德川幕府直至郑氏所盘踞的台湾岛被满清帝国攻占之前，与南明始终保持着外交往来。

　　当然，不与满清帝国正式建交，不代表德川幕府不重视中日贸易。在公元1610年前后，江户方面曾利用中国商船抵达长崎港的机会，致信福建总督以期"继前世之绝，兴当年之废，修遣使之交，求勘合之符"。不过此举很快便不了了之。因为公元1609年，萨摩藩以三千精锐发动对琉球的"闪电战"之后，日本列岛便开始利用琉球王国与明、清帝国的朝贡关系，开始了以之为"代理服务器"的中日"密贸易"。

　　在琉球王国处于"中日双属"的时期，通过"两年一贡"的"朝贡贸易"，中日之间依旧保持着经济和文化上的互动。而为了保持这种来之不易的苟且关系，日本人也算是煞费了苦心，不仅顺从满清帝国剃发、易服的要求，更制定了一整套应对之词。但这些小伎俩还是无法瞒过擅长欺上瞒下的满清官僚，康乾时代中国官员便发现其中的蹊跷。但是沉浸于天朝上国迷梦之中的满清君皇并不在意。以为通过政治册封和朝贡贸易中的"厚往薄来"便足以保护琉球的独立。

正是满清帝国的这种不作为，最终导致以萨摩藩为代表的日本势力逐步蚕食了琉球的经济和文化基础，昔日对琉球政治和文化拥有举足轻重作用的闽南36姓逐渐式微。而琉球国主尚氏家族也日益对日本的控制逆来顺受，频繁地前往江户，参拜幕府将军，俨然已经把自己当作日本列岛的大名之一。

清政府统一中国后，为防止台湾郑成功与大陆人民发生联系，对东南沿海的海上贸易控制极严。严禁东南沿海一带商民出海贸易，对西方商船也出于同样目的，不准进出东南沿海各港口，只以远离东南沿海的澳门一处港口，作为对外贸易口岸。康熙二十二年（1683），清军平定台湾抗清斗争后，东南沿海各省官吏吁请清政府开放海禁，准许商民出海贸易。清帝康熙认为开放海禁以后，所得税收"既可充闽粤兵饷，以免腹地省份转输之劳"，又对"闽粤边海生民有益"，因而准其所请。自是，东南沿海商民可以自行造船出海，海外贸易开始有所发展。在这个基础上，康熙二十四年（1685）清政府在广东澳门、福建漳州、浙江宁波、江南云台山四处设榷关，开始同外国互市。清政府为鼓励外国商船进港，甚至给予减免商税的待遇。当时苏州船厂为适应对外贸易的发展，每年建造出海大船常达千余艘。

这样，中断很长时期的中日间的通商贸易逐渐恢复，而且有所发展。康熙二十四年（1685），清商船驶进日本长崎港的达73艘。在这以后20年间，赴日的清商船大体上保持在这个水平上。康熙五十六年（1717），清政府根据清日间商业贸易状况，特开辟宁波、南京为对日通商的主要港口。

当时日本金银的比价低于清朝，铜的价格也较低，因而清商进行金、银、铜的贸易者不少。某些商人接受清政府的委托，承办军需业务，由官库支银赴日本买铜，回国后按清朝官价卖给政府。由于这项贸易利润极厚，某些商人甘愿成为官商，归内务府管辖，专门贩铜。康熙年代清朝铜产量不多，至雍正时期，云南铜山的铜产量约年产三百数十万斤，不敷所用，所以铸铜钱及军用铜皆需进口，特别是进口日本铜。铜商从南京、宁波、厦门、漳、泉、广东等地出海，驶往日本购买黄金、白银及铜。

因之，日本金、银、铜的外流量很大。据日本宝永六年（1709）长崎奉行的报告，从正宝五年（1648）至宝永五年（1708）的60年间，外流黄金约240万两，白银约37万余贯；从宽文二年（1662）至宝永五年（1708）的46年间，铜外流量约11.45万斤。日本为限制金、银、铜的外流，对仅有的清、荷两国外商贸易额定出限额：清商为六千贯，荷兰商为三千贯。可是对进港的船只没有规定数量，所以，进港的船只数量日益增多。康熙二十六年（1687）清商进港船只数指至137艘。进港船只增多，贸易额势必超出规定的限额。虽然明文规定超过限额的商品必须运回，不得在日本出售，但实际上非法贸易大为增加。

为取缔走私贸易，日本幕府在元禄元年（1688）对清商船进港船数作了限制，每年只准70只清商船入港。后来，幕府曾一度计划将限制数减至10只，贸易额为三千贯，但受到大部分官吏的反对。因为中国商品在日本市场占有传统的优势，日本各个阶层全都喜爱使用。而且清商船贩运至日本的商品种类，几乎囊括中国十几个省份的大部分畅销品。西川如见在其著作《华夷通商考》中曾列举中国15个省份进入日本市场畅销商品的名称，其中南京一地的商品有80余种，浙江有40余种，福建、广东有60余种。商品的种类大体上为丝及其纺织品、书籍、文房具、瓷器、药材、砂糖、香料、工艺品、漆等等。

幕府中的部分官员认为，如果限制过严，清商得不到足够的利润，将不再赴日贸易。这样一来，日本市场上的中国商品将因无货源补充而匮乏，这会产生极大的不便。因此，幕府作了让步，在正德四年（1714）公布的《正裕商法》中，将10只增加至30只，每只商船发给一面写有日本年号的信牌，无信牌者不准入港。但是，实行信牌的第一年，只有9只清商船入港。因为清政府干预了这件事，将信牌没收，至康熙五十六年（1717）方始准许持信牌赴日贸易。幕府见清商船骤减，又自动放宽限制，再增加10只，总数为40只，贸易额增至八千贯。不过，清乾隆时期海禁转厉，加之日本的铜产"量渐减，所以清商船赴日贸易船数，再没有增加，大体上保持在每年10只左右"。这种状况一直持续到鸦片战争时期。

清朝建立起全国政权的时间约晚于德川幕府半个世纪，因此，两国间的文化交流开始于德川幕府第4代将军家纲执政时期。在这以前，德川幕府的创始人德川家康是十分重视中国文化的。他认为程朱理学所鼓吹的君臣、父子统治秩序和忠君、孝悌的封建思想，可以改变武士自日本战国时代发展起来的"下克上"现象，促进武士遵守忠于君主和奉公守法的规范行动。所以，在入幕主政之初就开始提倡儒学。

他仿效明政府推行程朱理学的办法，罗致日本国内林罗山等一批朱子学派名儒，大力宣传朱子学。当时，日本名儒多为僧人，尤其是五山僧人。德川家康为控制儒学。特请朱子学名儒林罗山落发为僧，改名道春主持僧务，以左右僧界。德川家康自己也身体力行地带头学习《论语》《中庸》等书，且经常请些名儒学者为他讲读。在政务之余，他还过问刊刻儒学书籍等出版事业。在他带动下，历任将军都推崇朱子学派，遂使该学派逐渐形成幕府的官学。

第5代将军纲吉时期，正值清康熙帝临御秉政。康熙帝恰巧也出于巩固政权的原因，鼎力提倡程朱理学，且亲自编写《性理精义》和刊刻明成祖的《性理大全》等书。因之，朱子学派在清初也成为中国的统治学派。康熙一代，清朝进入盛世，经济和文化都有迅速发展。清日双方虽未建立国家间的关系，但清朝的文化、思想对日本影响极大。日本朝野崇敬清朝，尊称为"上国"。纲吉将军为进一步推行儒学，在幕府中特设儒宫，并在日本元禄四年（1691）建立孔庙（即汤岛圣堂），亲自在圣堂讲解《论语》，亲笔书写"大成殿"匾额悬挂殿内。又命林道春之孙风冈由榴还俗，蓄发穿儒服任"大学头"职，竭力推广朱子学。

当时，日本朗野对清朝康、乾两帝极其崇敬，对康熙尤甚，尊之为上国圣人。康熙五十八年（1719），顺治时颁布的《六渝》，从琉球传入日本。第八代将军吉宗见了极其重视，命荻生祖来附以训点、室坞巢译成日文，以《六渝衍义》书名刊刻发行，很快流行全国，甚至在明治维新前夕还再版发行。康熙的训渝《十六条》，以《圣渝广训》书名刊行，天明八年（1788）并附以雍正对"十六条训渝"的敷衍释文于书后，再次出版。称该训渝"实为万世不易的金言"，对雍正亦称为"稀世仁君"。

儒学特别是朱子学在幕府的大力提倡下，得到迅速发展，在武士阶级中尤其普遍，出现各级武士"家读户诵"前所来见的情景。自是，儒学者与僧分离，名僧即名儒的状况不见了。各学派的名儒大多为武士出身，武士几乎垄断了知识界，这是德川幕府时期的特殊现象。与此同时，儒学的忠君思想深入武士头脑，战国时期"下克上"式的叛乱几乎消除了。

朱子学成为幕府的官学，是知识分子进入仕途的门径，不学习朱子学就难以做官。尽管如此，非朱子学派仍然不断产生。王阳明和陆象山的著作传入日本后，在被称作"近江圣人"中江藤树及其弟子的倡导下，形成阳明学派。该学派的处境和中国一样，也被正统的朱子学派视为异瑞邪说，加以排斥。为谋求存在与发展，该学派不得不常与朱子学派发生激烈争论。由于处境和地位不同，双方争论的论点往往超出学术范围，而涉及政治方面。阳明学的著名学者熊泽藩山攻击日本朱子学派过分崇拜中国，把日本看作是太伯之后，是个耻辱。与阳明学派持有同样观点的山鹿素行批评说，林道春等看不到日本国柞与天地无穷，而强吴却被越所灭这个事实，附会日本为吴太伯之后，是"食其国而忘其邦"，犹"生乎父母而忘其父母"之人。

另一非正统学派因其倡导者为土佐的南村梅轩，故被称作南派朱子学。这一派的名儒与京都朝廷有联系，他们利用朱子学的大义名分观念，与正统官学作斗争。山崎围斋和浅见纲斋等批评正统官学的所谓正统，不过是承认统治者的既成事实，非是日本国体万世一系的根本原则。篡臣掌政一统天下，不能算作正统。唐高祖是隋臣，宋太祖是后周之臣，他们是乱臣篡权夺取天下，不是正统。伯夷、叔齐值得赞美，不食周粟饿死首阳山，是使后人知大义名分不可侵犯的典范。楠木正成维护南朝大义凛然，足利尊氏建立幕府是篡权分裂行为。他们的批评涉及幕府，因此，不断受到流放、蛰居等迫害。

水户学派是非正统朱子学派中的又一主要学派，因其组织者是德川家康的儿子、御三家之一水户藩主德川光园，故称水户学派。他认为官学派林春斋等主持编纂的《本朝通鉴》一书，把天皇的始祖定为吴太伯后裔，非常不妥。他决心本孔子春秋之义，仿朱熹的《通鉴纲目》，编纂《大日本史》，以明皇统的正闰（以南朝为正统），定君臣大义名分

（明确幕府与天皇的关系），期人心知其所向。日本明历三年（1651），他在水户设修史机构"彰考馆"，聘请名儒参加编写工作，从而形成水户学派。奠定水户学派基础的名儒有安积瞻泊、栗山潜锋、三宅观澜等人。

水户藩主德川光园亦喜读朱子学，且颇受明末入日的朱舜水影响。朱舜水以扶明为志，其言行重视封建的君臣、节义，与德川光园的思想合拍。德川光园极为器重，曾师事之，汇聚于水户的儒者亦颇受其影响。水户学派编纂的《大日本文》，就其特笔而论，无非是列神功皇后于纪、大友皇子于本纪、定南朝为正统并用其正朔，以体现其大义名分思想。德川光园还以自身行动体现他所主张的名义思想。他因"以弟越兄"继承藩嗣，在立嗣问题上，他不立子而立兄子为嗣，以体现长幼名义。安东守约以德川光园比作管仲。管仲相齐桓尊王而霸，德川光园的尊王目的也在此。对于这点藤田幽谷税得更明确："幕府尊皇室，则诸侯崇幕府；诸侯崇幕府，则卿大夫敬诸侯，夫然后上下相保，万邦协和。"这点也正是德川光园修《大日本史》的本意。由此可知：德川光园的尊王与幕府尊王攘夷时的尊王，其意义颇有不同。

江户幕府进入中期以后，正值清朝的雍、乾、嘉3代。清朝在这3代文字狱盛行，迫使中国学者脱离顾炎武、黄宗羲等倡导的"经世致用"，注意现实，要求社会改革的研究作风，转向"避世"，走上"为考据而考据"的道路。大部分学者埋头书本寻章摘句，勘校考据注释，学术研究完全脱离现实，目光短浅，思想呆滞，尽管他们在整理古籍方面作出一定贡献，但在政治上毫无作为。

可是，清朝的考证学风传入日本后，却意想不到地动摇了日本官学。日本反对官学的一些学者如伊藤仁斋、获生祖来等利用考证批评并反对官学朱子学派，倡导"六经即先王之道"，企图回到儒学古典中去，从而开始了日本儒学中的复古运动。随后，片山兼山、井上金峨等也热衷于考证。清代名儒顾炎武、戴震、钱大昕等著作经他们的介绍，在日本广泛流行。至太田锦城时期，日本的考证学派基本形成。太田锦城受顾炎武的《日知录》、朱彝尊的《经义考》、毛奇龄的《西河集》、赵翼的《廿二史别记》等书的影响最深。他曾说："得明人之书百卷，不如清人之书一卷。"可见其推崇之情。

日本考证学派的形成，首先对早已产生的国学发生影响。国学研究《古事记》《日本书纪》《万叶集》等著作，主要是天皇、不得意的公卿及其家臣以及与京都朝廷有联系的知识界的某些学者。最初，德川幕府并不重视国学，可是随着封建制度危机的深化，特别是受到考证学派的影响以后，反幕府的人开始视国学为"尊王"的思想武器。由于朱子学被幕府定为官学，国学者力图通过反对中国儒学，达到反幕府的目的。贺茂真渊在18世纪中叶著《古器考》《冠辞考》《国意考》等许多著作，力图从日本古籍中抹掉中国儒学的影响。他在《国意考》中说，神道是自然的道；圣人之道是人为的道，是规矩各种犯恶之道。中国的圣人皆为不仁不义者，禹名为受禅，实夺位于舜的子孙，舜也夺位于尧的子孙。武王伐纣，是以臣伐君。日本则不然，君脉世世相继。而且，在唐文化未输入日本以前，日本仁义满天下，输入之后，恶人产生。因此，日本人应忠于君道，即日本固 有之神道，不应崇拜儒学。另一国学者竹内式部把这种思想与现实中的天皇联系起来，强调事君乃日本人之大义，慨叹"今世不尊天子，人只知将军之贵"，并逐渐演变成"尊王贱霸"思想。从反对官学批评儒学，而演进为尊王贱霸，引起幕府的注意，对国学的著名人物开始进行迫害。

与国学同时存在的另一个反对儒学的学派是神道学派。神道被视为日本固有之道。可是，该派也受儒学影响而不断变化。德川幕府初期居于统治地位的官学派，以朱子学解释神道，认为儒学的王道即是神道。中期以后，官学受到各学派的挑战，神道的解释亦发生变化。浅见纲斋以三种神器解释神道，使神道脱离王道，演变为皇道。不过，这时的皇道只是象征性地拥护天皇，承认德川幕府握有朝政是得到天照大神的允许，要求幕府应尊敬朝廷与天皇。幕府末期平田驾胤出，神道即皇道的宣传带有尊皇倒幕的色彩。他认为，天皇是天照大神指定的日本君主，日本人必须效忠于天皇。他倡导一种新的学说，以驳斥提倡朱子学重视中国文化的将军。他认为：由神创造的国家在世界上只日本一国。所以，世界事物皆源出于日本。盘古、三皇、太吴、神农、黄帝等都是日本的神，创造《易》也是日本的神，连中国的医学也是日本的大已贵神、少彦名神所创造，传入中国再反传入日本的。由此逐渐演变为尊日本贱中国的《皇国尊严论》。幕府对持这一学说的学者，照例进行迫害。

如上所述，江户时代日本思想界的斗争，不论正统的官学派和反官学派的各学派，都受到中国封建儒学思想的影响。但是，由于幕府支持官学派，所以，凡是反对官学派的各派，不管其自身受儒学的影响有多大，为了反对幕府都把矛头指向了官学。尽管清代的儒学、文学、绘画、书籍、医药等各方面都对日本产生过深刻影响，但是，由于反官学派的批判，影响日本千余年的中国封建儒学思想基础，已呈现出瓦解的前兆。